말의 세계사

모토무라 료지 지음 │ 김효진 옮김

AK TRIVIA BOOK

목차

제1장
인류의 벗

제2장
말과 문명 세계 ―전차의 탄생

제3장
유라시아의 기마 유목민과 세계 제국

I 서방 유라시아

II 동방 유라시아

제4장
포세이돈의 변신 ―고대 지중해 세계의 근대성

제5장
말 달리는 중앙 유라시아

제9장
화포와 바다의 시대 ─근대 세계의 말

제10장
말과 스포츠

프롤로그
말이 없었다면 21세기는 여전히 고대 사회였을 것이다

　밀라노발 열차에 몸을 싣고 북쪽으로 달리다 보면 한 시간도 채 안 돼 차창 밖으로 숲에 둘러싸인 호숫가의 분위기가 감돈다. 이 마조레 호수 서쪽 기슭에 도르멜로라는 작은 마을이 있다. 이 마을의 한 목장에서 20세기 경마의 역사를 새로 쓴 명마가 탄생했다.

　말의 이름은 네아르코. 고대 그리스의 유명한 도예가의 이름에서 따왔다고 한다. 말 생산자 페데리코 테시오는 완벽한 서러브레드 품종 생산이 목표였다. '어떤 거리든 최고 중량을 싣고 최단 시간에 달리는 말'이 곧 완벽한 서러브레드였다. 그리하여 1935년 네아르코가 탄생했다. 네아르코는 전 생애를 통틀어 14전 14승의 성적을 거두었다. 나스룰라, 니아크틱 등이 씨수말로 크게 성공하자 경주마의 부계 혈통은 네아크로 일색이 되었다. 오늘날 세계를 석권하는 노던 댄서 계통이나 일본 경마에 비약적인 발전을 가져온 선데이 사일렌스 계통도 부계를 따져보면 네아르코로 거슬러 올라간다.

　네아르코의 마체馬體는 누구나 경탄을 금치 못할 만큼 아름다웠으며 결점을 찾아내기 힘들 정도였다고 한다. 마침내 거의 모든 경주마에 네아르코의 피가 흐르게 되었는데 이로 인해 서러브레드

종 자체가 아름답게 새로 태어났다고 할 수 있다. 그야말로 말 생산의 혁명이었다.

말 생산자 테시오의 방식은 경험과 이론을 바탕으로 이룩한 것으로 직감적이고 신비적이며 독선적이기도 했다. 타의 추종을 불허하는 명장의 솜씨였다. 그러다보니 언젠가부터 그는 '도르멜로의 마술사'라고 불리게 되었다. 테시오가 세상을 떠난 후 활약한 경주마 리보도 개선문상 연패를 포함한 무패 기록을 달성한 명마로 이름을 날리면서 그의 명성은 더욱 높아졌다.

경마 팬이라면 누구나 테시오와 네아르코의 전설에 대해 알고 있을 것이다. 나 역시 도르멜로 목장에 도착했을 때 가슴이 벅차올랐다. 정문에서부터 양쪽 방목장을 끼고 잘 정돈된 산책로가 뻗어 있었다. 수상쩍은 눈길을 던지는 목부들을 향해 '테시오, 네아르코, 리보!'라고 외치자 그들은 빙긋 웃으며 손을 흔들었다.

방목장에는 귀여운 망아지가 뛰놀고 어미 말은 그늘에서 휴식을 취하며 풀을 뜯고 있었다. 나무 사이로 넓게 펼쳐진 호수의 수면이 보였다. 한없이 평온하고 숨이 멎을 만큼 아름다운 광경. 오늘날 서러브레드 품종의 혈통을 새로 쓴 명마가 탄생한 목장에 서 있다는 것만으로도 행운을 실감할 수 있는 한때였다.

인간이 명마를 얻기 위해 기울인 열정이란 과연 어떤 것이었을까. 왜 인간은 그토록 말에 열의를 불태웠을까. 도르멜로 목장을 방문한 무렵부터 내 머릿속에는 그런 의문이 떠나지 않았다. 그리고 마침내 역사 속에서 인간과 말이 어떻게 관계를 맺어왔을까 하는 소박한 궁금증을 품기에 이르렀다.

과연 인간은 언제 또 어떻게 말 혹은 말과科 동물을 길들이게 되었을까. 물론 양, 소, 돼지 등도 가축이다. 하지만 그 역할은 한정적이다. 고기를 먹거나 젖을 마시고 의복의 원료 혹은 견인력을 이용하기도 한다. 개는 집을 지키기도 하지만 요즘은 고양이처럼 애완동물로서의 역할이 더 크다.

하지만 말은 인간 사회에서 다양한 역할을 해왔다. 태고에는 수렵의 대상이었다가 수레를 끌고 사람을 태우는 등 인간의 생활 속에 깊이 들어왔다. 오늘날에도 근대 스포츠로서 마장마술 경기가 있고 경마는 많은 팬들을 열광시킨다. 세계사 속에서도 말은 다양한 역할을 맡으며 역사의 행보에 적잖은 영향을 미쳤다.

만약 전차가 없었다면 대제국이 성립할 수 있었을까? 대제국이 탄생했다 해도 어마어마한 시간이 필요했을 것이다. 부족 간의 내분이 끊이지 않고 역사의 시곗바늘은 훨씬 더디게 흘렀을 것이다.

승마 기술이 보급되면서 정보는 더 멀리, 더 빠르게 전달되고 군사 원정도 더 먼 곳까지 확대되었다. 알렉산드로스 대왕의 동방 원정도 말을 탄 기사들이 없었다면 불가능했을 것이다. 그뿐만이 아니다. 이슬람교의 확산이나 십자군의 원정 더 나아가 칭기즈 칸의 대제국도 말을 빼놓고는 상상할 수 없다. 동서 문화의 교류도 말과 그 말을 탄 사람들이 없었다면 실현될 수 있었을까. 사람이나 물자나 무기나 식량 역시 운송과 이동 수단이 빈약하면 시간과 장소의 제약이 있게 마련이다.

물론 인간은 지혜를 짜내 말을 대신할 동력을 궁리했을 것이다. 19세기에 보급된 증기기관이 바로 그런 궁리 끝에 나온 대체물이었다. 하지만 '마력馬力'에 대한 의식이 없었다면 증기력을 발견하기까지 인류는 얼마나 많은 시간을 허비했을까.

그런 생각이 복잡하게 오가던 어느 날 나는 전기라도 흐른 듯 충격적인 상념에 휩싸였다.

만약 말이 없었다면 21세기는 여전히 고대 사회에 머물렀을지 모른다.

사람들의 의식 속에서 시간은 더디게 흐르고 먼 땅의 지식은 희미하고 불확실하다. 매사에 성급한 사람을 경원시하고 먼 곳에서 일어난 사건 따위에 관심을 갖기 어렵다. 고대 사회는 그런 완만함과 막연함이 당연시되던 세상이었다. 만약 말이 지상에 존재하지 않았다면 그런 고대 시대가 계속되고 있었을 것이다.

역사를 되돌아보면, 인간과 말의 만남은 단순한 에피소드 그 이상이다. 오히려 역사상 최대급의 충격이었다고 해도 지나치지 않을 것이다. 그 후, 말은 인간 사회에서 다양한 역할을 맡아 왔으며 그런 말의 생산성을 높이기 위한 연구도 계속되었다. 공업화가 시작되면서 마력 대신 기계력을 대대적으로 이용하게 되기까지 말을 활용할 방법에 대한 끊임없는 탐구가 이루어졌다. 말의 대량 활용과 품종 개량은 역사와 표리일체의 관계였다. 사람들은 그 사실을 잘 알고 있었을 것이다. 17세기 영국의 동요 중에 그것을 이야기해 주는 듯한 노래가 있다.

못이 없어지자 편자가 망가졌다

편자가 망가지자 말이 쓰러졌다

말이 쓰러지자 기사가 사라졌다

기사가 사라지자 전승이 없어졌다

전승이 없어지자 왕국이 무너졌다

편자의 못이 없어지자 모든 것이 무너졌다

오늘날 군사력이나 수송력의 주력을 말에 의지하는 사회는 거의 없다. 말의 동력을 대신할 기계력은 어디서나 흔한 것이 되었다. 어느새 우리는 말이 인간 사회에서 맡았던 중대한 역할에 대해 상상조차 할 수 없게 되었다.

말과의 만남 덕분에 아마도 인간의 문명은 수백 년 혹은 수천 년은 더 빠르게 진보했을 것이다. 그것이 인간에게 행운이었는지 불운이었는지는 알 수 없다. 하지만 그런 사실은 의외로 가볍게 다루어지고 되돌아보려는 시도조차 하지 않는다. 인간과 이렇게 밀접한 동물임에도 그 사실을 확인하려는 노력은 거의 하지 않고 있다.

말과 세계사의 관계 그리고 말이 세계사를 어떻게 바꾸었는지에 대한 의문이 이 책을 관통하는 주된 흐름이다.

제1장
인류의 벗

프르제발스키(몽골 야생마).
현존하는 유일한 야생마.

인간에게 길들여진 동물의 조건

최근 1만 년 사이 지구에는 4,000여 종의 포유류가 서식했다고 한다. 하지만 모든 포유류의 정점에 선 인간이 길들여 가축화한 것은 겨우 10여 종에 불과하다.

인간이 지상의 지배자라고 호언하기에는 가축화한 동물의 비율이 너무 낮은 것이 아닐까. 어째서 이 정도 동물밖에 길들이지 못한 것일까. 그 이유를 따져보면, 아무래도 인간에게 결함이 있는 것 같지는 않다. 인간이 아무리 애써도 좀처럼 따르지 않거나 동물 스스로 가축이 되기를 주저했던 것은 아닐까.

대영 박물관 등에 소장된 이집트의 벽화를 보면 고대 이집트 인들은 하이에나나 가젤까지 길들이려 했다는 것을 알 수 있다. 아메리카 대륙의 한 인디언 종족은 너구리를 애완용으로 키우기도 하고 오세아니아의 선주민들은 캥거루를 애완용으로 기르기도 했던 듯하다. 다만 여러 세대에 걸쳐 계속된 사육이 아니었기 때문에 오늘날 가축으로 남아 있지는 않다.

이런 사례로 볼 때, 가축화된 동물의 자질이 주된 원인이 아니었을까 하는 생각이 든다. 반대로 생각해보면, 문제는 조금 더 분명해진다. 어째서 인간은 개, 고양이, 양, 산양, 소, 돼지, 말, 당나귀, 낙타 정도밖에는 가축화하지 못했을까. 어째서 이 지상의 왕자王者는 사슴, 다람쥐, 여우, 하마, 얼룩말 같은 동물은 길들이지 못했을까. 거기에는 인간의 사고를 뛰어넘는 자연의 섭리가 숨겨져 있다는 생각이 든다.

동물의 입장에서 인간에게 길들여지는 것이 행운이었는지 아닌지는 알 수 없지만, 가축이 되려면 인간 사회에 적응할 수 있는 선천적인 자질을 갖추고 있었을 것이다. 수천 만 년에 이르는 오랜 진화의 과정에서 인간의 의도나 필요와는 전혀 관계없이 키워온 자질이 우연히 인간과의 관계 속에서 드러난 것이 아닐까.

생물이 진화하는 방향은 무수히 많다. 그중에서도 아주 적은 수의 생물만이 인간의 진화와 조화를 이루어나갈 수 있다. 어쩌면 말은 그런 생물들 중에서도 인간에게 가장 잘 적응한 동물일지 모른다. 말이 지닌 어떤 자질이 그것을 가능하게 한 것일까.

인간에게 잘 적응하는 동물이 지닌 공통된 특성은 잡식성이라는 점이다. 어디에나 있을 법한 식량으로 살아갈 수 있어야 한다. 가령 판다처럼 조릿대나 대나무만 먹는 동물은 애초에 성공 가능성이 없다. 먹이를 가리는 동물은 첫 번째 단계부터 자격을 잃게 된다.

또 인간에게 사랑받을 만한 성격을 지니는 것이 유리하다. 구체적으로는 호기심이 강하고 영역 의식이 희박하며 공격성이 없고 의존성이 강한 것 등을 들 수 있다. 진화 과정에서 이런 성격을 갖게 된 동물은 인간에게 순종적으로 보이게 되고 자연히 인간으로부터의 공격도 피할 수 있게 된다.

말의 경우에는 이런 특성이 어떻게 나타났을까.

말은 인간에게 길들여지도록 진화했다?

말과 같은 대형 동물은 식량 확보가 어려워지면 멸종되기 쉽다. 자신의 식량뿐 아니라 종種의 재생산을 위한 여유도 사라지기 때문이다.

원래 포유류는 식물의 셀룰로오스를 분해할 수 없다. 박테리아에 의한 발효 작용을 거쳐 흡수할 수 있는 형태로 바꾸는 것이다. 소나 양은 되새김질을 해 영양분을 흡수하지만 말이나 코뿔소는 맹장의 기능으로 흡수한다. 그렇기 때문에 턱과 이가 잘 발달했다. 되새김질할 필요도 없고 움직이면서도 소화시킬 수 있다.

초식 동물이라면 과일이나 초목의 잎이 많아 질 좋은 식량을 확보할 수 있는 삼림 지대를 서식지로 택할 것이다. 하지만 말은 진화 과정에서 반대의 전략을 택했다. 다량의 셀룰로오스를 함유한 질 낮은 식량밖에 없는 초원 지대를 서식지로 삼은 것이다. 그리하여 말은 다른 동물들과의 생존 경쟁을 피했다.

말의 얼굴이 긴 것은 눈과 입이 떨어져 있기 때문에 풀을 뜯으면서도 주변 상황에 주의를 기울일 수 있기 때문이다. 특히, 육식 동물이 나타나면 빨리 달려서 도망가는 것이 최선이다. 그런 이유로 세 번째 발가락이 길고 강해졌으며 발굽이 발달했다. 속도를 높이기 위해 몸집은 점점 더 커졌다. 말은 몸집에 비해 에너지 소비량이 적은데 이는 소화기관이 매우 잘 발달한 덕분이었다.

이처럼 말은 식량 절약형 동물로 진화해왔다. 더 짧은 시간에 더 큰 에너지를 얻을 수 있게 된 것이다. 잡초밖에 없는 초원 지대에

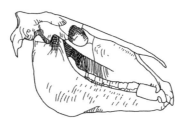

말의 머리. 얼굴이 길기 때문에 풀을 뜯는 중에도 주변을 경계할 수 있다. 그 결과, 송곳니와 어금니 사이에 생긴 틈새에 재갈을 물릴 수 있게 되었다.

서식했기 때문에 거의 모든 지역에 쉽게 적응했다. 식량을 가리지 않는 점 또한 인간에게 길들여지기 위한 조건을 타고난 것이다.

진화 과정에서 다른 동물과의 생존 경쟁을 피하게 된 말은 공격성이 낮고 영역 다툼도 하지 않았다. 도망가는 것 말고는 별다른 무기가 없기 때문에 주변 상황에 대한 깊은 주의력과 지능을 갖추게 되고 호기심도 강해졌다. 상대가 위험하지 않다고 판단되면 가까이 다가갈 수도 있다. 또 절약형이라고는 해도 대형 동물인 만큼 많은 먹이가 필요했기 때문에 식량 확보와 종의 보존을 위해 무리 지어 서식한다. 그로 인해 협조적이고 순종적인 태도도 익히게 되었다.

또한 말은 뿔이나 엄니도 없어 인간에게 위험하지 않다. 게다가 기적이라고밖에 할 수 없는 구조적 특징이 있다. 입 안을 들여다보면 송곳니와 어금니 사이가 벌어져 있다. 이 틈새에 재갈을 물리고 고삐를 조정해 말을 탈 수 있게 된 것이다. 이쯤 되면 말의 진화는 인간에게 있어 신의 은총이나 다름없지 않을까.

야생마가 쇠퇴한 이유

말은 포유류·유제류·기제목에 속한다. 유제류는 대부분 초식 동물로, 육식 동물에게서 도망치기 위해 발톱이 발굽으로 진화했다. 기제목은 발가락이 홀수이며 맥, 코뿔소, 말과 동물이 이에 속한다. 말과 동물은 기제목 중에서도 가장 진화한 동물로, 속명은 에쿠스Equus이다. 에쿠스에는 말, 당나귀, 얼룩말이 있다.

말과 동물의 기원을 더듬어보면 6,000만 년 전의 히라코테륨 Hyracotherium까지 거슬러 올라간다. 땅딸막한 몸집에 앞발과 뒷발에는 각각 4개, 3개의 발가락이 있는 개 정도 크기의 작은 동물에서 발굽이 하나 뿐인 다리로 빠르게 달리는 크고 우아한 지금의 말이 되기까지 오랜 진화의 역사를 가지고 있다.

지금으로부터 약 1만 년 전, 마지막 빙하 시대가 끝났다. 기온이 점점 상승하고 온난해질수록 지구상의 인구도 늘어났다. 한편, 아메리카 대륙에서는 말과 동물이 멸종되고 말았다. 말과 동물뿐 아니라 매머드, 호랑이 등 35종의 대형 동물이 멸종되었다. 선주민인 인디언들의 수렵 활동에 의해 포획되어 식량으로 사용된 것이다.

아메리카 대륙은 말과 동물의 진화를 보여주는 화석의 보고寶庫이다. 그러나 빙하기 이후의 원시 미술에서는 말과 동물을 그린 것을 전혀 찾아볼 수 없다. 화석도 발견되지 않는다. 아메리카 대륙의 야생마를 재래종이라고 주장하는 학자도 있다. 하지만 그런 말은 신대륙 발견 이후 구대륙에서 들여온 말의 자손이 야생화한 것으로 보는 것이 상식적이다.

기후가 따뜻해지면서 식생이 변하고 삼림이 펼쳐졌다. 유라시아 대륙 서쪽에 있는 유럽의 사정도 아메리카 대륙과 크게 다르지 않았다. 현생 인류의 선조에 해당하는 크로마뇽인은 대략 2만 년 전에 알타미라나 라스코 등의 동굴에 벽화를 남겼다. 거기에는 수렵의 성공을 기원하는 의미의 야생마, 소, 사슴 등이 그려져 있었다. 하지만 그 후 영국, 프랑스, 스페인 등에서 말의 흔적은 거의 사라지고 말았다.

어쩌면 말은 동방으로 도망간 것이 아닐까. 우크라이나나 중앙아시아의 스텝 지대에 서식하다 결국 야생 상태로 멸종 위기를 맞았다. 다행히 한 종류만이 오늘날까지 살아남았는데 바로 프르제발스키Przewalski 종으로 불리는 말이다(1장 표제지 참조). 이 야생마는 1881년에 우연히 중앙아시아의 사막에서 발견되었는데, 이를 발견한 러시아의 탐험가 프르제발스키의 이름을 땄다.

야생마가 이렇게까지 쇠퇴한 이유는 무엇일까. 그 이유에 관해서는 프랑스 동부에 있는 솔류트레의 후기 구석기 시대의 유적을 통해 추측해보는 것도 매우 흥미로울 듯하다. 1헥타르 남짓한 공간에 동물의 뼈, 그중에서도 가장 많은 것이 말의 뼈로 9미터 높이의 화석으로 남아 있다. 사람들은 유적 옆에 솟아 있는 절벽에서 떨어져 죽은 것으로 생각했다. 그 비극적인 운명은 예술가의 상상력을 자극해 환상적인 그림으로 묘사되기도 했다. 하지만 말의 습성이나 유적 주변 지형에 대한 재검토 특히, 뼈의 파쇄 상태가 크게 심하지 않다는 사실이 밝혀지면서 그 비극적인 이야기는 부정되었다.

대신 다음과 같은 가설이 등장했다. 10마리 안팎의 말 무리가 겨울 초식지인 저지대에서 골짜기를 지나 여름 초식지인 고지로 이동했다. 그 이동로를 따라온 사냥꾼들에 의해 말 무리는 막다른 절벽으로 내몰려 결국 창으로 죽임을 당했을 것이다. 이런 말들은 식량으로 쓰였다. 더 놀라운 사실은 화석이 쌓인 양으로 볼 때 이런 말들의 계절 이동과 인간의 수렵 활동이 몇 만 년이나 되풀이되었다는 점이다.

빙하 시대가 끝나고 기후가 따뜻해지자 유라시아 대륙 서부에는 삼림 지대가 펼쳐졌다. 야생마 무리는 사냥꾼들의 먹이가 되기 전에 뿔뿔이 흩어져 동쪽으로 이동해 간신히 살아남았다. 가축화되기 이전의 말은 수렵의 대상일 뿐이었기 때문이다. 이처럼 구대륙에서도 말은 멸종 위기를 맞았다. 그 무렵 문명화되고 있던 인간에 의해 길들여지지 않았다면 말은 끝내 멸종되고 말았을 것이다.

얼룩말을 기른 남자

말이 인간에게 길들여지기 위해 진화한 것 같다고 말하기는 했지만 가축화에 쉽게 성공한 것은 아니었다. 약 9,000년 전 서아시아에서 보리 재배가 시작되고 거의 같은 시기에 가축 사육도 시작되었다. 소나 돼지는 양이나 산양에 비해 다소 늦었지만 말은 그보다 훨씬 늦게 사육되었다.

말을 가축화하기 이전부터 인간은 가축 동물을 다루는 방법을 알고 있었을 것이다. 하지만 말을 사육하려면 다른 동물보다 더 많은 노력과 혁신이 필요했다.

실제 말과 동물 중 얼룩말은 지금도 가축화되지 않았다. 그런데 조크 카메론이라는 남자가 좌절을 거듭한 끝에 마침내 얼룩말 네 마리를 길들이는 데 성공했다는 보고가 있었다. 태어났을 때부터 길러 마차까지 끌게 되었다는 것이다. 하지만 그 외에는 누구도 얼룩말을 다루지 못했으며 때로는 그조차도 애를 먹었다고 한다. 당연히 조련 방법을 전수할 수도 없었다. 결국 가축화에 성공했다고는 말할 수 없었다.

하지만 그의 황당무계할 정도의 열정을 보건대 말의 가축화에 성공하기 전까지 수많은 카메론과 같은 남자들이 있었다는 것을 상상할 수 있다. 그들은 수백 년 혹은 수천 년에 걸쳐 그리고 헤아릴 수 없이 많은 세대에 걸쳐 말을 길들이기 위해 노력했을 것이다. 때로는 사로잡은 망아지를 잘 길들여 타고 다니게 되었다고 해도 이상한 일이 아니다. 하지만 그런 관습이나 기술이 전수되어 널리 전파된 것은 아니었다. 그렇게 되기 위해서는 다양한 조건이 필요했다.

말의 가축화는 언제, 어디에서 시작되었을까. 또 말의 가축화에 필요한 조건이란 무엇일까.

가장 중요한 것은 인간이 생활하는 영역과 말이 서식하는 영역이 서로 접해 있어야 한다는 점이다. 인간은 식량이 풍부한 삼림 지대를 선호하고 말은 적이 많지 않은 초원 지대를 선호한다. 말의 가축화는 삼림과 초원의 중간 지역에서 일어났을 것이다.

그런 지역은 고대 문명사회의 주변에 있었을 것이다. 또한 문명의 중심지에서 자원을 흡수했기 때문에 금세 자원 부족에 빠졌을 것이다. 수렵으로 동물이 줄고 삼림은 베어나가고 토양도 황폐화되었다. 그럼에도 그곳에서 삶을 유지할 수밖에 없는 사람들이 있었다. 인간 집단의 주변에서 서식하던 동물들에게도 자연 자원의 부족은 막연한 압력으로 작용했을 것이다. 그러다 보니 인간과 함께 살아가는 것도 크게 불리한 일은 아니라는 판단을 했는지도 모른다.

인간이 보살펴주고자 하는 태도를 보이면 동물은 보살핌을 청하는 행동을 보이게 된다. 그런 조건이 고루 갖춰진 지역은 과연 어디일까. 그리고 그런 지역은 한 곳으로 한정되는 것일까.

동물을 사육하는 행위 이른바 목축의 기원에 대해서는 흔히 수렵 채집에서 목축으로 이행했다고 생각되었다. 하지만 최근의 고고학적 성과는 오히려 농경 지대에서 목축이 시작되었음을 말해준다. 어쩌면 동물의 종류에 따라 가축화의 시기나 장소의 차이가 있었던 것이 아닐까. 이른 시기에 길들여진 양이나 산양이나 소는 서아시아의 초기 농경 지대에서 목축의 대상이 되었지만 말이나 순록은 뒤늦게 수렵 지대에서 가축화된 것이 아닐까.

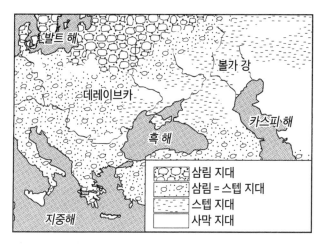

데레이브카와 그 주변 지역의 자연 환경('The Nature of Horses'를 참고해 개정)

가축화의 시작

빙하기가 끝나면서 야생마의 수가 줄었다는 것은 유라시아 대륙 서부에서 말의 유물이 거의 발견되지 않는다는 점을 통해서도 알 수 있다. 하지만 약 6,000년 전 무렵부터 이 지역에서도 말이 드문드문 출현하기 시작했다. 그 후, 유럽 각지에서 말의 유물이 발견되고 있는데 특히 중요한 지역이 흑해 북쪽 연안이다.

우크라이나 지방의 드네프르 강 서안에 데레이브카라는 마을이 있다. 1960년대부터 이곳에서 후기 신석기 시대의 주거지 유적이 발굴되고 있다. 위의 지도에서도 알 수 있듯 이 지역은 삼림 지대와 가까운 초원 지대의 가장자리에 위치하며 수렵이나 어로가 주된 생업인 동시에 목축과 농경도 시작되고 있었다. 광범위한 유적 발굴로 최소 52마리의 말뼈를 발견했다.

데레이브카 유적에서 출토된 재갈

발굴된 말뼈를 선별·분류해 성별과 연령 구성을 조사해보니 7~8세가량의 수말이 대부분을 차지한다는 사실이 밝혀졌다. 여기에는 어떤 의미가 있을까.

야생의 말 무리에서는 태어난 지 얼마 되지 않은 망아지와 늙은 말들이 다수 죽는다. 또 식용으로 가축화했다면 양질의 고기를 확보하고 키우는 수고를 덜기 위해 2~3세의 망아지들이 많이 죽었을 것이다. 하지만 야생 말 무리를 사냥하는 경우에는 청장년기의 수말이 다수 죽었을 것이다. 야생마 무리에서는 바깥의 적으로부터 방어하기 위해 수말이 바깥으로 나오는 일이 많기 때문에 사냥감이 되기 쉽다. 이와 같은 이론적 추측을 통해 짐작하건대, 데레이브카 유적에서 주로 발견된 7, 8세가량의 수말의 뼈는 이들이 수렵의 대상이었다는 것을 의미한다.

그렇다면 데레이브카 유적의 말 무리는 가축화된 것이 아니었을까. 청장년기의 수말이 많기는 했지만 어린 수말도 15마리나 있었다. 이 말들이 선별되었을 가능성도 있는 만큼 인간에 의해 사육되었을 가능성도 버릴 수 없다.

7, 8세가량의 수말들 중에 다른 유형의 말 한 마리가 있었기 때

문이다. 이 말의 머리뼈와 다리뼈는 개 두 마리의 머리뼈와 나란히 매장되어 있었다. 이 말은 다른 말보다 체고가 높고 어금니 앞쪽에 변형된 흔적이 보였다. 비스듬히 깎인 것처럼 마모되어 있는 그 흔적은 재갈을 물릴 때 생기는 흔적과 흡사했다. 실제 유적에서도 뼈나 뿔로 만들어져 구멍까지 뚫은 재갈처럼 생긴 물건이 6점 발견되었다. 이런 점들이 재갈의 존재를 말해주는 것이라면 말이 사역용으로 이용되었다는 의미이다. 혹은 유독 체고가 높았기 때문에 씨수말로 사육되었을 가능성도 있다. 매장된 정황으로 볼 때 종교적인 의미가 있었는지도 모른다. 어찌 되었든 당시 말을 사육했다는 사실은 부정할 수 없다.

이런 일련의 추정이 이루어지는 가운데 사육 목적에 대해서는 승마 가능성을 제기하는 학자들이 적지 않다. 말을 타면 말이나 소와 같은 대형 동물 무리를 방목해 기를 때 감시가 용이하고 말을 사냥하거나 포획하는 것도 가능하기 때문이다. 또 쟁기나 썰매나 수레가 발견되지 않았다는 점에서 재갈을 물리고 고삐를 조종해 말을 탔을 것으로 생각된다.

지금까지 고고학자들은 3,000년 전 즉, 기원전 1,000년경까지 말을 타는 관습이 없었다고 믿었다. 하지만 데레이브카 유적의 말뼈를 조사해보면 대략 6,000년 전 즉, 기원전 4,000년경에 이미 말의 가축화가 시작되었을 뿐 아니라 말을 타는 관습이 있었다는 것도 추측할 수 있다. 물론 이것만으로는 '언제, 어디에서 사육되었는가?'라는 문제에 대한 확실한 답을 찾을 수 없다. 하지만 데레이브카가 있는 흑해 북쪽 연안의 초원 지대에서는 이미 기원전 4,000년경 말이 사육되고 있었으며 그중에는 승마용 말도 있었다는 것도 충분히 짐작할 수 있다.

말의 가축화는 특정 지역에서 무언가 큰 계기를 통해 널리 퍼져나가게 된 것일까. 아니면 서로 다른 지역에서 개별적으로 발생한 것일까. 가축 말을 둘러싼 일원설과 다원설이라는 관점이다. 일원설에 근거하면 말의 가축화가 시작된 것은 우크라이나 주변 지역일 가능성이 높다. 다원설에 근거하면 고고학 유적이나 발굴로 추정컨대 우크라이나, 독일, 이베리아, 아나톨리아 등을 꼽을 수 있다.

이런 논쟁과 깊이 관련된 문제가 있다. 가축 말은 가령 프르제발스키와 같은 한 종류의 야생마에서 파생된 것일까. 아니면 지금은 멸종된 여러 종의 야생마들로부터 조상을 찾아야 하는 것일까. 고대부터 다종다양한 가축 말이 기록되어 있는데 예컨대 유럽 북부에는 땅딸막하고 몸집이 작은 포니, 유럽 중부에는 중종마重種馬, 서아시아나 이집트에는 아랍 말처럼 외형부터 큰 차이가 나는 가축 말이 있었기 때문이다. 이 말들의 조상이 전부 다른 것으로 추정된다고 해도 이상하지 않다.

이 문제에 대해서는 생물학에서 단서를 찾아볼 수 있다. 말의 염색체 수를 살펴보면, 현존하는 유일한 야생마 프르제발스키와 현대의 가축 말은 그 숫자가 다르다. 프르제발스키의 염색체 수는 66개인데 현대의 가축 말은 모두 염색체 수가 64개이다. 하지만 가축 말의 염색체 수가 모두 같다는 점에서 일원설의 가능성이 높아진다. 가축화된 말의 무리 중에서 발생한 돌연변이가 전 세계의 가축 말로 전파되었다고 생각할 수 있기 때문이다. 가축 말 집단에서 발생한 유전자 이상은 야생마와의 격차를 더 크게 벌렸을 것이다. 그로 인해 프르제발스키와 같은 야생마는 스텝 지대 멀리까지 쫓겨간 것이다.

마지막으로 다윈의 예견을 소개하려고 한다. 가축 말들 사이에는 다양한 체형, 모색, 무늬 등의 차이가 있음에도 다윈은 이미 19세기 중반에 가축 말이 단일한 조상으로 거슬러 올라간다는 견해를 표명했다. 그는 영국에서부터 중국에 이르는 다양한 지역에 존재하는 다양한 품종의 가축 말의 어깨나 다리에 나타난 줄무늬에 주목했다. 그런 예를 모아 분류해보니 짙은 갈색 말과 쥐색 말에 줄무늬가 더 자주 나타난다는 것을 알게 되었다. 그것은 대부분의 가축 말 품종에서 이미 사라진 말과 동물의 조상이 지닌 특징이 격세 유전된 것이라 생각했다.

다윈은 '모든 가축 말은 모두 한 종류의 조상으로 거슬러 올라가는, 쥐색의 줄무늬가 있는 원시적인 혈통의 자손이다. 그런 조상을 두었기 때문에 지금도 말은 때때로 조상의 모습으로 되돌아간다'고 서술했다. CT 촬영이 없던 시절 촉진만으로 병의 원인을 찾아내는 듯한 훌륭한 솜씨이다. 과연 다윈, 역시 다윈이다.

제2장
말과 문명 세계
—전차의 탄생

'우르의 휘장'에 그려진 승리의 행진.
사륜차를 끌고 있는 것은 귀가 긴 것으로 보아 당나귀일 것이다.

최초로 말을 탄 인간은 무슨 생각을 했을까

말 등에 처음 올라탄 인간은 무엇을 느꼈을까. 대초원을 달리며 끊임없이 펼쳐지는 풍경이 스쳐 지나간다. 지금까지 어느 누구도 경험해본 적 없는 속도로 이동하는 것이다. 현대의 서러브레드는 올림픽 경기에 출전하는 단거리 선수보다 2배나 더 빠른 속도로 달리며 인간보다 훨씬 더 오래 그 속도를 지속할 수 있다. 서러브레드 정도는 아니라도 고대의 말도 보통 인간의 2배 이상의 속도로 달렸을 것이다. 그런 경험은 인간의 뇌리에 처음으로 '속도'라는 관념을 각인시켰던 것이 아닐까.

다만, 말은 뒷발로 서기도 하고 등을 구부려 뛰어오르거나 발길질을 하고 물어뜯기도 한다. 하물며 야생의 말이라면 그 난폭함이 보통은 아니었을 것이다. 그렇게 생각하면, 최초로 말에 올라탄 인간은 대단히 용감한 사람이었을 것이다.

말을 가축화한 무렵부터 인간은 말을 탔을 것이다. 하지만 말을 제어하기가 쉽지 않았던 탓인지 그 후로도 오랫동안 승마가 광범위하게 보급되지는 않았던 듯하다. 승마뿐 아니라 사육 자체도 초기에는 크게 전파되지 못했다. 처음 가축화가 시작된 무렵부터 2,000년 남짓 흐른 후에야 광범위한 지역에서 그 흔적이 발견된다.

이 오랜 기간 동안 말은 얼마나 이용되었을까. 그 양상은 우크라이나 지방의 초기 농목 겸업 지대의 예에서 구체적으로 살펴볼 수 있다. 앞서 이야기한 데레이브카 서쪽의 트리폴리에서 기원전 3,000년경부터 기원전 1,700년경에 이르는 시대의 가축 말의 뼈가

	기원전 3,000~ 기원전 2,700년	기원전 2,700~ 기원전 2,000년	기원전 2,000~ 기원전 1,700년
소	10.5%	41.0%	26.0%
돼지	23.5%	17.0%	4.0%
산양·양	9.5%	16.5%	20.5%
개	3.0%	5.0%	
들짐승	52.5%	14.0%	
낙타			1.7%
말	1.0%	6.0%	19.0%

트리폴리에 지역의 가축 이용(『가축 문화사(家畜文化史)』의 수치를 정리해 작성)

발견되었다. 게다가 다른 가축 동물의 뼈도 발견되었기 때문에 그 비율을 비교해볼 수 있다. 이를 3개의 시기로 나눠 보면 위의 표와 같다.

이 표를 보면, 천수 백 년 새 이 지역에서 말을 사육하는 사례가 점차 늘어났으며 특히 기원전 2,000년대가 되면 말을 이용하는 기회가 급격히 늘어 가축 동물 중 20%를 차지하게 되었다는 것을 알 수 있다. 그 배경으로는 당시 남러시아나 서아시아의 건조화가 두드러지게 나타나면서 초원이나 사막이 발생했다는 점을 들 수 있다.

본래 건조화 현상은 기원전 3,000년경부터 시작되었으며 수자원이 부족한 탓에 큰 강 유역으로 사람들이 모여들면서 문명을 탄생시켰다는 주장도 있다. 이런 건조화 때문인지 소수이기는 하지만 가축으로 낙타도 등장한다. 남러시아부터 서아시아에 이르는 지역에서는 어쩌면 농경에서 유목으로 생활의 중심을 바꿔나가는 사람들도 있었을 것이다.

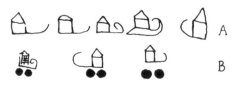

우루크에서 출토된 점토판에 새겨진 수레의 그림 문자

수레를 끄는 말

인간이 말 등에 올라타 가축 무리를 관리하는 경우도 있었을 것이다. 그러나 그보다 이른 시기부터 말은 수레를 끄는 데 자주 이용되었을 것이다. 수레의 바퀴가 몇 개이든 느릿느릿한 소가 끄는 것보다 말이 끄는 편이 훨씬 빨랐기 때문이다.

그런데 그런 수레는 어디에서 발명되었고, 누가 이용했을까?

이 문제에 대해서도 확실한 답을 내놓을 수는 없다. 사물의 기원을 둘러싼 문제가 늘 그렇듯 이번에도 수레와 유사한 물건의 가장 오래된 흔적을 찾아보는 것으로 만족할 수밖에 없다. 그 흔적은 메소포타미아의 도시 우루크에서 출토된 기원전 4,000년대 후반의 것으로 추정되는 점토판에 새겨진 그림 문자이다.

위의 A열 그림 문자는 지붕이 있는 썰매와 유사하다. 한편, B열의 그림 문자에는 그 썰매와 유사한 물건 아래에 두 개의 원이 그려져 있다. 바퀴처럼 생긴 이 원 위에 본체를 실어 굴렸을 것으로 생각된다. 이것이 바퀴를 생각해낸 기원이라고 한다면 이 그림 문자를 수레로 판단하는 것도 큰 무리는 없을 것이다. 따라서 기원전

경전차를 재현한 그림.
고대 이집트 테베에서 출토

3,000년경 문명의 탄생과 함께 혹은 그보다 먼저 메소포타미아의 사람들이 수레를 이용했다는 것을 알 수 있다.

하지만 이 그림 문자에는 견인용 채(수레 앞쪽에 길게 튀어나온 막대)가 그려져 있지 않다. 그러다 보니 이런 수레를 어떻게 끌었는지는 분명치 않다. 노예가 끌었을 수도 있고 소가 끌었는지도 모른다. 하지만 말이 끌지 않았다는 것만은 확실해 보인다. 당시 즉, 기원전 4,000년대 후반 서아시아에 말이 있었다는 증거가 없기 때문이다. 말과 동물로는 당나귀가 있었을 것이다.

수레의 구조를 알기 위해서는 실물을 확인하는 것이 가장 좋다. 서아시아에서는 기원전 3,000년대 전반의 것으로 추정되는 수레의 실물, 모형, 부조, 문양이 새겨진 토기가 출토되었고 동유럽에서는 수레의 모형이 발견되었다. 그것들을 종합해보면, 수레의 앞쪽 중앙에는 막대 모양의 채가 하나 달려 있을 뿐이었다. 이렇게 채가 한 개뿐인 수레를 끌기 위해서는 늘 한 쌍 즉, 2마리의 동물이 필요했을 것으로 보인다. 두 개의 채 사이에 한 마리의 동물을 연결해 수레를 끌게 하는 것은 기원전 2세기경까지는 아무도 생각해내지 못했던 듯하다. 두 개의 채를 사용한 가장 오래된 예는 중국의 전한 시대의 문헌에서 찾아볼 수 있다.

또한 기원전 3,000년대에 사용된 수레에는 진로를 바꾸기 위한 선회 차축이 있었다는 증거가 없다. 철기 시대가 되어서야 비로소 선회 차축이 등장한다. 선회 차축이 없으면 사륜차는 빠르게 회전하지 못하고 전복되고 만다. 그렇기 때문에 고대 문명 초기의 탈것들은 대부분 이륜차였으며 바퀴는 딱딱한 목재로 만들어졌다.

바퀴살이 있는 바퀴는 아나톨리아 동부에서 기원전 2,000년대 초반의 것이 발견되었다. 한편, 유럽에서는 선사 시대부터 근대에 이르기까지 계속해서 가로대가 있는 바퀴가 사용되었다. 가로대가 있는 바퀴는 원판으로 만들어진 바퀴보다 가볍고 바퀴살로만 지지하는 바퀴보다 튼튼했기 때문이다.

이런 수레를 끄는 동물은 대개 당나귀였을 것이다. 예컨대 '우르의 휘장'이라고 불리는 상자에 그려진 그림(2장 표제지 참조)을 통해서도 알 수 있다. 오늘날 대영 박물관의 한 전시실 중앙에 놓여 있는 이 상감 양식의 상자는 기원전 2,500년경의 무덤에서 출토되었다. 상자 한쪽에는 전투 장면이 그려져 있고 반대편에는 승리 장면이 그려져 있다. 이 전투 장면에는 사륜차를 끄는 말과 동물이 등장한다. 과거에는 오나거라고 불리던 동물이 가축화된 증거로 여겨지기도 했다. 하지만 오늘날에는 어깨에 특징적인 짙은 줄무늬가 있다는 점에서 당나귀로 간주하고 있다. 승리 장면에도 소와 양

그리고 산양과 함께 당나귀의 모습이 그려져 있다. 이런 사례를 통해 기원전 3,000년대 메소포타미아에서 당나귀가 널리 이용되었음을 상상할 수 있다.

'산 당나귀'와 '사막 당나귀'

가축 당나귀의 조상도 단 한 종류의 야생 당나귀로 거슬러 올라간다고 한다. 당나귀는 일찍이 다수의 아종으로 나뉘어 사하라와 아라비아에 널리 서식했다. 야생 당나귀는 매끈한 네 다리를 가졌으며 상당히 빠른 속도로 달릴 수 있다. 이런 야생 당나귀가 이집트나 서아시아에서 사로잡혀 인간에 의해 생산되고 역축役畜으로 널리 보급되었을 것이다.

아마도 당시보다 수천 년 이전부터 사람들은 가축을 선별해 교배시키는 기술을 익혔을 것이다. 그리고 자신들의 목적에 맞게 소나 양의 크기나 균형을 조정하며 생산했다. 그런 기술을 말과 동물의 교배에도 이용하게 된 것이다.

처음 말과 동물의 교배를 통해 잡종 번식을 시도한 것이 누구였는지는 몰라도 그것을 최초로 기록한 것은 메소포타미아의 수메르인이다. 점토판 위에 설형 문자로 쓰인 그 내용을 학자들은 어떻게든 정리하려고 애썼다. 이와 관련된 마에카와 카즈야의 성과를 정리하면 다음과 같이 요약된다.

anse	말과 동물 혹은 가축 당나귀
anse-DUN. GI 혹은 anse-LIBIR	가축 당나귀
anse-eden-na	오나거
anse-BAR×AN	잡종 당나귀와 오나거 간의 잡종
anse-zi-zi 혹은 anse-kur-ra	가축 말

이 점토판 문서들을 살펴보면, 일반적으로 가축 당나귀가 농경에 널리 이용되었음이 분명해진다. 야생 당나귀의 일종인 오나거 onager는 하부 다리뼈가 유독 길어서 반¥ 당나귀 혹은 긴 다리 당나귀로도 알려져 있다. 오나거는 고기나 가죽을 얻기 위해 사냥하고 가축으로서는 당나귀와 이종교배를 위해서만 사육했던 듯하다.

기원전 3,000년대 서아시아에서 말은 거의 알려지지 않았거나 전혀 서식하지 않았다고 보아도 무관하다. 말의 존재를 알게 된 수메르 인들은 말을 '산 당나귀'라고 부르며 자신들이 알고 있던 '사막 당나귀'와 구별했다. 수메르 인들에게 '산'이란 동쪽의 이란 지방과의 경계에 있는 산지를 의미했는데 그곳에 말을 키우는 사람들이 있었는지도 모른다.

기원전 3,000년대 말이 되면 설형 문자로 쓰인 점토판 문서에도 가끔 말이 등장한다. 한 문서에는 3년 동안의 기록으로 말anse-zi-zi 37마리, 오나거 360마리, 잡종 727마리와 당나귀 2204마리가 언급된다. 이런 문서에서 말이 언급되는 기사가 점차 늘어났다고 한다. 동시에 오나거는 문서에서 거의 사라졌다. 말 자체가 워낙 뛰어난 자질을 타고났기 때문에 훈련 기술을 어느 정도 이해하게 되자 잡종 당나귀의 번식용으로 오나거를 사육할 필요가 없어졌을 것이다.

말이 이용되기 시작하면서 말과 관련된 유물들도 광범위하게 출토되었다. 그 범위가 인도-유럽어계의 사람들이 사방으로 퍼져나간 범위와 어떤 관련성이 있지 않을까 하는 의문이 제기되었다. 지금도 이 문제를 둘러싼 학술적인 논의가 활발히 이루어지고 있다. 그런 가운데 분명히 밝혀진 사실은 최소한 서아시아에서 말이 출현한 시기는 인도-유럽어계 무장 집단의 대규모 침공 시기와 겹친다는 것이다.

전차의 탄생

인도-유럽어는 유럽, 이란, 인도 등의 유라시아 대륙 서부와 남부로 전파되었다. 이들 민족의 공통된 조상은 유라시아 북방의 삼림ㆍ초원 지대를 원주지로 삼았던 듯하다. 그들은 기원전 2,000년대가 되자 지중해부터 인도에 이르는 각지로 계속해서 파도가 밀려가듯 이주했다. 그중에서도 서아시아를 침공한 이들은 히타이트 인, 미탄니 인, 카시트 인이라고 불리었다. 그들은 오리엔트의 문명 세계가 그때껏 경험해본 적 없는 무기와 무구를 가지고 있었다. 특히, 말이 끄는 전차를 가진 강력한 군대가 조직되어 있었다.

처음 전차를 목격한 사람들은 과연 어떤 생각을 했을까. 그 장면을 상상해보자.

아주 먼 곳에 적의 세력이 있다는 전갈이 들려왔다. 아군의 군대는 무장을 갖추고 사기를 북돋우며 적의 공격을 물리치기 위해 호시탐탐 기회를 엿보고 있었다. 이윽고 평원 저편에서 피어오른 모래 먼지가 적군이 다가오고 있음을 알려 주었다. 그런데 그 모래 먼지가 그때껏 경험해본 적 없을 만큼 높이 피어올랐다. 병사들 사이에서는 희미한 불안이 싹트고 지휘관들은 실태를 파악하기 위해 얼굴을 찌푸렸다. 적이 다가올수록 병사들의 불안은 점점 더 짙어졌다. 지휘관들의 표정은 급격히 어두워졌다. 길고 검은 그림자가 드리우듯 적군은 날카로운 굉음을 울리며 빠르게 다가왔다.

누군가 소리쳤다. '말이다, 말! 엄청난 말떼가 수레를 잔뜩 끌고 달려온다. 대체 저게 무엇이란 말인가!' 병사들 사이에 동요가 일면서 대열이 무너지기 시작했다. 걷잡을 수 없이 퍼진 혼란은 이미 지휘관들이 통제할 수 없는 지경에 이르렀다.

전투의 승패는 불 보듯 뻔했다. 전차에 경악한 군대는 뿔뿔이 흩어지고 전차 부대의 공격 앞에 속수무책으로 무너졌다. 물론 이전에도 차량을 본 사람은 많았을 것이다. 하지만 전장을 질주하는 말이 끄는 전차에 대해서는 아무도 알지 못했다. 정면에서 돌진해오는가 싶으면 측면으로 방향을 바꾸고, 아무런 예고도 없이 활과 창이 쏟아졌다. 말은 아비규환에 빠진 전장을 기세등등하게 질주했다.

지금까지 본 적도 들은 적도 없는 이 장면은 사람들을 공포로 몰아넣기에 충분했다. 전장의 전차는 가장 위협적인 존재였다. 그토록 신기한 말이 이끄는 공포의 무장 집단이 출현하자 사람들은 마치 인간을 통솔하는 듯한 말에 각별한 감정을 품었을 것이다. 사람들은 말을 신화 속의 존재처럼 숭배하기에 이르렀다. 한편, 말을 부리지 못해 전쟁에 패한 쪽에서도 자신들의 굴욕적인 처지를 비관만 하고 있지는 않았다.

말이 끄는 전차가 어떻게 역사를 바꿔놓았을까. 그것은 인도-유럽어계 아리아 인의 언어에서 전차를 가리키는 ratha라는 말이 오늘날 영어의 roll(회전하다)이나 rotate(교체하다) 등의 어원이 되었다는 점에서도 전차에 대한 사람들의 인식을 추측할 수 있다. 또 부서진 전차의 잔해를 뜻하는 rathabhresa와 같은 말이 있었던 것도 사람들이 전장의 참혹한 광경 속에서 종종 목격한 것이 아니었을까.

그렇다면 초기 전차는 어떤 모습이었을까. 활을 쏘는 사람이 흔들리지 않도록 목재 수레에 가죽과 금속을 덧대 조종하기 쉽도록 만들어진 것이어야 했다. 이미 기원전 3,000년대 중반에 이륜차나 사륜차가 있었지만 이런 차량은 기동성이 떨어지기 때문에 전장에서 사용되었다기보다는 당나귀가 끄는 행진 의식용이었을 것이다. 바퀴살로 지지하는 가벼운 바퀴가 만들어지자 차축을 뒤쪽에 두어 차량의 기동성을 높였다.

최초의 전차는 아나톨리아와 시리아에서 출토된 기원전 2,000년대 초반의 것으로 추정되는 인장印章의 도안에서 발견되었다. 문헌상으로는 시리아의 고대 도시 말리에서 발견된 서간에 수렵용 전차에 대한 기록이 있으며 기원전 1,800년경의 문서로 추정된다. 이

히타이트의 전차를 그린 부조
(기원전 9세기)

런 유물과 기록은 분명 말이 끌었던 전차였다.

이런 자료들을 통해 마차나 수레가 아닌 전차라고 부를 수 있는 차량의 형태는 기원전 2,000년대 전반에 서아시아에서 만들어졌다는 것을 알 수 있다. 그리고 그것을 담당한 것은 인도-유럽어계 히타이트 인, 미탄니 인, 카시트 인이었다. 그중에서도 전차를 최초로 중용한 것은 미탄니 인이었던 것으로 여겨진다.

미탄니 인의 세력권과 이웃하고 있던 히타이트 인의 세력권에서 전차용 말의 훈련에 대해 논한 서적이 출토되었는데 이 서적은 기원전 15세기 미탄니 인 키쿠리가 쓴 것이었다. 이 지침서에는 단순히 전차를 끄는 말의 훈련 방법뿐 아니라 말의 손질 방법과 사료와 물을 주는 방법 등도 자세히 쓰여 있다. 미탄니 인이 말을 다루는 기술에 앞서 있었다는 사실을 말해준다.

어쩌면 다음과 같은 역사의 시나리오를 써볼 수도 있다. 미탄니 인이 전차를 이용하자 인접한 세력권의 히타이트 인들은 이에 대항해 무력을 강화해야 했다. 방비를 굳건히 하기 위해 성벽을 강화하고 공격의 위력을 높이기 위해 철제 무기를 사용하게 되었다. 물론 히타이트 인들도 이내 전차를 도입해 강력한 군대를 조직하고 서아시아에서 패권을 확립했다. 말과 전차 그리고 철기를 손에 넣은 히타이트 인 세력은 아나톨리아 전역과 북시리아 일대를 통합하는 왕국을 세웠다. 그 지배 영역은 유례를 찾아볼 수 없을 정도의 규모였다.

미탄니 인과 카시트 인도 히타이트 인 세력에 뒤질세라 메소포타미아에서 세력을 확장했다. 이 지역은 일찍이 기원전 19세기 셈계의 아무르 인이 바빌론을 수도로 삼아 바빌로니아 왕국을 세웠으며 기원전 18세기 함무라비 왕 시대에 위세를 떨쳤다. 그런 바빌로니아 왕국도 기원전 1,600년경 인도-유럽어계 세력에 의해 멸망한다. 말과 전차를 이용한 이들은 메소포타미아의 모든 도시를 파괴했지만 한편으로는 이 땅에서 탄생한 문명을 동방의 이란이나 서방의 아나톨리아에 전파하는 역할도 했다.

같은 기원전 2,000년대 중반 무렵, 북인도의 인더스 강 유역에도 인도-유럽어계 아리아 인이 침입했다. 이 지역에는 이미 기원전 3,000년대 중반부터 하라파나 모헨조다로 등의 계획적인 시가지를 갖춘 도시가 건설되면서 인더스 문명이 꽃피고 있었다. 하지만 당시 이 지역에는 말이 존재하지 않았으며 오로지 소를 이용했다. 소두 마리가 끄는 이륜마차의 모형 등에 그 흔적이 남아 있다.

기원전 2,000년대가 되면 이 도시 문명은 건조화에 따른 염해鹽害와 하천의 유로流路 변경 등이 겹치며 쇠퇴기를 맞는다. 이 지역 선주민들은 말과 전차에 의한 군사력을 보유한 아리아 인들의 적수가 될 수 없었다. 정복자는 도시를 세우지 않고 농경과 목축에 힘쓰며 천둥이나 태양 등을 숭배하고 불을 피워 신들에게 제사지냈다. 이들 신에 대한 찬가는 인도 최고의 성전『리그베다』로 완성되었다. 이 성전에서도 말은 소에 버금갈 만큼 귀한 존재로 여겨지며 주로 전차를 끄는 데 이용되었던 듯하다. 때로는 전차 경주가 개최된 흔적도 있지만 승마용 말이 등장하는 것은 다른 지역과 마찬가지로 수백 년이 흐른 뒤의 일이다.

전차 무인의 등장

다시 서아시아로 눈을 돌려보자. 오리엔트 세계에서도 이집트는 좁은 육로를 끼고 바다에 둘러싸인 지리적 이점 덕분에 예부터 외적의 침입을 면할 수 있었다. 하지만 말과 전차에 의한 기동력으로 광대한 지역을 이동할 수 있게 된 군사 세력에게 그 정도 거리는 더는 장애가 되지 않았다. 기원전 17세기에 셈계 민족이 중심이 된 혼성 집단이 말과 전차로 무장한 군대를 이끌고 이집트를 침입했다. 그들은 힉소스라고 불리던 사람들로 인도-유럽어계 민족으로부터 말과 전차를 다루는 기술을 배우고 그것을 이집트로 가져온 것이다. 말 또는 그 잡종이 전차를 끄는 광경은 이집트의 많은 벽화에 그려져 있다.

힉소스에 의한 지배는 이집트 사회에 커다란 변화를 가져왔다. 말과 전차의 도입은 물론이고 복합궁이나 언월도를 사용하는 등 군사 기술과 무기의 혁신이 진행되었다. 마침내 이집트 인들은 힉소스의 지배자들을 쫓아내고 기원전 16세기에는 통일을 이룩해 새로운 왕국을 세웠다. 그들은 말과 전차를 갖춘 군대를 조직해 시리아까지 진출했다. 그곳에서 미탄니와 히타이트의 세력과 충돌하게 되는데 그로 인해 마침내 이집트의 제국주의 시대가 막을 열었다.

말과 전차를 갖춘 군사 대국 간의 항쟁은 기원전 13세기 초에 벌어진 카데시 전투를 통해 그 양상을 엿볼 수 있다. 카데시는 다마스쿠스 북쪽 약 80킬로미터 지점에 위치한 도시로, 그 부근에서 람세스 2세가 이끄는 이집트 군과 무와탈리 왕이 이끄는 히타이트 군이 격돌했다. 양 군 모두 총 2만 명에 이르는 군세를 갖추었으며 주력은 전차를 탄 병사들이었다. 이집트 군은 말 두 마리가 끄는 전차에 마부와 궁수 두 사람이 타고, 히타이트 군은 말 두 마리가 끄는 전차에 마부와 궁수 그리고 방패를 든 병사까지 세 명이 타고 있었다. 당시 히타이트 군에는 2,500량의 전차가 있었다고 전해진다. 어지러운 공방이 계속되는 일진일퇴의 상황이었다. 양 군 모두 아군의 건투를 칭송하며 승리를 선언했다.

전차는 세계사 무대에 등장한 최초의 복잡한 무기였다. 차량의 관리나 말의 제어를 전업으로 하는 전사의 양성에는 오랜 시간과

아합 시대의 메기도 요새 유적에 남아 있는 마사 재현도

많은 비용이 필요했을 것이다. 그런 이유로 사람들은 전차를 타는 전사의 기개와 용기에 경의를 표했으며 그들의 지위는 점점 높아졌다. 여기서 바로 무인武人이라는 에토스를 갖춘 인간 유형이 탄생한 것이다. 이들이 사회를 변혁하는 데 일익을 담당했다는 것을 상상하기란 어렵지 않다.

20세기 초, 사회과학의 거장 막스 베버Max Weber는 근래 수백 년 동안 서유럽의 경험을 바탕으로 『프로테스탄트 윤리와 자본주의 정신The Protestant Ethic and the Spirit of Capitalism』을 저술했다. 만일 그가 기원전 1,000년경에 살았다면 아마 '전차 무인의 규범과 대국주의의 정신'과 같은 표제의 논고를 집필했을지도 모른다. 새로운 행동 규범을 가진 사람들의 출현은 그들이 역사 속에서 큰 역할을 담당한다는 것을 의미한다.

그것은 한편으로는 혁신이었지만 다른 한편으로는 파괴이기도 했다. 오리엔트 세계에서 히브리 인은 흥망을 거듭하는 여러 세력들의 세파에 휩쓸려 대국을 이루지는 못했지만 그들의 경험에는 귀를 기울일 만한 점이 있다. 『구약 성서』에서 말에 대한 언급은 대부분 군대나 전쟁에 관련되어 있으며 농경과 관련해 언급될 때에는 당나귀가 등장한다고 한다. 『구약 성서』에서 말을 나타내는 히브리어는 네 가지가 있다. 그중에서도 수스soos는 전차를 끄는 말을 가리키며 가장 일반적으로 쓰였다. 또 리세쉬recesh는 빠른 말 또는 순혈종純血種을 가리키며 라마크rammac는 성숙한 암말을 의미한다. 마지막으로 파라쉬parash는 전차용 말과 구별하여 승마용 말을 가리킨다.

기원전 10세기에는 히브리 인들의 왕국이 번영을 누렸다. 당대의 솔로몬 왕은 '전차용 마사馬舍 4만과 기병 1만 2,000명을 가지고 있었다'(『열왕기』 상, 4:26)고 전해진다. 이 숫자가 사실이라면, 솔로몬 왕은 역사상 가장 많은 말을 소유한 사람일 것이다. 실제는 약간 과장된 숫자일 것이다. 하지만 메기도Megiddo의 요새 유적에 남아 있는 마사 흔적을 보면 히브리 왕국이 상당수의 말을 소유했었다는 것을 알 수 있다. 마사 측량의 기둥과 기둥 사이에는 돌로 만든 말구유도 놓여 있었다고 한다.

'속도'라는 관념

히브리 인 위정자들은 주변 여러 나라의 위협으로부터 자국을 방어하고 대국을 이루기 위해 이집트에 말을 공급해줄 것을 청하고 전차를 갖추었다. 예언자는 그들의 방침을 신에 대한 모독이라고 비난했다. '도움을 구하러 이집트로 내려가는 자들은 화가 있을진 저. 그들은 전차가 많기 때문에 그것에 의지하고 기병이 강하기 때문에 그들을 신뢰한다'(『이사야 서』 31:1). 또한 '이 나라는 군마가 가득하고 전차는 그 끝을 헤아릴 수 없다'(『이사야 서』 2:7)며 탄식했다. 신이 아닌 이집트 인, 정신이 아닌 말에 의지하는 것을 야곱 민족의 추락이라고 비난한 것이다.

여기에는 말을 다루는 무인으로서의 에토스를 가진 새로운 계층이 기존의 가치관을 훼손할 것이라는 우려가 나타나 있다. 말과 전차는 어쩌면 근대의 화기보다도 당시 세계를 크게 바꾸었던 것이 아닐까. 3,000년 이상 오래 전 시대의 일이기 때문에 현대에 사는 우리가 그 양상을 파악하기란 쉽지 않다. 다만 인류의 경험을 '세계사적' 맥락으로 생각해보면 말과 전차의 등장은 역사를 변혁하는 일대 사건이었을 것이다.

인류사의 무대에 말과 전차가 등장했다. 이 사건은 새로운 계층의 출현뿐 아니라 더욱 광범위하고 깊은 영향을 미쳤을 것으로 생각된다. 인간의 정신이나 의식의 저류底流에 완전히 새로운 관념이 각인되었다. 다름 아닌 '속도'라는 관념이다. 그것을 통해 세계가 확대되는 것을 감지할 수 있었다. 최초로 말을 탄 사람이 느낀 '속도'라는 관념이 인간 사회에 널리 침투한 것이다. 지금껏 경험해본 적 없는 속도로 이동함으로써 세계는 이제껏 상상하지 못한 광대한 모습으로 다가왔을 것이다. 이집트를 침공한 힉소스는 아나톨리아, 시리아, 메소포타미아 각지에 교역소를 설치했으며 후에 힉소스를 축출한 이집트 왕국은 한정된 풍토를 벗어나 영역 확대를 노리는 제국주의 방침으로 전환하게 되었다.

'속도'라는 관념은 승마가 보급되는 기원전 1천 년대에 더욱 명확해졌을 것이다. 그럼에도 인간이 처음으로 말을 길들인 이후부터 '속도'라는 관념이 사람들의 뇌리에 새겨지기까지 3,000년이라는 세월이 필요했다. 그러나 일단 '속도'라는 관념이 인간 세계에 침투하자 세계사는 정신없이 움직였다. 말과 전차의 출현은 세계사의 속도를 더욱 가속화한 것이다.

동아시아의 전차

앞서 이야기했듯이 유라시아 대륙 서부에서 말과 전차의 등장은 인도-유럽어계 민족의 이동과 관련이 깊다. 그렇다면 유라시아 대륙 동부에서는 어땠을까. 최근의 연구를 통해 인도-유럽어계 민족 일부가 이른바 서역이라고 불리는 이 지역에서 상당히 이른 시기부터 존재했다는 것이 밝혀졌다.

동아시아에서는 기원전 3,000년경에 시작된 룽산 문화 시대부터 말을 가축화한 흔적이 나타난다. 그러나 말을 견인에 이용한 흔적은 찾아볼 수 없다. 가장 오래된 동아시아의 차량은 은나라 후기(기원전 14세기~기원전 11세기경) 은허에서 출토되었다. 은나라는 현재 확인되는 중국의 가장 오래된 왕조로 기원전 1,600년경에 성립했다. 이 은나라 시대의 무덤에는 종종 차량 한 대와 말 두 필이 함께 매

'전차'를 나타내는 갑골문·금석문

장되어 있었다. 발굴된 차량에 대한 한 해석에 따르면, 전사 두 명과 마부 한 명이 타는 전차가 다섯 량 있었으며 각각의 전차를 전위 보병 25명, 후위 보병 125명이 따르는 식으로 총 800명 정도가 하나의 군단을 이루었다고 한다.

또한 은대의 갑골문자에 '車(차)'라는 문자가 나오는데 그 문자 자체가 전차의 기본 형태를 평면으로 옮긴 것이라고 보았다. 따라서 일찍이 전차와 유사한 차량이 있었다고 해도 이상하지 않다. 하지만 서아시아에는 차량이나 바퀴의 원형이 있지만 중국에서는 아직 발견되지 않은 점, 차량의 구조가 서아시아의 기본 형태와 유사하다는 점 등으로 미루어 전차의 기본 형태가 서아시아에서 동아시아로 전파되었을 것으로 생각하는 학자들이 많다. 서아시아에 전차가 출현한 것은 기원전 2천 년대 전반이었지만 동아시아에서는 기원전 2천 년대 후반에 등장한다. 전차가 전파되기까지 적어도 300년 정도가 소요된 것으로 보인다.

또한 후대로 갈수록 전차를 중용했다는 점에서도 서아시아보다 수백 년 늦게 전차가 보급되었다는 것을 알 수 있다. 특히, 기원전

11세기에 발생한 사건은 중국의 말과 전차 도입에 관해 시사하는 바가 있다. 당시 주왕이 다스리던 은나라는 무왕이 다스리던 주나라에 의해 멸망하였는데 그것은 주나라의 군사력이 우세했기 때문이며 그 우열을 가름하는 원인은 다름 아닌 전차였다.

서아시아보다 늦기는 했지만 동아시아에서도 말과 전차의 보급은 큰 파문을 일으켰다. 그 파문에 의해 여러 세력이 경합하고, 지역 세계가 확대되는 동시에 결탁하기도 했다. 이번에도 세계사는 급격히 움직였다.

제3장
유라시아의 기마 유목민과 세계 제국

말을 탄 무인. 파지리크 고분군에서
출토된 펠트 족자(기원전 5세기)

Ⅰ 서방 유라시아

기마의 보급

고대 로마의 인문학자 바로Marcus Terentius Varro는 수렵민이 유목민이 되었다가 정주해 농민이 되었다고 말했다. 그 이후로도 이런 견해는 의심의 여지없이 받아들여졌다. 산악 지대의 목부들이 평지의 정주 생활을 동경해 산을 내려오는 것이 자주 목격되었기 때문이다. 그러다 보니 많은 사람들이 그렇게 생각했다. 그러나 최근의 고고학 성과를 보면, 오히려 농경 지대에서 목축이 발생했다고 보는 편이 좋을 듯하다.

유목은 유라시아 대륙 각지에서 이루어지고 있다. 이런 유목 생활은 기후의 건조화 현상에 따른 것으로 생활이 어려워진 지역의 농경 정주민들이 생존을 위해 택한 전략이었다. 최초로 가축화가 이루어진 양, 산양, 소 등은 목축이 농경 지대에서 발생했다는 견해를 뒷받침한다. 하지만 동물의 종류에 따라서는 반드시 그렇지 않은 경우도 있다. 오히려 수렵 지대에서 가축화가 시작되었다고 생각하는 것이 타당한 경우도 있다. 순록 등이 그 좋은 예라고 할 수 있다.

그렇다면 말은 어떨까. 앞서 말했듯이, 현재까지 가장 오래된 말의 가축화는 흑해 북쪽 연안의 데레이브카 유적 부근에서 시작되었다고 여겨진다. 그 주위의 농업과 목축을 겸한 생활을 하는 지역에서는 이미 양 등을 사육하고 있었다. 따라서 인접한 데레이브카 등의 지역에서 수렵·채집을 주로 하던 사람들이 말을 식육용으로 기른 것이 아닐까. 가축으로 기르기 시작하면서 사람들은 말에 올라타는 기술을 습득하게 된다. 처음에는 호기심이나 모험심으로 말에 올라탔을지 몰라도 승마가 생활의 다방면에서 유용하다는 것을 알게 되면 그 기술은 세대를 넘어 전해진다.

　말을 타면 더 빨리 더 멀리까지 이동할 수 있다. 또 방목을 하게 되면 한 사람이 많은 가축을 관리할 수 있다. 걸어서 관리하는 것보다 10배 이상의 관리가 가능하다는 보고도 있다. 말이 이처럼 유용하다면 기마 기술은 주목받을 수밖에 없다. 특히, 초기에는 가축 관리의 기본 기술로서 발전한 것이 아닐까. 사육하는 가축의 무리가 커질수록 더 많은 양의 풀을 먹일 수 있는 넓은 목초지가 필요했을 것이다. 이동 범위가 넓어지면서 마침내 생활의 거점 자체를 이동하는 유목 생활이 시작된다.

　그리하여 농목 겸업이나 수렵·채집 생활이 아닌 오로지 목축만으로 생활하는 유목민이 탄생했다. 그러나 말을 탈 수 있게 되었다고 바로 유목민이 성립했다고는 상상하기 어렵다. 당시에도 기마는 어디까지나 특수한 기술로서 한정된 사람들만 할 수 있는 기술이었다. 그런 기술이 보급되기까지는 또다시 오랜 세월이 필요했을 것이며 자연적·경제적인 조건도 갖추어져야 했을 것이다.

　데레이브카 유적에서 볼 수 있듯이 금속제가 아닌 재갈을 사용한 흔적은 이미 오래 전부터 있었으며 금속제 재갈도 기원전 2,000년대 후반의 것이 출토되었다. 그렇기 때문에 말을 타는 것은 훨씬 이전까지 거슬러 올라간다.

아마도 기원전 1,000년경에는 재갈이 개량되어 보급되었을 것이다. 그만큼 기마 풍습이 널리 받아들여진 것이다. 기후 건조화가 기마 풍습의 전파를 더욱 부추겼을 것이다. 수목이 줄어들고 목초지도 감소하는 스텝 지대에서도 말은 혹독한 자연 환경에 버틸 수 있다. 그런 자질이 드러날수록 말은 더욱 중요한 가축으로 인식되어 점점 더 많이 사육되었다. 늘어난 말 무리를 관리하려면 기마 습관이 집단에 뿌리내려야 했다. 말은 스텝 지대에서 필수적인 이동수단이 되었으며 기마 습관을 가진 기마 유목민들이 등장했다.

고대인은 어떻게 말을 탔을까

과연 고대인은 어떻게 말을 탔으며 그 모습은 어떤 형태로 남아 있을까. 기마가 시작된 무렵의 자료는 아주 드물지만 그중에서 가장 오래된 것으로 이란 서남부의 수사 유적에서 출토된 기마상이 있다. 이 기마상은 발굴 당시 기원전 4,000년대 후반의 것으로 추정했지만 최근 그 연대에 의문이 제기되고 있다. 기원전 1,000년 이전의 것으로는 메소포타미아와 이집트에서 몇 점의 부조, 벽화, 모형이 출토되었다. 하지만 이들 고대 문명의 중심지에서 말을 타는 것은 야만인이나 하층민들이나 하는 일로 여겨졌다. 기원전 18세기경, 메소포타미아의 마리 왕에게 보낸 신하의 서간에는 '고귀하신 분은 왕의 존엄을 더럽히지 않도록 말 따위를 타서는 안 됩니다'(「마리 문서」중)라는 간언이 쓰여 있다.

메소포타미아에서 출토된 점토 그릇에 새겨진 그림을 살펴보면, 말을 탄 사람은 말 등의 뒤쪽에 걸터앉아 있다. 고대 이후의 기마술에 따르면, 말 등의 가장 낮은 곳에 걸터앉는 것이 일반적인 방법이라고 한다. 당시는 기마법이 아직 널리 보급되기 전으로 재갈은 있어도 안장이나 등자(안장 양옆에 걸쳐 발을 딛는 물건)가 갖춰져 있지 않던 시대였기 때문에 나름의 기술이 있었는지도 모른다.

이렇게 말 등 뒤쪽에 걸터앉는 방식은 동키 시트donkey seat라고 불리는 '당나귀 타기'의 방식이기도 하다. 말이 도입되기 이전부터 당나귀를 이용해왔기 때문에 그 방식을 그대로 적용했는지도 모른다.

기마가 중요한 이동 수단이 되려면 기마법이 확립되어야 한다. 당나귀를 타는 것과 같은 방법으로는 말을 능숙하게 다룰 수 없을 것이다. 그런 만큼 기마법의 확립과 기마 유목민의 성립은 표리일체를 이루는 사건이 아니었을까. 그리고 그것은 기원전 1천 년대가 되면 더욱 분명해진다.

가장 오래된 기마 유목민

일본에서는 '기마 민족'이라는 말이 널리 쓰이고 있지만 기마 민족이라고 하면 어떤 특정한 민족을 가리키는 듯해서 유목을 생업으로 형성되어온 역사적 측면이 모호해지는 느낌이 든다. 그러므로 이 책에서는 '기마 유목민'이라는 단어를 사용하기로 하겠다.

기마 유목민은 문자 사료를 거의 남기지 않았다. 특히, 고대 유목민들의 사료는 전무하다고 해도 좋을 정도이다. 이런 사실은 우리의 세계사 인식을 크게 왜곡시킨다. 이런 편향된 시각에 대해서는 강조해두고 싶다.

왜냐하면 문자 사료를 많이 남긴 쪽이 문명 세계로서 후세에 대대로 전해지고 사료를 남기지 않은 쪽은 주변으로 밀려나 단편적으로만 다루어지거나 때로는 완전히 잊히기 때문이다. 그렇기 때문에 최대한 현실 사건에 입각해 세계사를 생각한다면 상당한 주의를 기울여야 한다.

현재 이름이 밝혀진 가장 오래된 기마 유목민은 킴메르 인이다. 그들은 본래 남러시아에 살고 있었으나 후에 아나톨리아로 이주했다고 한다. 킴메르 인은 인도-유럽어계였기 때문에 일찍이 데레이브카 부근에서 생활하던 사람들과 관계가 있는지도 모른다. 아시리아 문서에 따르면, 킴메르 인 집단은 기원전 8세기에 우라르투 왕국을 멸하고 아시리아 영토까지 침입한 후 서진해 아나톨리아로 향했다고 한다. 이런 기술로 미루어 볼 때, 아시리아 영토를 횡단하던 킴메르 인들에 의해 골치를 썩었던 듯하다.

킴메르 인이 기록에 등장하는 것은 기원전 8세기이다. 하지만 그것은 당시 문명 세계에 충격을 안긴 존재로서 인지된 것에 불과하다. 그 이전부터 그들은 자신들의 땅에서 기마 유목민으로서 존재했을 것이다. 그리스의 역사가 헤로도토스는 킴메르 인들이 자신들의 땅을 떠날 수밖에 없게 된 것은 스키타이 인들의 침략 때문이었다고 말했다. 또한 그는 스키타이 인 집단이 동방에서 침입했다고도 이야기했다.

헤로도토스가 그린 스키타이 인

헤로도토스의 『역사』는 기원전 5세기 전반의 페르시아와 그리스의 전쟁을 다룬 역사서이다. 그는 이 전쟁의 전사前史로서 페르시아와 그 주변 민족들의 역사와 지리에 대해서도 자세히 언급했다. 물론, 헤로도토스의 기술이 전부 사실이라고는 할 수 없지만 문자를 남기지 않은 기마 유목민에 대해서는 그의 기술을 단서로 생각해보는 수밖에 없다. 이제 헤로도토스의 『역사』에 근거해 기마 유목민의 모습을 복원해보자.

헤로도토스에 의하면, 페르시아 인은 스키타이 인을 사카이(페르시아어 비문에는 사카라고 쓰여 있다)라고 불렀다. 스키타이 인들의 거주지 동쪽에는 산기슭에 사는 알지파이 인이 있었으며 거기까지는 그리스 인들도 방문한 적이 있다. 그보다 더 동쪽에는 이세도네스 인이 있었고 더 먼 동쪽에는 아리마스포이 인이 있었으며 그 맞은편에는 괴조怪鳥 그리페스 무리가 있고 그보다 더 먼 곳에 히페르보레오이 인이 살았다고 한다. 이 이야기는 그리스의 서사시 『아리마스페이아』로 전승된 것이라고 헤로도토스는 이야기했다.

이 서사시는 지금은 전해지지 않지만 마지막으로 등장하는 히페르보레오이 인을 몽골 고원의 선주민이라고 본다면 기원전 1,000

년대 전반 중앙아시아의 유목민의 모습이 어렴풋이 떠오른다. 스키타이 인이 서쪽으로 이주한 것은 마사게타이 인에 의해 밀려났기 때문이라고 한다. 다만, 이 마사게타이 인과 이세도네스 인은 서로 구별이 어려웠기 때문에 같은 계통의 다른 민족이었거나 같은 계통을 서로 다른 명칭으로 부른 것으로도 생각된다. 이세도네스 인도 아리마스포이 인에 의해 서쪽으로 밀려났다고 한다.

이러한 기록을 통해 원래 킴메르 인이 살았다고 하는 우크라이나로부터 동쪽의 북 코카서스, 카자흐스탄 초원, 융갈 분지를 거쳐 몽골 고원 더 나아가 바이칼 호수에 이르는 유라시아 북부의 경로가 분명히 드러난다. 이것이 바로 '초원 길'이라고 불리는 사람과 물건의 이동로이다. 유목민들은 이 경로를 따라 동쪽에서 서쪽으로 향했을 것이다. 어쩌면 기원전 8세기 이전의 수세기에 걸쳐 중앙아시아에서 기마 유목민이 형성되고 그 혼란 속에서 대규모 이동이 되풀이된 것이 아닐까.

물론 이들 기마 유목민이 어디까지 명확히 구별되고 있었는지는 의문이다. 오히려 스키타이Scythae(그리스어)나 사카Saka(페르시아어) 또는 사이塞(중국어)와 같은 동일 자음(s-k-)의 표현은 문명 세계가 초원의 유목민을 통칭하는 말이었을 수 있다. 현대의 연구자들은 이들 유목민 전체를 크게 스키타이계 문화 혹은 스키타이-시베리아 문화라고 부르며 서쪽을 스키타이, 동쪽을 사카로 이해하고 있다.

이들 스키타이계 문화의 특징으로는 먼저, 고총고분과 말의 부장副葬을 꼽을 수 있다. 또한 마구馬具는 물론이고 동물 문양의 장신구나 무기류도 있었다. 이런 유물들은 주로 청동제가 많았으며 황금으로 만든 것도 풍부했다고 알려진다. 이동 생활을 했기 때문에 유물들은 대개 소형이었다.

서아시아의 문명사회가 도시에 신전을 세우고 전쟁이나 수렵을 위해 말과 전차를 갖추던 무렵, 스키타이 인들은 정주지가 없는 유목민 사회를 구축했다. 그들은 죽은 자를 매장하는 신성한 무덤이 훼손되지 않는 한 먼저 분쟁을 일으키지 않았다. 페르시아의 왕 다리우스가 스키타이의 왕에게 전투에 참가하도록 요청하자 기마 유목민의 왕은 다음과 같은 답장을 보냈다.

우리에게는 점령당하거나 훼손당할 것이 두려워 당신들과의 전투를 서두르지 않으면 안 될 도시나 과수원이 없다. 우리가 어떻게든 전쟁을 서둘러야만 한다면 그것은 조상의 무덤과 관련된 일일 것이다. 그 무덤을 찾아내 굳이 파괴한다면 그때야말로 우리가 그 무덤으로 인해 당신들과 전쟁을 벌일지 아니면 그럼에도 불구하고 전쟁을 하지 않을지 알게 될 것이다. (헤로도토스 『역사』 중에서)

그렇다고 스키타이 인들이 결코 먼저 싸움을 걸지 않았던 것은 아니다. 그들은 필요할 때에는 즉시 싸움에 나설 용의가 있었다. 또한 신출귀몰한 그들의 행동은 정주민들에게 더할 나위 없는 공포를 안겼다. 헤로도토스도 기마 유목민 스키타이에 대해 다음과 같이 말했다.

그들을 공격하는 자는 단 한 사람도 도망쳐 돌아가지 못했고 그들이 적에게 발각되지 않고자 한다면 누구도 그들을 잡지 못했다. 그도 그럴 것이 도시나 성채도 세우지 않고 한 사람도 빠짐없이 집을 짊어지고 이동하는 기마 궁수로 생활은 농경이 아닌 가축에 의지했으며 짐승이 끄는 수레가 그들이 사는 집이었다. 그런 종족과 싸워 이기는 것은 물론이고 접촉하는 것조차 불가능할 것이다. (헤로도토스 『역사』 중에서)

헤로도토스는 스키타이 인에 대해 이야기했지만 비슷한 생활양식과 풍습을 가진 기마 유목민이 중앙아시아의 초원 지대에 널리 분포했을 것이다. 그들은 언어와 인종은 달랐지만 기마 유목민으로서의 문화는 상당히 유사했으며 시대가 흘러도 큰 변화가 없었다.

스키타이에 대한 헤로도토스의 서술은 종종 흉노에 대한 사마천의 서술과 비교되기도 한다. 이 위대한 두 역사가 사이에는 300년이라는 세월과 5,000킬로미터나 떨어진 거리의 차이가 있지만 서술 내용에는 놀라울 정도의 공통점이 있다. 기마 유목민 연구자들은 그런 공통점을 다음과 같이 정리했다.

(1) 농경을 하지 않는 순수한 유목민이다.
(2) 가축과 함께 이동하고 정주하는 도시나 집락이 없다.

(3) 활을 주요 무기로 사용하고 전원이 기마 전사이다.

(4) 그들의 전술은 기동성이 뛰어나고 지극히 현실적이어서 정황이 불리하면 깨끗이 퇴각한다.

스키타이는 지중해 세계에 인접해 있으며 흉노는 중국에 인접해 있다. 이런 점에서 기마 유목민의 풍속이 중앙아시아 일대에 얼마나 널리 퍼져 있었으며 또한 오랜 기간에 걸쳐 영위되고 있었는지 알 수 있다.

스키타이계 문화는 어디에서 왔을까

여기서 새로운 문제가 발생한다. 이 정도로 광범위하게 출현하는 기마 유목민은 과연 어디에서 성립한 것일까. 다시 말해, 스키타이계 문화의 기원은 어디일까. 이전에는 유라시아 대륙 서쪽에서 기원한 것으로 여겨졌다. 무엇보다 흑해 연안에서 발견된 유적이 고대 문헌에 언급된 스키타이로 추정되었고 그 후 시베리아 각지와 초원 지대 일대에 유사한 유적이 널리 분포하는 것이 확인되었기 때문일 것이다. 하지만 최근에는 오히려 동방에서 전해졌다는 것이 오랜 경향으로 간주되고 있다. 그리고 보면 헤로도토스가 서술한 유목민들의 연쇄적 집단 이동도 동쪽에서 서쪽으로 향했다. 그렇다면 이 그리스 인의 전승은 고고학의 연대 추정과도 일치한다.

여기서 고고학적 성과로 평가받는 동방의 스키타이계 문화 유적을 살펴보자. 가장 유명한 유적으로 알타이 산지의 파지리크 고분군을 들 수 있다. 동결된 고분군에서는 가죽이나 나무로 만들어진 물건이며 펠트뿐 아니라 인간의 피부 문신이나 말의 털 색깔까지 알 수 있을 정도의 유물이 출토되었다. 이 유적은 기원전 5세기경에 조성된 것으로 그중에서도 가장 눈길을 끄는 것은 말을 탄 무인의 그림이 그려진 펠트 벽걸이이다(3장 표제지 참조). 말은 머리가 작지만 체고는 상당히 높아 보인다. 같은 고분군에는 최소 54필의 말이 매장되어 있었는데 그 말들의 뼈도 측정되었다. 체고가 가장 높은 말이 150센티미터 남짓, 가장 낮은 말이 128센티미터였다. 체고가 더 높은 말은 태어나자마자 거세된 것으로 여기는 학자도 있다. 동물은 성숙하기 전에 거세하면 뼈가 길어지면서 키가 커지는 경향이 있기 때문이다.

파지리크 고분군에서는 페르시아의 카펫도 출토되었다. 이 카펫에도 말굴레, 가슴걸이(말의 가슴에 걸어 안장에 매는 끈), 안장, 고삐를 갖춘 수말의 기마상이 그려져 있었다. 실제 안장의 실물도 출토된 만큼 말을 탈 때 안장을 이용했다는 것이 확인되었다. 물론 안장 없이 말을 타는 사람을 표현한 그림도 적지 않았기 때문에 이 무렵부터 안장을 사용하는 사람이 있었다는 정도로 생각하면 좋을 듯하다. 어쨌든 이 고분군으로 우리는 기마 유목민의 모습을 상당히 구체적으로 그려볼 수 있게 되었다.

또 다른 예로, 파지리크 고분보다 훨씬 동쪽인 몽골 북방에 위치한 아르잔 고분이 있다. 이 유적은 기원전 9세기의 것이라는 말도 있고 기원전 7세기로 추정하는 설도 있다. 상당히 오래된 시기의 유적인 것만은 분명하며 기원전 9세기가 맞는다면 가장 오래된 고분 유적이 된다. 이 고분은 북캅카스의 우르스키-아우르 고분 등과 함께 매장된 말의 두수頭數가 많다는 특징이 있다. 161마리의 말은 12세 이상의 수말에 한정되었으며 털 색깔별로 나뉘어 매장되었다고 한다. 도굴 당했기 때문에 호화로운 유물은 남아 있지 않았지만 출토된 마구나 화살촉은 스키타이 이전 흑해 북쪽 연안에서 발견된 것과 유사하다고 한다.

기마 유목민의 기원을 둘러싼 문제와는 별개로 기원전 1,000년대가 되면 이들 기마 유목민이 역사에 뚜렷한 족적을 남기게 된다. 그들은 비록 문자는 남기지 않았지만 그 세력은 이미 무시할 수 없는 정도의 압도적인 영향력을 지닌 세력으로 등장했다. 상상해보자. 말을 능숙하게 다루는 기마 집단이 불시에 쳐들어와 연기처럼 사라지는 것이다. 정주민들의 혼란과 두려움은 이루 말할 수 없었을 것이다. 이제 그들의 존재는 문자를 가진 문명세계의 사람들에게 무시할 수 없는 위협인 동시에 문명세계를 뒤흔드는 유인誘因이 되었다.

아시리아 제국과 기마 군단

기원전 2,000년대 말과 전차가 도입된 오리엔트 세계는 빠르게 변화했다. 선주민인 셈-햄어계 민족은 물론 인도-유럽어계의 여러

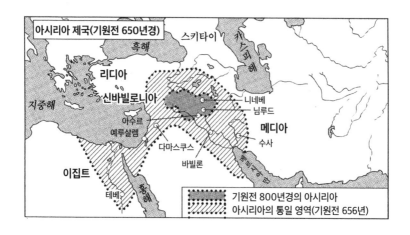

아시리아 제국(기원전 650년경)

스키타이

흑해

리디아

신바빌로니아

지중해

아수르
예루살렘

다마스쿠스

바빌론

니네베
님루드

메디아

수사

이집트

테베

기원전 800년경의 아시리아
아시리아의 통일 영역(기원전 656년)

민족까지 가세해 다양한 민족과 세력이 흥망을 거듭하는 시대였
다. 이런 혼란상에 종지부를 찍듯 통합을 이루어냄으로써 대규모
패권을 확립한 것은 아시리아 인이었다.

아시리아 인은 본래 티그리스 강 상류에 위치한 도시 아수르를
거점으로 교역 활동에 종사하며 메소포타미아, 아나톨리아, 이집
트를 잇는 역할을 담당하고 있었다. 그들의 왕국은 한때 미탄니 왕
국에 복속되는 등의 성쇠를 거듭했지만 기원전 10세기경부터 세력
을 강화하면서 왕성한 정복 활동을 펼쳤다. 아시리아는 철제 무기
와 전차를 갖추었을 뿐 아니라 기마 군단을 편제한 강력한 군사력
을 보유하고 있었다.

당시 아시리아는 어떻게 강력한 대국으로 성장할 수 있었을까.

아시리아의 거점이었던 티그리스 강 유역은 자연적인 경계가 없
고 비옥한 토양의 혜택을 받은 지역이었다. 그러다 보니 주변 민

기원전 9세기의 석조 부조. 궁수는 안장 없이 말 등 뒤쪽에 걸터앉아 다리를 구부린 채 양손으로 활을 당기고 있으며 고삐는 다른 병사가 조종하고 있다. 궁수와 마부의 2인 1조로 말을 타고 있다

족들의 이주와 침입이 잦았다. 이런 외래인의 공격에 대항해 전투를 거듭하면서 아시리아 인은 실전 능력이 뛰어난 군대를 양성할 수 있었을 것이다. 그런 외적 중에 간혹 기마 유목민이 있었다 해도 이상한 일이 아니다. 아시리아는 서아시아에서도 비교적 북쪽에 위치하고 있기 때문에 일찍부터 북방의 기마 유목민과 접촉했을 수 있다.

아시리아가 패권을 확장하기 시작한 시기 전후로 기마 유목민의 스키타이계 문화도 존재감을 드러내기 시작했다. 어떤 형태로든 기마 유목민과 조우하게 되면서 기마 풍습이 서아시아 일대로 퍼져 나갔을 것이다. 그중에서도 아시리아는 가장 빠르게 기마 전술을 군사 조직에 활용할 수 있었을 것이다. 그리하여 더욱 강력해진 아시리아 군은 시리아와 바빌로니아 더 나아가 아나톨리아부터 이란 고원까지 정복했으며 기원전 7세기에는 이집트까지 자신들의 세력권으로 흡수했다.

기원전 7세기의 석조 부조(아슈르바니팔 왕 기사도). 안장 대신 천을 걸치고 말 등의 가장 낮은 위치에 걸터앉아 다리는 앞쪽으로 뻗은 안정된 자세로 양손으로 활을 당기고 있다. 고삐를 조종하는 마부 없이 고삐는 굴레에 묶여 있으며 물렛가락처럼 생긴 술 장식이 달려 있다. 이 술 장식으로 고삐를 고정해 말을 탄 사람이 자력으로 활을 쏠 수 있게 되었다. (가와마타 마사노리의『고대 아시아사[古代アジア史]』참조)

아시리아의 패권 확대는 단순한 대국의 형성에 그치지 않았다. 다양한 민족을 복속시켜 지배하에 두었다는 의미에서 '제국'의 성립이라고 해도 좋을 것이다. 아시리아는 역사의 무대에 등장한 최초의 '세계 제국'이었다. 이런 세계 제국이 전차 부대뿐 아니라 기마 부대까지 갖춘 군사력에 의해 구축되었다는 것을 염두에 두어야 할 것이다.

단순한 기마의 예라면 기원전 2,000년대까지 거슬러 올라갈 수 있다. 여기서 주목해야 할 것은 아시리아에서는 그런 기마술을 군사력으로 조직화했다는 점이다. 그렇다면 기마 군단을 형성한 병사들은 어떻게 말을 타고 무기를 다루었을까.

아시리아의 그림은 엄청난 수의 부조로 새겨져 님루드와 니네베 궁전의 벽면을 장식하고 있다. 거기에 재현된 수렵이나 전쟁 장면은 뛰어난 사실성으로 보는 이들을 압도한다. 현재는 대영 박물관에 소장되어 있다. 이들 그림을 비교해보면, 말을 탄 사람이 자력으로 활을 쏘게 되는 모습을 확인할 수 있다.

기마 부대가 등장한 초기에는 아시리아 북쪽에 있는 지역에서도 말 등의 뒤쪽에 치우친 자세로 말을 탔던 듯하다. 그러다 기원전 6세기 무렵이 되면 서아시아 일대에서 말 등의 가장 낮은 부분에 걸터앉는 안정된 기마법이 도입되었으며 창, 방패, 곤봉을 든 기마병도 있었다고 한다. 아시리아는 킴메르 인이나 스키타이 인과도 접촉했으며 전시뿐 아니라 평시에도 교류가 있었다. 기원전 7세기에는 스키타이 왕가와 아시리아 왕가가 혼인 관계까지 맺게 되었다. 기마법도 이들 기마 유목민들로부터 조금씩 습득했을 것이다. 기원전 9세기부터 기원전 7세기에 이르는 기마 기술의 변화는 이런 기마 유목민과의 교류를 의미한다.

아시리아의 말과 이집트의 말

그렇다면 아시리아의 말은 어떤 것이었을까. 마종의 기원이나 개량 등에 관해서는 근대 이전의 문서 사료에는 거의 남아 있지 않기 때문에 대부분 그림으로 추정하는 수밖에 없다. 다만, 그런 그림도 얼마나 사실적인지 확인할 근거가 없기 때문에 대략적인 경향을 파악하는 정도로 만족하지 않으면 안 된다. DNA 감정 등으로 동물의 유해로부터 유전자 정보를 얻게 된다면 사정은 달라질 것

아시리아의 말. 기원전 645년경. 니네베 출토

이다. 그러나 마종의 역사에 대한 상세한 분석이 이루어졌다는 보고는 아직 들어보지 못했다.

그림을 통해 본 아시리아의 말은 이집트의 말과 확연히 다르다. 이집트의 말은 몸집이 작고 짧으며 사지는 가늘고 등은 곧게 뻗어 있으며 엉덩이가 처지지 않았다. 또 머리는 작고 목은 가늘어서 뒤로 젖히듯 구부러져 있다. 그에 비해 아시리아의 말은 근육이 솟아 있고 체구가 크고 중후하다. 특히, 머리를 쭉 뻗고 달리는 모습이 인상적이다. 이렇게 비교해 보면, 아시리아의 말이 이집트의 말보다 컸던 것으로 보인다.

원래 말이 없었던 이집트는 기원전 2,000년대 후반 서아시아에서 양질의 말을 들여와 마종 개량에 힘썼다. 그러자 반대로 서아시아 사람들이 이집트산 말을 원하게 되었다고 한다. 앞서 소개한 『구약성서』속 솔로몬 왕 시대의 일화는 그런 당시의 사정을 말해 준다. 이집트의 말이 뛰어나다는 것은 널리 알려진 사실이었다. 하

이집트의 말. 테베의 무덤 벽화

지만 그 말들은 전차를 끄는 견인용으로 기마용은 아니었을 것이다. 그렇다면 아시리아의 말은 기마용으로 개량된 것일까.

아시리아 말의 경우, 확실히 기원전 9세기의 말보다 기원전 7세기의 말이 몸통은 더 짧고 근육이 발달한 중후한 느낌이 있다. 다른 종의 피가 섞였을 수도 있지만 말 관리 기술이 향상되고 풀뿐 아니라 곡물을 사료로 주게 된 이유도 있을 것이다. 어쨌든 기마 풍습이 확산되고 기마용 말에 관심이 집중되면서 말의 육성에 더 신경 쓰게 된 것은 부정할 수 없다.

실제 설형 문자로 쓰인 점토판 문서에는 야생 당나귀나 말 그리고 전차에 대해 더 나아가 말의 사육과 조련 방법에 대해 언급한 기록도 있다. 특히 눈길을 끄는 것은 전쟁의 군비를 기록한 문서이다. 거기에는 기원전 9세기 북우라르투 전투에 전차 106량, 기병 9,374기, 보병 2만 명이 배치되었다고 기록되어 있다. 아시리아 북방에 있는 우라르투 세력과의 전투는 동남쪽에 위치한 만나이국을 둘러싸고 벌어진 것으로 만나이국은 말의 중요 산지이기도 했다.

아시리아 제국 초기에 1만 명에 가까운 기병이 있었다는 점에서도 기마 부대가 주요 전력으로 활용되었음을 알 수 있다. 아시리아의 기마 전략은 커다란 성과를 거두었다. 그로 인해 아시리아의 지배하에 있던 칼데아 인, 리디아 인, 이집트 인, 메디아 인 등에게도 기마 풍습이 전파되었다.

아시리아 제국은 니네베를 수도로 정하고, 정복지를 속주로 삼아 직접 통치하고 복속지는 속국으로 삼아 간접 통치하는 방식을 취했다. 이런 통치법은 후에 페르시아 제국과 로마 제국에서도 이용되었다. 이른바, 세계 제국의 모델을 만들었다고 할 수 있다. 압도적인 군사력으로 제압했다고는 해도 아시리아 제국의 통치가 반드시 안정된 것은 아니었다. 정복민들을 강제 이주시키는 등의 압정이 반감을 산 데다 북방의 스키타이 인들의 위협이 끊이지 않고 피정복민과 복속민들의 반항도 계속되었기 때문이다. 결국 기원전 7세기 말, 아시리아 제국은 메디아와 칼데아 인 연합군의 공격으로 멸망하고 말았다.

페르시아 제국

아시리아 제국의 멸망 후 오리엔트 세계는 칼데아 왕국(신바빌로니아 왕국), 메디아 왕국, 리디아 왕국, 이집트 왕국의 네 세력으로 분립했다. 이들 세력을 병합해 다시 광대한 제국을 건설한 것은 페르시아 인이었다.

페르시아 인은 인도-유럽어계 아리아 인의 일파로 기원전 8세기경 이란 고원의 남부로 이주했다. 그 주변 지역을 파르사Parsa라고 부른 데서 페르시아가 유래했다. 당초에는 같은 계통의 메디아 인에게 복속되어 있었으나 하카마니시라고 불리는 일족이 세력을 키워 기원전 6세기 중반 메디아 인을 타도하고 키루스 왕에 의한 패권을 확립했다. 이윽고 리디아와 신바빌로니아 왕국을 병합해 페르시아 제국을 세웠다. 이 하카마니시 왕가의 제국 지배를 그리스어 독음을 바탕으로 '아케메네스 조朝 페르시아'라고 불렀다.

그런 페르시아 인이 본래 기마 유목민이었거나 혹은 기마 유목민의 풍습을 상당 부분 숙지하고 있었던 것으로 여겨진다. 따라서 페르시아 제국의 주요 인사들은 일찍이 기마 전략을 익혔거나 기마 부대의 위력을 잘 알고 있었던 것이 분명하다. 어쨌든 페르시아 제국은 기마 군단을 주축으로 한 군사력을 바탕으로 주변 지역의 세력을 압도했다. 특히, 다레이오스 1세 시대에는 이집트를 병합했으며 더 나아가 서쪽으로는 에게 해 북쪽 연안부터 동쪽으로는 중앙아시아와 인더스 강 유역에 이르는 광대한 제국의 판도를 구축하였다.

앞서 이야기했듯이, 아시리아 제국은 전차 부대와 함께 기마 부대까지 갖추고 있었는데 페르시아 제국의 기마 부대는 그것을 훨씬 능가하는 전력을 보유하고 있었다. 그것은 그들이 우량한 말을 가지고 있었기 때문이다. 페르시아 인들은 말 생산은 물론 말 사육에 있어서도 뛰어난 말을 확보하기 위해 노력했던 것이 분명하다.

실제 고대 그리스 인은 페르시아의 민첩하고 빠른 말에 두려움을 품었을 뿐 아니라 놀라움을 감추지 않았다.

페르시아 말과 기마술에 대해서는 역사가 헤로도토스도 종종 화제로 삼았다. 그에 따르면, 아케메네스 왕조의 발상지인 파르사 지방은 '훌륭한 말과 뛰어난 인물이 많은' 지역이었다고 한다. 여기서 페르시아 인이 원래 기마 유목민이었다고 단정할 수는 없지만 그들이 말의 중요성을 깨닫고 좋은 말을 확보하기 위해 노력했다는 것을 상상할 수 있다.

페르시아 제국은 일찍부터 메디아와 아르메니아를 점유하고 있었다. 이들 지방은 서아시아에서 지중해 연안 지역에 이르는 고대 세계에서도 가장 크고 좋은 말의 산지로 유명했다. 어쩌면 페르시아 제국은 좋은 말을 확보하기 위해 일찌감치 그 지역을 손에 넣었을지도 모른다.

페르시아 인들은 좋은 말을 확보하는 데만 그치지 않았다. 말을 다루는 기술을 습득하는 데도 힘을 쏟았다. 그런 노력은 생활 속에서도 철저히 이루어졌다. 페르시아의 아이들은 5세부터 20세에 이르는 교육 과정 내내 오직 '승마, 궁술, 정직'을 강조한 교육을 받았다고 한다. 국왕 다레이오스 1세는 스스로 뛰어난 기병이라는 사실을 무엇보다 자랑스럽게 여겼다고 한다.

페르시아 인의 뛰어난 기마술에 대해 언급한 것은 헤로도토스만이 아니다. 고대 그리스의 마술론馬術論을 저술한 크세노폰 역시 페르시아의 능수능란한 기병 전략에 주목한 선각자였다. 그는 페르시아 인들은 기마술을 터득하기 위해 노력을 게을리 하지 않는다며 부러운 듯 이야기한 바 있다.

스키타이 북벌 작전 실패

지금까지 살펴본 바에 의하면, 페르시아 인은 기마 유목민의 자질을 타고난 것처럼 느껴진다. 하지만 반드시 그렇다고 단언할 수는 없다. 그것은 당시 유력한 세력이었던 기마 유목민 스키타이 인과의 접촉으로 고스란히 드러났다.

국운이 상승일로를 걷고 있던 다레이오스 1세 때의 일이다. 기원전 514년과 513년 다레이오스 대왕은 제국을 끊임없이 위협하는 스키타이 세력을 물리치고자 북벌 해류 원정을 전개했다. 육상 부대는 흑해 연안을 북상하고 흑해 상에는 함대를 띄워 교전에 대비했다. 그러나 함대와 연락이 끊긴 육군은 적진 깊숙이 들어가고 말았다.

그때 스키타이의 기마 군단이 출몰했다. 그들은 도발하거나 위협을 가했지만 교전이 벌어지려고 하면 말을 달려 멀리 사라졌다. 종잡을 수 없는 스키타이 군에 농락당하며 페르시아 군은 어느새 적진 깊숙이 끌려들어갔다. 스키타이 군은 퇴각하는 척하며 일대를 불태워버렸다. 신출귀몰한 초토화 작전으로 페르시아 군의 긴장과 피로는 극에 달했다. 그때 스키타이 기마군이 습격해 화살을 퍼부었다. 궤멸당할 위험을 느낀 다레이오스는 철수할 수밖에 없었다.

스키타이 북벌 원정은 페르시아 제국의 완전한 실패인 동시에 최초의 대패였다. 신속하고 기동성 있는 기마 전술과 궁수의 위력이 돋보이는 기마 유목민의 군사력이 유감없이 발휘된 전투였다. 기마 유목민은 도망가는 척하며 적군에게 추격의 환상을 심어주고 낯선 지역으로 유인해 녹초로 만들었다. 기마 유목민의 본류인 스키타이 군 앞에서 페르시아 군은 한낱 아류에 지나지 않았다.

세계 제국의 위신을 건 다레이오스 1세의 야망은 여기서 무너졌을까. 그는 창끝을 북쪽에서 서쪽으로 향하고 기원전 5세기 그리스 원정 활동을 개시한다. 어떤 학자는 앞선 스키타이 북벌 작전의 목적을 그리스 본토에 밀을 공급하는 흑해 연안 지역과의 연락을 끊는 것이었다고 말한다. 그러나 공평한 관점에서 보면 그리스는 페르시아 제국의 장래를 위협할 만큼 대단한 상대도 아니었거니와 크게 매력적인 지역도 아니었다.

그렇지만 스키타이 북벌 작전에 실패한 다레이오스로서는 세계 제국의 대왕으로서의 위엄과 권위를 원정의 승리로 장식하고 싶은 야심이 있었다고 해도 이상하지 않다. 그렇게 보면, 그 유명한 '페르시아 전쟁'도 기마 유목민을 상대로 한 정벌 전쟁의 실패가 꽃피운 빛 좋은 개살구에 불과하다. 서양인들이 우러르는 고대 그리스의 영광에만 현혹되지 말고 기마 유목민의 위세에도 충분히 눈길을 준다면 당시 유라시아 서방의 역사는 대략적으로 이렇게 이해하는 것이 공평할 것이다.

'왕의 길'

지금까지는 전쟁 상황에서의 기마의 역할에만 초점을 맞춘 경향이 있다. 그러나 기마의 보급은 전시뿐 아니라 평시에도 많은 혜택을 가져왔다. 특히, 페르시아 제국에서는 도로 건설로 통신망이 정비되면서 정보 전달에 커다란 발전을 가져왔다. 그중에서도 '왕의 길'이라고 불리는 국도가 건설되고 역전제驛傳制가 도입된 것은 주목할 만하다. 이오니아 지방의 사르디스에서 수도인 수사까지 '왕의 길'을 따라가면 도보로 12일이 걸리던 거리를 날랜 말을 타고 7일이면 도착할 수 있었다. 또한 각지에 '왕의 눈', '왕의 귀'라고 칭해지는 감독관이 파견되어 속주의 총독을 감시하거나 상업 정보를 신속하게 수집하기도 했다.

페르시아 제국은 아시리아와 달리 병역과 공납의 의무만 지키면 피정복민의 종교나 법 관습을 인정하는 관용적인 지배 체제를 취했다. 교통망의 정비로 교역 활동이 확대되고 관개 농업도 발전해전 영토가 크게 번성했다. 하지만 그리스 원정의 실패, 이집트의 이반, 속주 총독의 반란 등이 겹치면서 기원전 5세기 후반에 들어서면서 쇠퇴 일로를 걷는다.

기원전 1,000년대 전반 유라시아 대륙 서쪽에서는 아시리아 제국의 흥망이 있었고 그 뒤를 이어 페르시아 제국이 번성했다. 서아시아 북방에 출현한 기마 유목민의 위협은 이들 두 세계 제국의 형성에 음으로 양으로 커다란 영향을 미쳤다. 관점을 달리하면, 기마 유목민이라는 충격에 대항하여 강력한 군사력을 보유한 세계 제국이 등장했다고도 할 수 있다. 기마 유목민은 세계 제국이 탄생하는 유인誘因 중 하나였으며 어쩌면 가장 큰 유인이었는지도 모른다. 그것은 기마 유목민의 군사력 또는 기마 풍습 그 자체이기도 했다. 인간이 말을 타고 그것을 널리 활용하게 된 것이 인류 역사에 더없이 큰 흔적을 남기게 된 것이다.

II 동방 유라시아

동방의 기마 유목민

기마 유목민의 스키타이계 문화를 둘러싸고 종래에는 서방 기원설이 인정되어 왔지만 최근에는 고고학적 연대 추정에 근거해 동방 기원설이 제기되고 있다. 기마술의 보급은 유라시아 서쪽에 비해 다소 완만한 추세를 보인다. 그래서인지 말을 사육하는 풍습은 있었지만 이동 목축을 하는 범위는 상당히 제한적이었다. 하지만 기원전 1,000년대 중반을 지날 무렵부터 사정은 달라졌다. 기마 풍습이 널리 퍼지면서 기마 유목민이 역사의 무대에 모습을 드러냈다.

기마 유목민은 다양한 집단을 형성했는데 대략 몽골계, 튀르크계, 이란계의 세 인종으로 정리할 수 있다. 하지만 한 인종이 하나의 집단을 형성했던 것은 아니며 한 집단이 하나의 인종으로 귀결되는 것도 아니다. 애초에 근대에 이르러서야 완성된 인종이나 민족의 개념으로 유목민 집단을 설명하기에는 무리가 있다. 이 점을 충분히 염두에 두어야 한다.

이들 유목민 집단이 난립하는 가운데 가장 두드러진 집단이 몽골 고원의 흉노, 동투르키스탄의 월지, 서투르키스탄의 사카 등이다. 흉노는 몽골계 또는 튀르크계, 월지는 튀르크계 또는 이란계, 사카 는 이란계로 알려져 있지만 이것도 엄밀한 의미로 단정 지을 필요 는 없다. 어쨌든 이들로 대표되는 기마 유목민 집단이 기원전 4세 기경부터 내륙 아시아의 대초원에 풍파를 일으킨다. 그중에서도 동방 유라시아의 역사를 뒤흔든 진원지가 된 것이 흉노였다.

흉노라는 이름이 실제 사료에 기록된 것은 기원전 318년 한韓, 위 魏, 조趙, 연燕, 제齊의 5개국 연합이 진秦을 공격한 전쟁 때였다(『사기』 「진본기」). 흉노는 5개국 연합에 가담해 진과 싸웠지만 연합군과 함 께 격파당해 북으로 패주했다.

흉노 이전에도 중국 북방에는 융戎으로 총칭되는 수많은 이민족 이 있었다. 이들도 유목민이었지만 흉노는 기마 유목민이었다는 차이가 있다. 흉노는 이민족을 뜻하는 호胡라고도 불리며 지역에 따라 동쪽의 이민족을 동호東胡, 서쪽의 이민족을 임호林胡라고 불 렀다. 당시의 중국인들에게 흉노는 대표적인 이민족이었기 때문에 호라고 총칭했을 것이다.

본래 '호'라고 불리던 사람들은 패권을 주장할 정도의 집단이 아 니라 고작해야 자력으로 생활할 수 있을 정도의 작은 집단에 불과 했다. 그러나 기마술이 발전함에 따라 군사화가 진행된다. 힘없는 유목민이 무장한 기마 유목민으로 부상한다. 이들 기마 유목민의 집단 전술은 기동성이 뛰어나 중국의 여러 나라들을 긴장하게 만들었다. 북쪽 변경을 방어하기 위해 장성을 축조하거나 뒤에서 설명할 '호복기사胡服騎射'라고 불리는 기마 전술이 도입되는 것도 기마 유목민들의 위협에 대응하기 위한 정주 농경민 사회의 방책이었다.

마침내 이들 기마 유목민은 선우單于라고 칭하는 군주의 지배하에 국가를 형성하게 된다. 이들 북방 세력의 위협은 패권 국가들을 긴장하게 만들었다. 당시 중국은 여러 나라들이 난립하며 할거하던 시대였으나 더는 안주하고 있을 수만은 없게 된 것이다. 기원전 3세기 후반에 성립한 진과 한에 의한 중국의 통일도 이들 기마 유목민의 위협이 없었다면 불가능했을지 모른다. 최소한 더 늦게 이루어졌거나 그 정도까지 강력한 통일 국가로 성립하지는 못했을 것이다.

어쨌든 기마 유목민 국가의 탄생은 중국의 역사를 크게 움직인 원인이자 심각한 사태를 야기하는 원흉이 되었다. 그런 상황은 기마 유목민의 패권이 단순한 강국에 머물지 않고 흉노 제국으로까지 팽창하면서 최고조에 달했다. 기원전 2세기에 출현한 흉노 제국에 대해 이야기하기에 앞서 춘추 전국시대 동아시아의 말과 인간의 역사를 살펴보자.

은과 주의 대결

중국의 고대사를 살펴보면 중대한 사건은 늘 날씨가 변하듯 서에서 동으로 흘러가는 듯하다. 기원전 11세기경 은殷 왕조를 멸하고 새로운 왕조를 수립한 주周는 본래 서쪽 변경의 부족이었다. 약 900년 후 통일 제국을 세운 진 역시 서쪽 변경의 부족에서 출발했다. 따라서 중국의 거대한 패권은 서쪽에서 탄생했다는 인상을 지우기 어렵다. 거기에 기마 유목민이 영향을 미쳤으리라는 내 생각이 편견일까.

은과 주의 대결의 중심에는 전차가 있었다고 한다. 사마천의 『사기』에 따르면, 주의 무왕은 전차 300승, 용사 3,000명, 갑사甲士 45,000명을 이끌고 동진하였으며 결전장에 집결한 주나라 연합군의 전차는 총 4,000승이었다고 한다. 승乘은 차량을 헤아리는 단위인 동시에 한 조組의 말을 가리킨다. 여기서는 말 4필이 한 조를 이루며 통상적으로 3명이 탑승했다. 전투는 통솔자가 목숨을 잃거나 포로가 되거나 진형이 흐트러지는 쪽이 패했다.

은과 주의 대결과 같이 전차가 중심이 된 전투는 그 이후에도 계속되었다. 한 나라의 군사력으로서 수백 량 또는 수백 승에 이르는 전차 부대가 대치했다. 문헌상으로는 극히 소수의 예를 제외하면 대체로 이 정도 규모의 군사력을 갖춘 나라들 간의 전투였다고 한다.

주나라는 당초 수도를 호경鎬京으로 정하고 유력 씨족들의 수장에게 봉토를 주고 통치하게 하는 이른바 봉건제를 시행했다. 그러나 서쪽 변경의 경영에 실패하면서 기원전 770년 동쪽의 뤄양洛陽

(낙양)으로 천도했다. 천도 이후를 동주東周라 하여 그 이전의 서주西周와 구별해 불렀다. 이 동주 시대의 전반이 춘추春秋 시대, 후반이 전국戰國 시대이다.

동주 시대에 들어서면서 주왕의 권위가 쇠퇴하고 제후들이 난립하기 시작한다. 처음에는 엄청난 수의 제후국들이 난립했지만 마침내 유력 제후인 5명의 패자에 의해 병합되었다. 이들은 주왕을 섬기고 이적을 물리친다는 뜻의 존왕양이尊王攘夷를 대의명분으로 내세우면서 각자 세력 확대를 도모했다.

군사 동맹을 맺은 패자들은 농지의 두렁(경작 방향)까지 상대의 방향에 맞추었다. 두렁의 방향이 다르면 전차가 진군하기 어려웠기 때문이다. 『사기』에 따르면, 제나라를 침략한 진나라는 제나라의 두렁을 동서 방향으로 바꾸도록 요구했다고 한다. 그만큼 전차의 진군을 중시했던 것이다. 그러나 전장을 누비는 전차의 수는 은과 주가 대결한 시대부터 큰 변화가 없었으며 한 나라가 기껏해야 수백 승에서 1,000승 정도였다고 한다. 나라의 규모나 병력의 규모가 확대되고 전쟁도 장기화된 것을 생각하면 전차는 점차 전장의 중심에서 밀려났다고 볼 수 있다.

하지만 이런 변화가 갑작스럽게 일어난 것은 아니었다. 전차와 기병이 모두 전투에 참가하는 오랜 세월이 있었다. 또 수적으로는 늘 보병이 압도적으로 많았다. 그렇기 때문에 전국 시대의 병법서 『오자吳子』에는 '전차 일 천대와 기병 일 만을 준비하고 보병을 편성한다'고 쓰여 있으며 『손자孫子』는 적군의 도래에 대해 '먼지가 높이치솟는 것은 전차가 오는 것이요, 낮고 넓게 깔리는 것은 보병이 다가오는 것이다'라고 해설했다.

전차에서 기병으로

전차를 대신해 전장의 주역으로 등장한 것은 기병이다. 기병의 도입을 둘러싸고 전해지는 유명한 사건이 있다. 춘추 5패의 하나였던 진나라가 3국으로 분열하면서 이른바 전국 시대가 도래했다. 제후들 간의 항쟁이 격렬해지고 7개의 강국이 난립하게 되었다. 이들이 저마다 부국강병에 힘쓰며 스스로를 왕이라 칭하면서 주 왕조는 유명무실해졌다. 그들은 주변 강국과의 전쟁뿐 아니라 변경을 위협하는 이적의 습격에도 대비해야 했다. 그중 조나라의 무령왕은 내정 개혁의 일환으로 군사 개혁을 단행했다. 그는 대담하게도 북방 기마 유목민의 전법을 채용했다.

'호복기사胡服騎射(오랑캐의 옷을 입고 말을 타고 활을 쏜다는 뜻-역주)'라고 불리는 이 전법의 도입으로 조나라의 군사력은 크게 강화되었다. 그리하여 무령왕은 명군으로 칭송받게 되었다. 춘추 시대의 패자들은 존왕양이를 주창했지만 전국 시대의 패자들은 존왕을 저버렸다. 그러나 양이까지 버릴 수는 없었다. 버리기는커녕 오히려 오랑캐의 전법을 익혀 부국강병에 힘써야만 했다.

어쩌면 이 사건으로 혹은 이 사건을 전후로 기병이 기용된 것이 아닐까. 단순히 말을 타는 것이라면 그 이전부터 있었다고 해도 이상하지 않다. '호복기사'의 고사故事는 오랑캐와 같이 움직이기 편한 옷을 입고 말 위에서 능숙하게 활을 쏘는 전법을 채용했다는 의미이다. 어쨌든 전국 시대에 들어서면서 점차 기병이 전장의 전면에 모습을 드러냈다.

전차를 조종하든 말을 타든 말에 관한 기술과 지식은 상층민들에게는 필수적인 교양이었다. 서적을 통해 익힌 지식뿐 아니라 평상시에도 말을 보살피거나 조련하는 실무를 하지 않으면 만약의 상황에 대비할 수 없기 때문이다. 그렇기 때문에 말을 돌보는 일을 천한 일이라거나 허드렛일로 치부하지 않았던 듯하다. 이것은 중국뿐 아니라 말을 중시하는 사회의 일반적인 경향이었다. 실전에서는 말에 생사를 의탁해야 하는 경우도 적지 않다. 그러므로 늘 말을 살피고 말의 자질을 파악하는 것이 매우 중요한 일이었다. 간혹 탁월한 감식안을 지닌 사람은 전국 시대의 뛰어난 말 감정사 백락伯樂에 비견되는 명성을 누렸다.

그렇다면 중국의 말은 어떤 것이었을까. 전차가 처음 등장했을 당시의 은나라 유적 중에는 제물로 바쳐진 말 100여 필의 유물이 남아 있다. 이 말들은 체고가 140센티미터 정도로 머리가 크고 뼈가 튼튼했다. 지금의 몽골 말과 비슷한 점이 있다. 말은 점차 몸집이 커졌는데 기원전 2세기경까지는 땅딸막한 체격이었던 듯하다.

진시황제의 병마 용갱에서 출토된 말. 체고가 높지 않고 땅딸막하다

진나라의 유래

부국강병에 부심하던 전국 7웅 중에서도 가장 크게 세력을 넓힌 것은 진나라였다. 전국 시대의 패자들은 이웃나라와 전쟁을 하거나 동맹을 맺기도 했는데 이런 합종연횡合從連橫도 곰곰이 생각하면 세력이 커지는 진나라에 대한 대항책이었을 것이다.

전국 시대 중국의 지도를 보면 진은 가장 서쪽에 위치한다. 진나라는 주 왕조가 동쪽으로 천도할 때 이를 도운 영嬴이라는 부족에서 유래했다고 한다. 영은 오랑캐와 다를 바 없는 무리로 여겨졌지만 그 공적으로 제후로 봉해져 영토를 하사받았다. 진나라의 발흥기에 대해 『사기』「진본기」에는 다음과 같은 기록이 있다.

'들짐승을 잘 길러 번식하자 순 임금께서 영이라는 성을 내렸다.'

'말을 잘 몰고, 명마를 헌상해 주 왕의 총애를 받았다.'

'주 왕이 견수와 위수 사이의 땅에서 말을 기르도록 하자 말이 크게 번식했다.'

영이 말을 잘 기르자 그 오랜 공을 기려 진이라는 읍을 하사하고 '진영秦嬴'이라 부르게 했다는 기록도 있다.

진나라의 유래가 된 영이라는 부족은 오로지 말과 가축 사육에 종사하는 보기 드문 무리였다. 전쟁에 꼭 필요한 군마를 제공하는 부족으로서 그 역할을 발판삼아 대두했을 것이다. 마침내 기원전 221년 진은 광대한 중원의 천하 통일을 이루고 동아시아 최초의 세계 제국을 세운다. 그런 진나라가 중국의 가장 서쪽에 있었으며 말 사육을 전업으로 삼았다는 점도 기마 유목민과의 접촉이 세계 제국을 탄생시킨 유인이 되었다는 관점에 힘을 실어주는 듯하다.

어쨌든 진나라가 다른 나라들에 비해 지리적으로나 전통적으로 군마를 확보하기에 유리한 조건을 갖추고 있었다는 점은 주목할 만하다. 1974년 진시 황릉 부근에서 발견된 '병마 용갱'의 엄청난 규모는 세계를 놀라게 했다. 이미 발굴된 총 면적만 해도 25,000평방미터를 넘는 데다 갑옷을 입은 무사의 도기 인형 800여 점, 목제 전차 18량, 도기 말 100여 필, 청동 무기·마구 등 9,000점이 출토되었다. 게다가 아직 발굴되지 않은 상태로 매장되어 있는 병사와 말과 전차가 7,000점 이상이라는 추정은 진시황제가 이룩한 제국 군단의 위용을 짐작하게 한다. 여기서 출토된 도기 말을 보면 당시에도 아직 말의 체격은 그리 크지 않았던 듯하다.

사마천이 그린 기마 유목민

천하 통일을 이룬 진시황제는 급격한 개혁 사업을 단행했다. 민중들은 가혹한 법치주의, 장성과 능묘의 건설, 잦은 원정 등으로 고통 받았다. 진시황제가 세상을 떠난 후, 민중의 불만이 폭발하고 반란은 전국으로 퍼져 기원전 206년 진나라는 멸망했다. 그런 혼란 속에서 여러 세력을 결집시킨 명문가 출신의 항우와 서민 출신의 유방이 대결한다. 기원전 202년 유방은 항우를 무찌르고 장안을 수도로 삼아 한나라를 세웠다.

동방 유라시아의 역사를 중국에만 초점을 맞춰 생각하면 이런 그림이 그려진다. 하지만 한나라의 성립 이전에 북방에서는 중대한 사건이 일어났다. 진시황제가 세상을 떠난 이듬해인 기원전 209년 흉노에 의한 유목 제국이 성립한 것이다.

원래 유목민들은 단결하여 국가를 세울 필요가 없었다. 강수량이 적고 초지가 부족하다보니 한 지역에 머물러 살게 되면 가축을 먹일 풀이 금방 바닥난다. 봄이 되면 이동을 시작해 한여름은 시원한 피서지에서 보내고 가을이 되면 다시 이동해 남향의 계곡 사이에 있는 겨울철 야영지로 돌아왔다. 한 장소에 인구가 집중되면 가축을 먹일 풀이 부족해지기 때문에 큰 조직을 이룰 필요가 없는 것이다. 하지만 농경민과 접촉하면 유목민들도 곡물이나 의류를 구할 수 있었고 농경민들도 소금이나 가죽 등을 얻고 무엇보다 말을 구할 수 있었다. 이처럼 유목민과 농경민 사이의 교역이 평화롭고 순조롭게 이루어지는 동안에는 유목민도 몇 개의 가족으로 구성된 작은 집단을 이루며 생활했다. 농경 정주민의 입장에서는 일정한 거주지 없이 떠도는 유목민들의 존재 자체를 잠재적인 위험으로 느꼈을 수도 있다. 하지만 유목민의 입장에서는 교역만 순조롭게 이루어진다면 농경 정주민을 습격할 필요도, 그럴 마음도 없었다.

그러나 중국이 통일되고 강력한 제국이 출현하자 국경 교역에까지 간섭의 손길이 미치게 되었다. 가격 통제가 시행되면서 유목민들의 물건은 싸게, 농경민들의 물건은 비싸게 거래되도록 강제했다. 압도적인 군사력을 바탕으로 한 제국의 간섭은 유목민들로 하여금 단결할 필요성을 통감하게 했다. 마침내 기마 유목민은 잠재적인 위협에 그치지 않고 실제적인 군사력을 갖춘 단결된 집단으로 통합되었다. 이러한 배경 속에서 흉노 제국이 탄생했다. 세계 제국이 성립된 지 불과 10년 남짓 지났을 무렵의 일이다.

기마 유목민의 위협은 세계 제국이 성립하는 유인이기도 했다. 하지만 세계 제국의 출현 역시 유목 제국이 형성되는 압력으로 작용했다. 역사의 역동성이 여실히 드러나는 대목이 아닐 수 없다.

이런 흉노 제국조차 세계사에서는 거의 무시되는 수준 정도로밖에 다뤄지지 않는다. 그들이 문자 사료를 남기지 않았다는 점이 가장 큰 원인일 것이다. 다행히 중국에는 탁월한 역사적 안목을 지닌 역사가들에 의해 쓰인 기록이 남아 있다. 바로 사마천이 쓴 『사기』「흉노열전」이다. 우선 그가 생각한 유목민의 모습을 살펴보자.

그들의 가축은 주로 말, 소, 양이 많고 진기한 가축으로는 낙타, 나귀, 노새 등이 있었다. 물과 풀을 따라 옮겨 살았기 때문에 성곽이나 일정한 주거지가 없고 농사도 짓지 않았지만 각자의 세력 범위만은 경계가 확실했다. 문자가 없었기 때문에 말로써 서로 약속을 했다. 어린 아이들도 양을 타고 돌아다니며 활을 쏴 새나 쥐를 잡고 조금 더 자라면 여우나 토끼를 사냥해 양식으로 삼았다. 장정들은 활을 능숙하게 다룰 수 있어 모두 무장 기병이 된다. 그들의 풍속은 평상시에는 목축에 종사하며 새나 짐승을 사냥하는 것을 생업으로 삼고 긴급한 상황에는 전원이 군사 행동에 나설 수 있었다. 이것은 그들의 천성이었다. 먼 거리에서 쓰는 무기는 활과 화살이고 단병전에서 쓰는 무기는 칼과 창이었다. 싸움이 유리할 때에는 진격하고 불리할 때에는 퇴각했는데 도망치는 것을 수치로 여기지 않았다. 군왕을 비롯해 모든 사람들이 가축의 고기를 먹고 그 가죽이나 털로는 옷을 해 입었다. 장정들은 기름지고 맛있는 음식을 먹고 노약자들은 그 나머지를 먹었다. 건장한 사람을 중히 여기고 노약자를 경시했다. 부친이 죽으면 아들이 그 후처를 아내로 삼고 형제가 죽으면 남아 있는 형이나 아우가 그 아내를 취해 아내로 삼았다. 그들은 서로 이름을 부르는 것을 꺼리지 않았고 성姓이나 자字도 없었다.

여기에 묘사되어 있는 기마 유목민의 모습은 헤로도토스가 기술한 스키타이 인의 모습과 거의 비슷하다.

흉노가 대동단결해 부족 연합으로 이루어진 유목 제국이 된 것은 묵돌冒頓 선우單于의 시대였다. 흉노의 왕을 선우라고 불렀는데 이 선우의 자리를 차지하기 위한 묵돌의 행동은 '명적鳴鏑(발사하면 소리 나는 화살)'의 일화로 유명하다. 묵돌은 친부인 두만 선우의 계략으로 목숨이 위태로운 상황을 겪고 다른 마음을 품었다. 그 후의 상황은 사마천의 약동감 넘치는 묘사를 직접 들어보자.

묵돌이 월지에 인질로 가 있을 때 두만은 갑자기 월지를 공격했다. 월지는 선우의 예상대로 묵돌을 죽이려고 했으나 묵돌은 준마를 훔쳐 타고 본국으로 도망쳐 왔다. 두만은 그의 용기를 인정해 기병 1만 명을 주고 장군으로 삼았다. 그러자 묵돌은 명적을 만들어 부하들에게 나눠주고 말을 타고 활을 쏘는 연습을 시키며 '내가 명적을 쏘거든 다 같이 그곳에 활을 쏘아라. 명령을 따르지 않는 자는 모두 죽인다'고 명령했다. 그리고 얼마 후 사냥을 나갔을 때 자신이 명적을 쏜 곳에 활을 쏘지 않는 자는 가차 없이 잡아 죽였다. 그 후 묵돌은 명적으로 자신의 애마를 쐈다. 좌우에 있던 자들은 차마 말을 쏘지 못했다. 묵돌은 당장에 그들을 잡아 죽였다. 얼마 후 묵돌은 명적으로 자신의 애처를 쐈다. 좌우에 있던 자들 중 크게 놀라 차마 쏘지 못하는 자가 있었다. 묵돌은 또 다시 그자들을 잡아 죽였다. 또 다시 얼마 뒤 사냥을 나간 묵돌은 명적으로 선우가 탄 말을 쐈다. 부하들이 모두 그 말을 쏘았다. 이제야 비로소

부하들이 자신의 명령에 따른다는 것을 안 묵돌은 부친인 두만 선우를 따라 사냥을 나갔을 때 명적으로 두만을 쐈다. 그러자 좌우에 있던 자들이 모두 명적의 소리를 따라 활을 쏘아서 두만 선우를 죽였다. 묵돌은 마침내 그의 계모와 형제와 자신을 따르지 않는 대신들을 모조리 잡아 죽이고 스스로 선우의 자리에 올랐다.

사건의 진위와는 별개로 이 이야기에는 지도자의 명령에 따라 일사불란하게 움직이는 기동 부대가 만들어지는 과정이 잘 나타나 있다.

선우가 된 묵돌이 고원을 통합해가는 과정에도 비슷한 일화가 있다.

당시 강력한 세력을 자랑하던 동호가 묵돌에게 천리마를 얻고 싶다고 청했다. 흉노의 보배인 천리마를 내줄 수 없다고 충언하는 군신들에게 묵돌은 '이웃나라에 어찌 말 한 마리를 아낄 수 있겠는가'라며 천리마를 보내주었다. 얼마 뒤 동호는 다시 사신을 보내 선우의 애처 중 한 사람을 달라고 청했다. 군신들은 동호의 무례함에 분노하며 전쟁을 선포할 것을 부르짖었다. 그러나 이때도 묵돌은 '이웃나라에 어찌 여자 하나를 아낄 수 있겠는가'라며 자신의 애처한 사람을 보내주었다. 우쭐해진 동호는 흉노와의 경계에 있는 황무지를 요구해왔다. 군신들 중에는 '어차피 황무지이니 주어도 좋다'고 말하는 사람이 있었다. 묵돌은 대노하여 '땅은 나라의 근본인

데 어떻게 넘겨줄 수 있겠는가'라고 호통 쳤다. 묵돌은 땅을 넘겨주
어도 좋다고 한 자들을 참수하고 말에 올라타 동호를 습격하기 위
해 진군했다고 한다.

사마천의 눈에 비친 것은 비록 적이었지만 훌륭하다고밖에 표현
할 길이 없는 통솔자로서의 묵돌의 모습이었다. 그는 경탄하며 이
렇게 말했다.

애초에 대동단결할 필요가 없는 유목민을 결집하는 것만으로도
어려운 일이다. 그러나 일단 국가가 성립했다면 통합을 유지해나
가야만 한다. 통솔자 휘하에 수많은 사람과 가축이 집결하자 인간
의 생필품은 물론 가축의 먹이도 부족해졌다. 그것을 보충하기 위
해서는 농경지대를 침입하거나 약탈도 서슴지 않는 강력한 지도력
이 필요하다. 묵돌 선우는 그런 기량을 충분히 갖춘 인물이었다.

후대의 중화사상 탓인지 무대 전면을 장식하는 세계 제국 한나
라의 그늘에 가려 흉노의 유목 제국은 그 존재조차 잊히고 말았다.
그러나 공평한 시각으로 당시를 재현하면 두 제국은 동방 유라시
아에서 정면으로 대치하고 있었던 것이다. 그 양상은 이른바 '백등
산 전투'로 불리는 사건을 통해 분명히 드러난다.

기원전 200년, 묵돌은 흉노군을 이끌고 한나라의 영토를 침입했
다. 한의 고조 유방도 반격할 병사를 진격시켰다. 겨울 한파로 눈과
비가 쏟아지는 가운데 흉노의 기마 군단이 퇴각하기 시작하자 한
나라 군대는 그들을 추격했다. 한 고조가 직접 이끄는 기병 부대가
선두에서 추격하고 보병 부대는 한참 뒤처져 있었다. 그러나 이것

은 묵돌이 패주를 가장해 한나라 군대를 유인하려는 위장 전술이었다. 고조는 직속 부대만을 이끌고 백등산이라는 천연의 요새로 달아났으나 이미 흉노군에 포위된 후였다. 이때 흉노군의 기병은 동쪽은 청색, 서쪽은 흰색, 남쪽은 적색, 북쪽은 흑색 말을 타고 있었다고 한다. 각각의 구역을 말 색깔로 구분했다는 것은 그만큼 흉노에 말이 풍부했다는 것이다. 이런 포위 상태는 7일간 계속되었다. 고조는 묵돌의 애처에게 사신을 보내 중재를 청하고 간신히 탈출했다. 이후, 한 왕조는 역대 선우에게 황녀 중 한 사람을 애처로 바치고 매년 비단, 목화, 술, 쌀, 기타 식량을 흉노에게 조공하게 되었다.

이 같은 전말은 사마천에 의해 기록된 것이다. 한나라의 역사가가 한 왕조의 시조인 고조에 대해 이렇게 묘사했다면 실제로는 훨씬 더 굴욕적인 구명救命 호소와 화친을 간청했을 것이 분명하다. 한 왕조는 흉노 왕가의 인척들에게 잇달아 공물을 바치면서 간신히 속국으로서 연명했던 듯하다. 게다가 이런 상황은 짧은 기간에 그치지 않고 70여 년 후 한 무제의 반격으로 상황이 반전되기까지 계속되었다.

돌이켜보면, 당시 한 왕조의 패권을 세계 제국으로 부르는 것은 조금 망설여진다. 한나라의 입장에서는 흉노에 대한 그들의 정중한 행동을 화친책 혹은 유화책이라고 정당화하지만 그것은 어디까지나 변명에 불과하다. 한나라의 비굴한 자세는 사마천의 필치에서도 읽을 수 있으며 심지어 주종 관계마저 암시되어 있는 듯하다. 한나라는 성립 초기에 흉노 제국에 의해 제압당했을 것으로 보

는 것이 타당하다. 실제 흉노의 지배 영역은 공간적인 분포에 있어
서도 한나라를 크게 압도했다. 한 추정에 따르면, 몽골 고원을 중
심으로 동으로는 한반도부터 서로는 톈산에 이르는 부채꼴 모양의
광대한 영역이었다고 한다. 물론, 근대 국가의 영역 개념으로 파악
하기에는 무리가 있지만 흉노 제국의 영토 범위가 굉장히 넓었던
것만은 분명해 보인다.

기마 유목민과 세계 제국의 역동성

　기원전 2세기 후반, 한 무제가 등장해 흉노에 대한 반격에 나섰
다. 흉노 제국에 대한 굴종을 참을 수 없었던 것이다. 그는 한나라
의 위신을 건 전투라도 되는 듯이 집요하게 흉노에 대한 전투를 전
개했다. 여러 차례 몽골 고원에 대군을 파견했지만 흉노 정벌은 생
각처럼 쉽지 않고 전쟁은 장기화될 뿐이었다. 정면으로 맞부딪칠
경우 한나라 군이 승리할 가능성은 거의 없었다. 전원이 기병인 유
목민 군단이 신속하게 이동할 수 있었던 것에 비해 보병이 대다수
였던 한나라 군대는 적을 공격하기는커녕 쫓아가는 것조차 불가능
했다. 게다가 적지인 초원 지대에서는 병사들의 주식인 곡물조차
보급하기 어려웠다. 설상가상으로 식량을 운반하는 수송 부대는
적군이 습격하기 좋은 먹잇감이었다. 몽골 고원에서의 전쟁은 한
나라가 아무리 대군을 투입해도 우세를 차지하기 어려웠다.
　그렇다고 한나라에 유리한 정황이 없었던 것은 아니다. 흉노 제

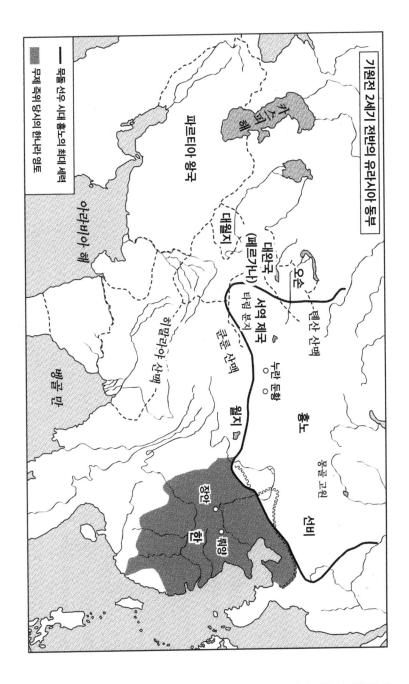

기원전 2세기 전반의 유라시아 동부

— 묵돌 선우 시대 흉노의 최대 세력
▓ 무제 즉위 당시의 한나라 영토

파르티아 왕국

아라비아 해

카스피 해

대월지

대완국
(페르가나)

오손

텐산 산맥

서역 제국

타림 분지

누란 둔황

힌두쿠시 산맥

쿤룬 산맥

쿤룬 산맥

흉노

웡지

벵골 만

월지

몽골 고원

장안

한

뤄양

선비

국에 큰 타격을 입힌 사건이 있었다. 일찍이 묵돌이 이끄는 흉노군은 타림 분지를 중심으로 하는 오아시스의 도시 국가들을 복속시켰는데 한나라가 이들 국가에 손을 뻗은 것이었다. 이른바 서역 경영이라고 불린 이 방침으로 한나라는 이들 지역에 대한 군사 진출에 성공했다. 이들 지역으로부터의 공물을 중요 재원으로 삼았던 흉노는 물자 확보에 어려움을 겪게 되었다. 그러나 전쟁은 장기화될 뿐 선우를 황제의 신하로 따르게 하는 것은 불가능했다.

과연 한과 흉노가 총력을 기울인 이 전쟁에 어떤 의미가 있었던 것일까. 전쟁은 반세기에 걸쳐 치열하게 전개되었다. 흉노는 경제 위기로 촉발된 내분으로 세력이 약화되고 한나라도 거액의 군비 지출 탓에 피폐해졌다. 한 무제가 세상을 떠난 후, 한나라는 흉노에 강화를 제의했다. 마침내 두 나라는 대등한 관계가 되어 남북으로 대치하는 평화 공존의 시대를 맞았다.

한 무제가 치세하는 동안 민중의 삶은 방대한 재정 부담 때문에 피폐하기 이를 데 없었다. 기마 유목민의 침공에 대비해 장성을 보수하는 것뿐 아니라 서쪽으로 판도를 넓혀 장성을 새로 쌓는 데도 힘을 쏟았기 때문이다. 또한 무제는 다양한 내정 개혁을 감행해 중앙 집권체제를 확립했다고 한다. 명군이었는지 아닌지는 별개로 절대 권력자로서 전제 지배의 원형을 확립한 것만은 분명하다. 어찌 됐든 동아시아의 세계 제국은 무제 시대에 성립되었다고 할 수 있다. 그렇다면 오히려 다음과 같이 말할 수 있지 않을까.

동방 유라시아에서 기마 유목민의 위협을 유인으로 탄생한 진나라는 세계 제국의 전조와 같은 존재로, 일종의 조산이자 유산으로 막을 내렸다. 그러나 세계 제국의 망령은 흉노를 유목 제국으로 성립하게 했고 한나라는 그들의 위협을 두려워했다. 그 공포의 충격은 마침내 한나라를 제국이라는 이름에 걸맞은 존재로 단련시켰다. 무제 시대에 비로소 한나라는 명실 공히 세계 제국으로서 웅장한 모습을 드러냈다. 여기에도 기마 유목민과 세계 제국 사이에 길항하는 역동성이 뚜렷이 드러나 보인다.

한혈마의 전설

세계 제국의 패자가 된 무제는 서역의 대완국(페르가나)에 서식하는 천마天馬에 관한 보고를 듣게 된다. 그 말은 당시 중국의 말보다 크고 늘씬한 다리를 가지고 있으며 피처럼 붉은 땀을 흘리고 바람처럼 빨리 달린다고 했다. 흉노가 강한 것은 한나라보다 뛰어난 말을 가지고 있기 때문이라는 것은 누구나 알고 있는 사실이었다. 본래 말에 대한 애착이 강했던 무제는 이 소식을 듣고 크게 기뻐했다고 한다. 그는 이 한혈마汗血馬를 어떻게든 손에 넣기 위해 3,000킬로미터나 떨어진 곳까지 두 차례에 걸쳐 대원정군을 보냈다. 마침내 50필 정도의 한혈마를 손에 넣은 무제는 너무나 기쁜 나머지 노래를 지었을 정도였다.

이 말들이 한나라 기병 부대에서 어떻게 이용되었는지 혹은 그 후 중국의 말 품종에 어느 정도의 변화가 있었는지 같은 문제에 대해서

한 무제의 능에서 출토된 금도금 청동마상

는 전혀 알려져 있지 않다. 애초에 한혈마의 번식 능력에 대해 의문을 품는 견해도 있다. 그런 탓인지 한혈마의 확보가 무제의 취미였다는 말도 전해진다. 오히려 이 단계에서는 중국의 말 품종 개량에 대한 지식이 어느 정도까지 축적되어 있었는지가 문제일 것이다.

또한 피처럼 붉은 땀을 흘리는 말에 대해서는 다유두 사상충이라는 기생충 때문이었을 것이라는 지적도 있다. 말의 피부에 기생하면서 출혈을 일으키기 때문에 땀이 붉은색으로 보인다는 것이다.

천마라고도 불린 한혈마의 품종에 대해서는 말에 대한 지식이 있다면 누구나 짐작할 수 있을 것이다. 대완국의 말로 추정되는 청동상이나 무제의 능에서 출토된 청동상 등을 보면 어느 정도 추측이 가능하다. 현대의 서러브레드처럼 균형이 잘 잡혀있다는 점에서 투르크멘 민족이 경마에 사용하는 아할 테케Akhal-Teke의 조상이 아닐까 추정된다. 아할 테케는 지구력이 뛰어나고 특히 더위에 대

아할 테케. 빼어난 자태로 볼 때 한혈마의 조상종이었을 것으로 추정된다

한 저항력이 놀라울 정도라고 한다. 1935년의 기록에 따르면, 아슈하바트에서 모스크바까지 4,000킬로미터가 넘는 거리를 84일 만에 완주했다고 한다. 도중에는 물이 거의 없는 사막이 1,000킬로미터 가까이 있었다. 이 정도 위업을 달성할 수 있는 말은 전무후무하다는 칭송을 받았다고 한다. 러일 전쟁 때 일본군을 괴롭힌 코사크 기병대의 말도 아할 테케였다고 전해진다.

기원전 1세기 후반 이후에는 한 제국과 흉노 제국 모두 지배 체제의 약화와 내분으로 세력이 약화되면서 화친이 기본이 된 대등한 관계가 지속된다. 1세기 전반, 한 왕조는 붕괴 위기를 맞지만 결국 다시 일어나 정치와 사회도 안정을 되찾는다. 그러나 흉노 제국은 내분이 끊이지 않고 주도권을 둘러싼 분열이 계속되면서 유목 제국으로서의 실체마저 잃고 말았다. 그런 기마 유목민의 분열과 혼란은 3세기가 되면 유라시아 전체의 모든 세력과 민족의 변동을 초래하고 그 격동 속에서 한 제국도 멸망한다.

제4장
포세이돈의 변신
―고대 지중해 세계의 근대성

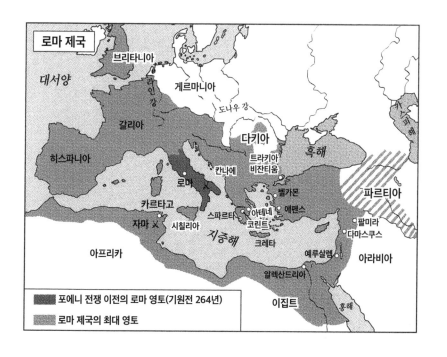

로마 제국

브리타니아

대서양

게르마니아

라인 강

갈리아

도나우 강

다키아

히스파니아

흑해

트라키아
비잔티움

칸나에

로마

펠가몬

파르티아

카르타고

스파르타

에페스

아테네

자마

시칠리아

코린트

팔미라
다마스쿠스

크레타

지중해

아프리카

예루살렘

아라비아

알렉산드리아

이집트

홍해

포에니 전쟁 이전의 로마 영토(기원전 264년)

로마 제국의 최대 영토

그리스에서도 전차를 이용했을까

　지중해 연안에 그리스 인의 조상에 해당하는 사람들이 정착하게 된 것은 기원전 2,000년대였다. 인도-유럽어계에 속하는 그들은 북방에서 선주민이 살고 있는 이곳으로 이주해왔다. 선주민 문화와 융합하면서 발칸 반도의 남단부부터 에게 해의 여러 섬들을 포함한 지역에서 독자적인 문화를 형성했다. 이것이 기원전 16세기경부터 시작된 미케네 문화이다. 당시 그리스에는 몇 개의 왕국이 병립하고 있었다.

　미케네 시대의 사람들은 선문자 B(에게 문명의 문자 분류)로 쓰인 점토판 문서를 남겼으며 거기에 기록된 문자가 그리스어의 원형이 되었다. 이들 문서에는 말과 전차를 나타내는 그림 문자가 새겨져 있었는데 무기고에 보관되어 있는 전차를 기록한 것으로 여겨진다. 이런 기록을 통해 미케네 시대의 여러 왕국에서 말이 끄는 전차를 군대에 이용했다는 것을 알 수 있다. 실제 전차의 유물이 출토되었을 뿐 아니라 전차 위에서 싸우는 병사를 그린 인장이나 적병 앞에서 장검을 쥐고 있는 병사를 새긴 묘표 등이 남아 있다. 일찍이 서아시아에서는 인도-유럽어계 사람들이 전차를 보유하고 패권을 구축하고 있었다. 그리스에 전차가 도입된 것은 이 서아시아의 영향일 것이다.

　그리스는 바위가 많고 기복이 심한 구릉지이기 때문에 전차가 실전에 얼마나 쓰였을지는 의문이다. 앞서 소개한 그림 문자도 자세히 보면 수렵 장면이거나 병사들이 무기를 갖추지 않은 상태라는

미케네 문서 속의 그림문자

것을 알 수 있다. 과연 전장에서 전차가 이용되었을까. 미케네 시대의 트로이 전쟁을 다룬 호메로스의 서사시 『일리아스』에는 전차가 종종 등장하기는 하지만 전장을 누비는 전차에 대해 이야기하는 장면은 두 군데뿐이다.

트로이 왕의 후손 판다로스는 '내가 출정할 때 내 아버지 뤼카온께서 장려한 궁에서 거듭 말씀하시길, 격렬한 전장에서는 늘 전차를 타고 군대를 지휘하라고 하셨다. 하지만 나는 아버지의 당부를 듣지 않았다……'라고 변명했다.

또 전투 시 군단 배치에 관해 '선두에는 말이 끄는 전차와 전차 부대, 후미에는 전투의 방벽이 될 대규모 보병 부대를 배치하고 중간에는 열약한 병사를 배치해 어떻게든 싸울 수밖에 없도록 했다'라고 묘사한 장면도 있다.

이런 내용으로 볼 때 전차가 승패의 향방을 결정지을 정도였는지 아닌지와 별개로 실전에서 어떤 역할을 한 것만은 분명해 보인다. 그러나 그 후, 수백 년에 걸친 혼란과 이주의 시기를 지나 폴리스가 탄생할 무렵이 되면 사정은 달라진다. 동쪽에서 아시리아 제국에 이어 페르시아 제국이 세력을 떨치던 무렵 그리스에서는 중장 보병을 활용한 전술이 성행했다. 당시에 비로소 전차가 그리스의 지형에 적합하지 않다는 사실을 받아들인 듯하다. 귀족들은 여전히 전차를 타고 전장으로 향했지만 전투 시에는 전차에서 내렸다고 한다.

올림픽의 꽃, 전차 경주

그리스의 전차라고 하면 전쟁보다는 오히려 전차 경주가 눈길을 끈다. 앞서 소개한 『일리아스』 제23권에도 유명한 전차 경주 장면이 나온다. 영웅 아킬레우스가 친구의 죽음을 애도하기 위한 전차 경주를 개최했다. 가장 먼저 도착한 자에게는 아름다운 여인을, 2위에게는 암말, 그 이하에게는 금속 솥, 금화, 그릇을 수여하는 것이었다. 전차 5승이 출전해 격렬한 시합을 펼쳤다.

말은 순식간에 평원을 가로질러 눈 깜짝할 사이에 저 멀리 사라지고 가슴팍에는 구름인지 질풍인지 모를 정도로 먼지가 피어올랐다. 갈기가 바람에 나부끼면 전차는 어떤 때는 온갖 생물이 풍요롭게 자라는 대지를 스치듯 나아가고 어떤 때는 공중으로 높이 튀어 올랐다. 전차 중앙에 선 기수는 저마다 승리에 대한 일념을 불태웠다.

경주 장면이 매우 자세하고 생생하게 묘사되어 있는 것으로 보아

기병과 중장 보병의 전투. 아티카의 항아리 그림

적어도 호메로스는 자신이 묘사한 것과 같은 장면을 직접 목격했을 것이다.

이런 전차 경주는 올림픽 경기의 가장 인기 있는 종목이었다. 전설상으로는 훨씬 오래 전으로 거슬러 올라가지만, 최초의 올림픽은 기원전 776년에 개최되었다. 4년에 한 번 열리는 올림픽 경기 중에서도 전차 경주는 관중들을 열광시켰다. 시인 핀다로스는 전차 경주의 승자를 기리는 열정적인 찬가를 지었다. 전차 경주에서의 승리가 얼마나 명예로운 일이었는지에 대해 역사가 헤로도토스는 다음과 같이 말했다.

키몬은 참주 페이시스트라토스의 전제 정치에 불만을 품고 아테네를 떠나 망명한 인물이다. 그는 망명 중에 올림피아의 4두 전차 경주에서 우승한 적이 있었다. 그는 이 우승으로 인해 동복형제인 밀티아데스와 똑같은 위업을 달성했다. 키몬은 그 후의 올림피아 경기에서도 같은 말을 타고 우승했는데 이때는 우승자의 이름을 페이시스트라토스에게 양보하고 그에게 우승의 영예를 돌림으로써 그와 화해하고 모국으로 돌아왔다. (『역사』 중에서)

헤로도토스는 전차 경주에서의 우승이 유력자들 사이에서 정치적 거래를 위한 유효한 도구였다고 말한다. 그만큼 전차 경주에서의 승리는 대단한 명예였다.

기마에 대한 기록은 미케네 시대에는 거의 찾아볼 수 없다. 기원전 8세기 이후 폴리스가 탄생할 무렵이 되면서 기마도 서서히 보급되었던 듯하다. 귀족 중에는 전차를 타기보다는 말을 타고 전장으로 향하고 전장에서는 말에서 내려 싸웠을 것이라는 견해도 있다. 그러나 앞서 소개한 사진과 같이 기원전 6세기로 추정되는 항아리 그림 중에는 기병대가 중장 보병의 밀집 방진으로 정면 돌격하는 모습이 묘사된 것도 있다. 다만, 파르테논 신전의 부조 등으로 미루어 볼 때 그리스의 말은 포니 정도의 크기였던 듯하다. 따라서 말이 갑옷을 입고 무거운 투구를 쓴 기병을 태우고 종횡무진 전장을 누볐을 것이라고는 생각하기 어렵다. 무장한 기병이나 말이 전장에 등장했더라도 크게 중요한 역할을 맡지는 않았을 것이다.

'말의 신'은 어떻게 '바다의 신'이 되었을까

지중해 연안 지역을 걸어보면 알겠지만, 이 일대는 너른 평야가 적고 기복이 심한 구릉지가 많다. 때때로 바위 절벽이 이어져 있는 곳도 있다. 그런 지역이다 보니 애초에 말이 활약할 만한 장소가 많지 않았을 것이다. 그렇다면 전차나 말을 탄 사람들은 말에 대해 어느 정도의 기대를 품었을까.

앞서 이야기했듯이 기원전 2,000년대 지중해 연안 지역으로 남하해 정착한 것은 주로 인도-유럽어계 사람들이었다. 그중 하나였던 그리스 인들도 이 시기에 잇달아 이주했다. 어쩌면 그들은 아주 오래 전부터 말에 대해 알고 있지 않았을까. 그들의 고향인 유라시아 북방에서 말의 가축화가 시작되었다는 것은 앞서 확인한 바 있다. 말을 기르고 이용하는 방법을 알았던 사람들이 이주해 지중해를 보았을 때 그들의 마음속에는 어떤 생각이 오갔을까.

그리스 신화에 등장하는 포세이돈이라는 신이 있다. 이 신은 '바다의 신'으로 알려져 있지만 더 오랜 옛날에는 '말의 신'이었다고 한다. 신화 속 깊숙이 남아 있는 전승을 해독하면 '말의 신' 포세이돈의 모습을 포착할 수 있다. 그 흔적을 간직한 일화나 그림도 적지 않게 남아 있다. '말의 신'이 어떻게 '바다의 신'으로 변신했을까. 거기에는 지중해 세계의 사회와 문화를 이해하는 중요한 열쇠가 숨겨져 있다.

그리스 신화를 만들어낸 이들은 애초에 바다에 대해 잘 몰랐던 것이 아닐까. 그들의 원주지로 알려진 지역에는 광대한 바다가 없다. 하지만 그곳에서 말을 기르며 살던 사람들이 그 신을 포세이돈이라고 하며 받들었다고 해도 결코 이상하지 않다. 마침내 서로 남으로 이동한 사람들 중에 발칸 반도 남부에 정주한 집단이 있었다. 후에 그들은 그리스 인이라고 불리게 되었다.

이 지역에 정착한 그리스 인들은 광대한 바다를 보고 이내 바다 위를 떠가는 배를 고안했다. 초원을 질주하는 말의 모습이 바다 위를 달리는 배의 모습과 겹쳐졌다. 고대의 시인들은 배를 가리켜 '바다의 말'이라고 노래하고 말을 배에 비유하기도 했다. 그리스 인들에게 바다는 말이 주는 혜택만큼이나 유익한 존재로서 각인된다. 그리하여 포세이돈은 '말의 신'에서 '바다의 신'으로 변신해 그리스 인이 받들고 기원하는 대상이 되었다.

그러고 보면 '말의 신' 포세이돈은 단순한 부록이 아니라 그리스 신화의 더 오래된 형태를 간직하고 있는 셈이다. 이런 포세이돈의 변신은 지중해 연안에 정착한 사람들이 배를 말처럼 이용하게 되었다는 것을 반영하는 것이 아닐까. 말이 활동하기에 부적합한 지역이었음에도 지중해 세계는 고도의 문명을 지닌 사회로 성장했다. 포세이돈의 변신은 그것을 암시하고 있는 듯하다. 그 내용에 대해서는 차후에 살펴보기로 하자.

그리스 인과 기마

독재자와 같은 참주의 전횡을 물리치고 페르시아 제국의 침략을 막아낸 무렵부터 그리스는 고전기라고 불리는 시대로 접어든다. 당시의 항아리 그림이나 부조에는 수많은 말이 등장한다. 대영 박물관에 소장되어 있는 파르테논 신전의 부조에는 200필 이상의 말이 그려져 있다. 이런 사료에 따르면, 그리스 인은 말과 친숙했으며 말을 타거나 전차를 조종하기도 했던 것 같다. 그렇다고 기마 유목민이나 동방의 대제국에 비할 정도는 아니었다. 오히려 말은 높은 지위를 나타내거나 인간의 상상력을 자극하는 고귀한 가축으로 인식되었을 것이다.

그런 상황에 스키타이 인 궁수를 그린 500여 점의 그림이 남아 있는 것은 무척 흥미로운 일이다. 학자들 중에는 스키타이 인이 아테네에 거주하고 있었다고 주장하는 사람도 있다. 문헌상으로는 전혀 확인되지 않지만, 어쩌면 소수의 스키타이 병사가 귀족의 호위 등을 맡았다고 해도 이상한 일은 아니다. 하지만 그리스 북방의 이민족 트라키아 인과 비교해도 그림 속 스키타이 인들의 흉한 용모와 낮은 지위에 대한 표현은 눈에 띈다. 말을 탄 아마존 여인족의 표상도 스키타이 인의 이미지로 그려져 있다. 이런 그림은 기원전 6세기 후반에 집중적으로 나타나며 페르시아 전쟁이 종료되었을 무렵에는 전혀 그려지지 않았다. 이런 변화는 전력의 중심을 전차나 기마가 아닌 바다에 중점을 두고 해군력에 의지한 폴리스 국가의 의향을 보여주는 듯하다.

그렇지만 스키타이 인과 같은 북방의 기마 유목민이 그리스 인들에게 이상하고 위협적이었던 것은 변함없을 것이다. 그리스 신화에는 종종 반인반마의 켄타우로스가 등장한다. 켄타우로스의 전설은 북방의 변경에서 말을 타고 말을 자유자재로 다루는 무리가 출몰하는 것에 대한 그리스 인들의 공포를 말해주는 것인지도 모른다.

말에 대한 풍부한 이야기와 그림이 남아 있는 것을 보면 그리스 인들은 천마天馬 페가수스로 이상화한 것처럼 말이 지닌 고상한 풍모에 매료되었던 것이 분명하다. 하지만 실제로도 말을 충분히 활용했다고 말하기는 어렵다.

그럼에도 불구하고 기마에 관한 최초의 서적을 남긴 것은 그리스 인이었다. 이런 서적 중에서 가장 유명한 것은 크세노폰이 쓴 『마술론De equis alendis』이다. 크세노폰은 철학자 소크라테스의 제자이자 페르시아에서 그리스 인 용병 1만 명을 이끌고 귀환한 지휘관이기도 했다.

크세노폰의 『마술론』은 말을 타는 사람의 마음가짐에 대해 서술하고 있다. 말을 타는 방법은 물론 말의 조련과 운동 방법 그리고 말을 고르는 방법에 이르기까지 폭넓게 다루고 있다. 크세노폰이 말을 다루는 기본 방침은 말을 자연스럽게 움직이게 하는 것이었다. 그러기 위해 그는 놀라울 정도로 말의 심리를 살폈다. 예컨대 '말이 겁을 먹으면 꾸짖지 말고 진정시켜 두려워할 필요가 없다는 것을 가르쳐 주어라'거나 '말을 타는 사람의 지시를 잘 따랐을 때에는 말이 좋아하는 부위를 쓰다듬으며 칭찬해 주어라'고 조언한다. 곳곳에 말의 기분에 대한 세심한 배려가 나타나 있다는 점이 무척이나 감동적이다.

이런 서적은 안장을 대신해 깔개를 하는 경우는 있었지만 말굽이나 갑옷이 없던 시대에 쓰인 것이다. 그렇기 때문에 모든 조언이 현대의 기마법에 들어맞는 것은 아니다. 하지만 말의 기분을 상하지 않게 한다는 기본 방침은 근대 이후 서양 마술론의 뿌리가 되었다.

군대의 지휘관으로서의 크세노폰은 페르시아 군의 기마 공격에 대항해 기병대를 조직하려고 했다. 페르시아의 기병대는 퇴각하면서 등 뒤로 활을 쏘는 기술에 숙달되어 있었기 때문이다. 후에 '파르티아 인의 곡사曲射'라고 불린 이 기술은 기마 유목민의 특기였다. 다만, 크세노폰이 기마대의 편제에 어느 정도 성공했는지는 분명치 않다.

알렉산드로스의 애마

그리스 세계에서 전략으로서 기마대를 정비한 것은 마케도니아의 필리포스 2세이다. 마케도니아는 그리스 세계의 북쪽 변경에 위치했는데 기마 유목민이 거주하는 트라키아나 스키타이와 가까웠다. 여기서도 기마 유목민의 위협이 세계 제국의 도래를 예고하는 듯하다. 기원전 338년 카이로네이아 전투에서 마케도니아의 기마대 2,000기가 일제히 공격에 나서면서 하루 만에 그리스 연합군을 격퇴했다. 이때 기마대를 지휘한 것이 청년 알렉산드로스였다.

알렉산드로스는 크세노폰의 저서를 읽고 마술을 숙지하고 있었다. 그가 말을 얼마나 잘 다루었는지는 애마 부케팔로스와의 만남

애마 부케팔로스를 탄 알렉산드로스 대왕의 모습. 이소스 전투. 부케팔로스가 왕의
의향을 살피는 듯하다

을 그린 삽화에도 잘 나타나 있다. 필리포스 왕에게 바치려고 데려
온 부케팔로스가 심하게 날뛰며 애를 먹이자 화가 난 왕은 말을 죽
이라고 명령했다. 마침 그 자리에 함께 있던 어린 아들 알렉산드로
스는 금방 말을 진정시키고 말 등에 올라타기까지 했다. 알렉산드
로스는 말이 자신의 그림자에 겁을 먹었다는 것을 알고 태양을 마
주볼 수 있게 말을 돌려 세웠을 뿐이었다. 이때부터 부케팔로스는
알렉산드로스의 애마가 되어 그 후 17년간 그와 함께했다. 알렉산
드로스는 부케팔로스를 타고 세계를 제패하기 위한 원정에 나섰다.
　알렉산드로스는 기병대 5,000기와 보병 부대 3만 명을 이끌고 진
군했다. 후에 페르시아의 다레이오스 3세와 대결한 이소스 전투에
서 페르시아의 군세는 60만 명에 달했다고 전해진다. 그 무렵 알렉
산드로스의 군세도 그에 필적할 정도로 커졌을 것이다. 알렉산드
로스의 원정은 북인도에까지 이르렀으며 그곳에서도 원정군은 압

도적인 승리를 거두었다. 동지중해부터 페르시아 제국 전역을 정복한 대제국이 성립한 것이다.

일찍이 헤로도토스는 메디아 네사이온 고원의 준마에 대해 언급한 적이 있다. 후대의 역사서에 따르면, 이 지역에서는 번식용 암말 15만 마리가 사육되었다고 한다. 그러나 알렉산드로스 시대에는 도적들 때문에 5만 마리 정도만 남았다고 전해진다. 또한 시리아에는 알렉산드로스 시대부터 군대와 왕실의 목장이 있었으며 그곳에서 번식용 암말 3만 마리와 씨수말 300마리가 사육되었다고 전하는 지리서도 있다. 대규모 원정군의 기마 부대를 유지하기 위해서는 그 정도 규모 혹은 그 이상의 말이 필요했을 것이다. 하지만 알렉산드로스 제국은 단기간에 너무 광대한 지역을 손에 넣었다. 알렉산드로스의 갑작스런 죽음과 동시에 제국은 분열 위기를 맞는다.

로마 군과 기병대

이탈리아 반도의 역사에 라틴 인의 한 부류인 로마 인이 모습을 드러낸 것은 기원전 8세기의 일이다. 전설에 따르면, 로마 군은 처음부터 엄격한 규율을 바탕으로 조직되었다고 한다. 17세부터 45세에 이르는 성인 남성은 누구나 군 복무의 의무가 있었으며 가장 부유한 계층은 기마대에 소속되어 말과 함께 무구 일체를 준비해야만 했다. 각 군단의 병사는 총 4,500명으로 그 중 기병대는 300명이었다.

지금은 지중해에 군림한 세계 제국이라고 하면 로마 제국을 떠올린다. 그러나 기원전 3세기 전반으로 거슬러 올라가면 여러 세력이 경합하고 있었다. 만약 내가 마권업자가 되어 지중해 제패의 승자를 예측한다면 우승 후보로는 카르타고(2배), 대항마는 로마(3배), 다음으로 안티고노스 왕조의 마케도니아(10배), 그 이하는 프톨레마이오스 왕조의 이집트, 셀레우코스 왕조의 시리아가 될 것이다. 예상대로 기원전 3세기 중반부터 100년 넘게 우승 후보인 카르타고와 대항마 로마 사이에 세 번에 걸친 큰 전쟁이 되풀이되었다. 이른바, 포에니 전쟁이라고 불리는 이 전쟁 중에서도 제2차 포에니 전쟁은 총력을 기울인 대전大戰이라 할만 했다. 제2차 포에니 전쟁에는 역사상 가장 유명하고 큰 전투가 두 차례 있었다.

첫 번째는 이탈리아 반도 동남부에서 벌어진 칸나에 전투(기원전 216년)이다. 본거지에서 적을 맞은 로마 군의 병사는 총 76,000명 그중 기병은 6,000명이었다. 원정 온 카르타고 군의 병사는 총 50,000명이었으며 그중 기병이 10,000명이었다. 한니발 장군이 이끄는 카르타고 군은 보병에 있어서는 로마 군에 뒤졌지만 양 날개를 담당하는 기병대는 수적으로 우세했다. 실제 전투에서는 카르타고 군이 압도적인 기동력으로 로마 군을 포위하고 괴멸 상태에 빠뜨렸다. 이로써 포에니 전쟁의 전반은 카르타고가 우세한 방향으로 전개되었다.

두 번째는 북아프리카의 카르타고 본국 서남부에서 벌어진 자마 전투(기원전 202년)이다. 적을 맞은 한니발 장군이 이끄는 카르타고 군의 병력은 총 40,000명, 그중 기병이 4,000명이었다. 바다를 건너 온 스키피오가 이끄는 로마 군의 병력은 총 29,000명, 그중 기병이 6,000명이었다. 한니발의 전술을 자세히 연구한 스키피오는 수적으로 우세한 기병대의 기동력을 이용해 카르타고 군의 배후를 공격해 승리를 거두었다. 로마는 이 승리로 최후에 웃는 승자가 될 수 있었다.

이 두 번의 전투에서 활약한 기병대는 대부분 북아프리카의 누미디아 인이었다. 칸나에 전투에서 카르타고 군을 지원한 누미디아 기병이 자마 전투에서는 로마 군에 가담했다. 고대 지중해 세계의 역사를 좌우한 두 번의 전투도 결국 기병대의 기동력을 활용한 쪽의 승리로 돌아갔다. 보병의 병력에서 압도적인 우위에 있었더라도 기병이 열세하면 승리의 여신은 미소를 보내주지 않았던 것이다.

그렇다고 로마 군이 기병대를 전력의 요체로서 중시했던 것은 아닌 듯하다. 애초에 기병은 로마에 복속된 이민족의 지원을 받는 일이 많았다. 그래서인지 지중해 연안 전역을 지배하게 되었음에도 로마 인은 말 생산에 크게 열의를 보이지 않았다. 정복지로부터 말을 공급받으면 된다고 생각한 것이다. 그렇다면 로마 인들은 어느 지역의 말을 선호했을까. 내 생각에는 이베리아 반도와 북아프리카의 말을 특히 선호했던 것 같다.

기원전 2세기 초, 로마는 이베리아 반도를 속주로 삼고 그 대부분의 지역을 복속시켰다. 그러나 내륙의 켈트계 부족들이 순순히 로마에 항복한 것은 아니었다. 게릴라전을 통한 저항이 계속되면서 로마 군의 발목을 잡았다. 그중에서도 반도 서남부의 여러 부족을 이끌었던 비리아투스는 기마대만으로 로마 군을 집요하게 괴롭혔다. 그는 아군의 본대를 도망가게 하고 기병 1,000명만으로 로마 군을 유인했다. 비리아투스의 기마대를 태운 말은 매우 빠르게 뛸 수 있었기 때문에 로마 군의 추격에도 금세 간격을 벌렸다. 결국 평원을 빙빙 돌기만 할 뿐 로마 군은 좀처럼 앞으로 나아가지 못했다고 한다. 이베리아 산 말의 우수성이 증명된 일화이기도 하다. 중세에 들어선 이후로도 유럽 각지에서는 이베리아 산 말에 눈독을 들였다. 북아프리카 산 말에 대해서는 나중에 전차 경주를 다룰 때 언급하기로 하겠다.

기원전 1세기 중반에는 율리우스 카이사르가 갈리아로 원정을 떠났다. 최소 4,000명에 이르는 기병은 실전에서 활약하기보다 정찰 활동이나 전령 또는 보병 부대를 보호하는 역할을 맡았다. 카이사르의 『갈리아 전기』에 따르면, 갈리아 인은 말을 좋아해 큰돈을 주고서라도 말을 구입했지만 게르만 인은 국내산 말에 만족했던 듯하다. 게르만 인의 말은 몸집이 작고 볼품없었지만 훈련이 잘 되어 있어 가혹한 노동에도 견뎠다고 한다. 전투가 벌어지면 게르만 인은 말에서 내려 싸웠는데 그동안 말은 그 자리에서 가만히 기다리도록 훈련되었다고 한다. 한편, 바다를 건너온 영국의 켈트 인은 전차를 타고 달리며 창을 던졌다고 한다. 말과 바퀴의 소음이 요란하게 울려 퍼지며 적군을 동요하게 만들었다. 전투가 격렬해지면 전사들은 전차에서 내려 싸웠다. 그러나 엄격한 규율을 바탕으로

키르쿠스 막시무스(로마 시의 복원 모형). 700미터에 달하는 경주로에서 치열한 경합이 펼쳐졌다

잘 훈련된 로마 군은 말을 이용한 이민족들의 저항에도 끝내 적을 격퇴하고 승리를 거두었다.

'빵과 서커스'의 세계

기원전 1세기 말, 로마가 지중해 세계 전역을 지배하게 되면서 마침내 이 광대한 지역에 평화가 찾아왔다. 이른바, 팍스 로마나Pax Romana(로마의 평화)라고 불리는 시기다. 이런 평화 속의 번영을 상징하는 사건으로 종종 언급되는 것이 '빵과 서커스'이다. 여기서 말하는 서커스circus는 곡예를 일컫는 것이 아니라 라틴어로 '키르쿠스'라고 읽는 타원형 코스를 뜻한다. 이 코스는 당연히 전차 경주가 이루어지는 경주로를 가리킨다.

전차 경주는 검투 시합과 함께 평화에 흠뻑 빠져 있던 로마 민중들이 고대하던 오락물이었다. 전차 경주를 벌이는 경기장은 규모가 무척 컸기 때문에 상설 경기장은 로마 제국의 대도시에만 설치되었던 것 같다. 그중에서도 특히 유명한 것이 지금도 로마에 남아 있는 키르쿠스 막시무스Circus Maximus(현재는 치르코 마시모라고 불린다)였다. 팔라티노 언덕과 아벤티노 언덕의 경사면 사이에 낀 이 계곡은 전차 경기장을 만들기에 최적의 자연 지형이었다.

이 대경기장은 30만 명 정도의 관중을 수용했다고 전해지는데 학자들 중에는 임시 관객석을 포함하면 50만 명 가까이 수용할 수 있었다고 보는 사람도 있다. 경기장 중앙에는 가늘고 긴 등뼈 모양의 섬이 있었으며 그 둘레에 설치된 타원형 코스가 전차가 달리는 경주로였다. 경주는 모래를 깔아 단단하게 다진 경주로를 7바퀴 도는 방식으로, 대략 4.5킬로미터 거리를 달렸다.

말 2마리가 끄는 2두 전차 경주나 경마도 있었지만 말 4마리가 끄는 4두 전차 경주가 가장 인기가 있었다. 4두 전차 경주는 안쪽에서 채로 연결된 말 2마리와 바깥쪽에 가죽 끈으로 연결된 2마리가 전차를 끌었다. 하얗게 칠해진 출발선에는 모든 구간이 동시에 열리도록 고안한 장치가 설치되는 경우가 종종 있었다. 마부는 전차 바퀴 사이에 설치된 자리에 서서 말을 조종하는데 여러 마리를 조종해야 했기 때문에 상당한 훈련이 필요했을 것이다. 특히 타원형 경주로의 모퉁이를 날카롭게 돌기 위해서는 남다른 기량이 요구되었다. 그리고 가장 먼저 결승점을 통과한 전차의 기수와 말에게는 우레와 같은 박수갈채가 쏟아졌다.

로마의 전차 경주는 춘하추동을 나타내는 녹색, 적색, 청색, 백색의 4개 조로 나뉘어 치러졌다. 전차의 기수도 그중 한 조에 소속 되어 서로 경합을 벌였다. 그런 전차 기수의 모습을 떠올리게 하는 비문이 남아 있을 정도이다.

이베리아 반도 출신의 기수 디오클레스는 주로 적색 조에 소속되어 있었으며 42세에 은퇴했다. 엄청난 인기를 끌었던 그의 열렬한 팬들이 그의 업적을 기리고 기념하고자 세운 듯했다. 기원후 146년의 일이었다.

디오클레스는 24년간 4,257회에 걸쳐 전차 경주에 출전했다. 전체 승리 횟수는 1,462회. 그중 개막 경주에서 110승, 각 조의 1량 경주에서 1,064승을 거두었다. 상금이 걸린 경주에서 92승을 거두었는데 그중에는 6두 전차 경주에서의 3승을 포함해 3,000만 원의 상금이 걸린 경주에서 32, 6두 전차 경주에서의 2승을 포함해 4,000만 원의 상금이 걸린 경주에서 28승, 7두 전차 경주에서의 1승을 포함해 5,000만 원의 상금이 걸린 경주에서 29승, 6,000만 원의 상금이 걸린 경주에서 3승을 거두었다. 각 조의 2량 경주에서는 347승을 거두었는데 거기에는 1억 5,000만 원의 상금이 걸린 3두 전차 경주에서의 4승도 포함된다. 각 조의 3량 경주에서는 51승을 거두었다.

우승 및 입착入着(상금을 획득하는 순위권 내로 들어오는 것-역주)은 2,900회. 2착은 861회, 3착은 576회, 4착은 1회. 착외着外가 1,351회였다. 청색 조와의 동착同着 10회, 백색 조와의 동착이

1회로 그중 2회는 3,000만 원의 상금이 걸린 경주였다. 총 수령 상금액은 358억 6,312만 원에 달했다. 거기에 더해 100만 원의 상금이 걸린 2두 전차 경주에서 3승을 하고 백색 조와의 동착 1회, 적색 조와의 동착이 2회였다. 선행마先行馬로 815승, 후방에서 67승, 핸디캡 경주에서 36승, 다종 조건 경주에서 42승, 탈취전에서 502승으로 그중 녹색 조에 216승, 청색 조에 205승, 백색 그룹에 81승을 거두었다. 그로 인해 9마리의 말이 100승을 거두고 1마리는 200승을 달성했다.

(『라틴 비문전집[Corpus Inscriptionum Latinarum]』 제6권. 화폐 단위는 1 세스테르티우스 = 1,000원으로 환산)

비문은 계속해서 디오클레스가 경신한 수많은 기록을 나열하며 그를 최고의 기수로 상찬했다. 이 비문의 기록을 토대로 전차 경주의 실태에 대해 다양한 추측이 가능하다. 다만 여기서는 이 정도로만 다루기로 하겠다.

경주마의 육성

전차 기수가 인기를 누렸을 뿐 아니라 말도 사람들의 주목을 받았다. 비문에는 승리한 말의 출신지에 대한 기록도 남아 있다. 예컨대 기원후 75년의 비문에는 한 전차 기수가 승리를 거두었을 당시의 말 42마리에 대해 쓰여 있다. 그중 아페르 말(북아프리카산 말)이

2두 전차

전차 경주의 기수. 각자 자신이 속한 조의 색깔을 몸에 걸쳤다
(2세기 후기~3세기 초기)

경주마를 그린 모자이크화. 장거리용 스테이어(왼쪽)와 단거리용 스프린터(오른쪽)의 차이가 잘 나타나 있다

37마리, 무어 말과 이베리아 말이 각각 1마리, 나머지 3마리만이 이탈리아 말이었다. 북아프리카에서 사육된 말이 압도적으로 많다는 사실이 분명히 드러난다.

실제 지금의 튀니지 부근에는 말이 사육되었음을 보여주는 여러 점의 모자이크화가 남아 있다. 씨수말은 3살 때부터 조련을 시작해 5살이 될 때까지 경기장에 나가지 않는다. 이들 경주마를 그린 모자이크화는 북아프리카에서 말 생산이 활발했다는 사실을 보여줄 뿐 아니라 말을 향한 고대인들의 시선까지 느껴지게 만든다.

위의 모자이크화를 살펴보자. 두 그림 모두 말의 이름이 쓰여 있다. 왼쪽 그림 속의 말은 아도란두스와 크리니투스이고 오른쪽 그림의 말은 푸피루스, 아마토르, 쿠피도, 아우라이다. 이 말들을 자세히 비교해보면 왼쪽 그림의 말 2마리가 늘씬한 데 비해 오른쪽 그림의 말 4마리는 튼실해 보인다. 여기서 우리는 경주마의 생산과 육성 방식이 목적에 따라 다르다는 것을 알 수 있다. 왼쪽 그림의 말은 장거리용 스테이어Stayer, 오른쪽 그림의 말은 단거리용 스프린터Sprinter 혹은 마일러Miler로서 각각의 적성에 맞게 사육된 것이 아닐까. 경마 팬이라면 익숙한 말의 체격 차이를 고대에 이미 분명히 인식하고 있었던 것이다.

이 정도만 살펴보아도 로마의 민중들이 전차 경주에 얼마나 열광했는지 짐작이 간다. 점점 높아지는 인기 때문에 군마 보충에 지장이 생길 정도였다고 한다. 물론, 민중들은 경주를 단순한 볼거리로 즐기는 것을 넘어 노름에 빠지고 때로는 도가 지나쳐서 큰 소동을 벌이기도 했다. 그러나 식량 배급과 오락거리를 상징하는 '빵과 서커스'는 평화와 번영을 당연한 것으로 여기던 민중에게 없어서는 안 되는 것이었다. 당시의 위정자들은 그것을 잘 알고 있었다.

고대 지중해 세계의 근대성

앞서 말했듯이, 지중해 연안 지역은 바위산이나 언덕이 많고 너른 평원이 많지 않다. 자연 지형적으로도 이 지역이 말을 활용하기에 적합하지 않다는 것을 의미한다. 실제 서아시아나 동아시아의 세계 제국만큼 전차나 기마가 이용되지 않았다. 그럼에도 로마 제국으로 절정을 맞은 고대 지중해 세계는 고대의 여러 문명뿐 아니라 중세를 포함한 전근대 역사 속에서 남다른 번영을 누리며 고도로 발달한 문화를 꽃피웠다.

아테네의 아크로폴리스 언덕에 오르면 파르테논 신전의 위용에 눈이 번쩍 뜨일 것이다. 시칠리아 섬의 고대 유적은 그 엄청난 규모만으로도 숨이 멎는다. 로마의 콜로세움(원형 경기장)이나 판테온(만신전)을 바라보면 그 위용은 물론이거니와 궁극에 달한 화려한 기교에 할 말을 잃을 것이다. 그뿐만이 아니다. 화산재에 매몰되었다가 발굴된 폼페이의 거리를 걸으면 완비된 상하수도 시설, 고대인들의 지혜가 집약된 공중목욕탕, 세련된 저택 건축 등 근대에도 전혀 뒤지지 않는 생활 광경이 머릿속에 그려진다.

고대 지중해 세계는 어떻게 이처럼 고도로 발달된 문명을 이룩할 수 있었을까. 여기서 '말과 인간이 엮어낸 문명의 역동성'은 거의 감지되지 않는다. 파르테논 신전에 새겨진 호화롭고 현란한 말의 부조도, 민중을 열광시킨 로마의 전차 경주도 그 궁극의 화려함에도 불구하고 부수적인 역할에 그쳤다. 과연 말은 번영의 극치를 자랑한 지중해 문명 세계에서 어떤 역할을 한 것일까. 이것은 인류의 문명사를 조망하는 데에도 무척 가치 있는 질문이라고 생각한다.

우리는 말이 다양한 측면에서 세계사의 진전에 적지 않은 영향을 끼쳤다는 것을 알게 되었다. 정보의 전달이 빨라지고 인간이나 물품이 다량으로 빠르게 운반되었으며 전차나 기마 전술은 군사력에 큰 변화를 가져왔다. 이런 변화는 국가나 사회의 모습에도 중대한 전환을 가져왔다. 이것이야말로 '말과 인간이 엮어낸 문명의 역동성'이었을 것이다. 최소한 산업 혁명 혹은 공업화가 시작되기 이전의 사회에 대해서는 그렇게 전망할 수 있으리라고 생각했다. 그러나 고대 지중해 세계를 탐구하다보면 이런 기대가 쉽게 깨져버릴 것 같은 생각도 든다.

앞서 이야기한 그리스 신화를 떠올려보자. '바다의 신' 포세이돈이 본래 '말의 신'이었다고 이야기한 바 있다. 초원을 질주하는 말에 대해 알고 있던 인도-유럽어계 그리스 인은 지중해 연안 지역으로 남하해 푸른 바다를 가까이에서 보게 되었다. 그때 그들의 뇌리에는 어떤 생각이 떠올랐을까.

말과 바다와 '해역 세계'

지중해 연안은 해안선이 복잡하고 곳곳에 섬이 산재해 있다. 바다 전체가 내해를 이루고 있어 대양에 비해 파도도 훨씬 잔잔하다. 겨울철의 거친 바다를 제외하면 검푸른 빛으로 반짝이는 바다는 인간의 모험심을 자극하기에 충분하다. 무성한 나무를 베어 배를 만들고 바다에 띄워 먼 바다로 나아간다. 바다를 가르며 나아가는 배의 모습은 초원을 질주하는 말의 모습과 겹쳐지며 눈에 각인된다. 그리하여 '말의 신' 포세이돈은 '바다의 신'으로 변신한다.

말과 초원, 배와 바다. 이 둘을 비교하면 여러 가지 면에서 공통점이 있다는 것을 깨닫게 된다. 무엇보다 사람이나 물건 또는 정보의 이동이 빨라지고 공간이 확대되며 시간이 단축된다. 이런 것들은 인간의 삶을 크게 바꾸어 놓았다.

근대 세계는 바다에서 시작되었다는 말을 자주 듣는다. 하지만 고대에도 바다를 통한 교역이 다양한 영역에서 이루어지고 있었다. 예컨대, 서아시아와 남아시아를 잇는 인도양 교역이 있었으며 중국과 동남아시아를 잇는 남중국해 교역도 이루어졌다. 물론, 당시의 교역은 보석이나 향신료 등의 사치품에 한정되어 있었으며 일상적인 생필품이 대대적으로 거래된 것은 아니었다. 근대 이후에야 비로소 다양한 생활필수품이 해상 교역의 중심을 이루게 된다. 거기에는 파도가 높은 외해를 최대한 안전하게 항해할 수 있도록 배를 건조하거나 조종하는 기술의 발달이 요구된다. 이런 조건이 실현되었을 때 여러 지역을 잇는 '해역海域 세계'가 성립한다. 바로 이런 '해역 세계'가 근대 세계의 시스템을 가져왔다.

그런데 지중해 세계는 일찌감치 '해역 세계'를 형성할 가능성을 내재하고 있었다. 무엇보다 잔잔한 내해가 펼쳐져 있고 복잡한 해안선에 의지해 곳곳에 떠있는 섬들을 표식으로 삼아 나아가면 항해 위험도 줄어든다. 이처럼 내해로 둘러싸인 세계에서 페니키아 인이나 그리스 인은 왕성한 식민 활동을 벌이고 각지에 교역의 거점을 구축한다. 페키니아 인이 간이 문자인 알파벳을 만든 것도 상업 통신과 부기를 위해서였다. 머지않아 그리스 인도 알파벳을 모방하게 되었으며 에트루리아 인을 통해 로마 인도 이용하게 되었다.

이런 가운데 페니키아 인에 의해 건설된 카르타고는 서지중해를 중심으로 해양 문명권을 구축하였으며 알렉산드로스 대왕 이후, 동지중해부터 오리엔트로 펼쳐지는 세계에는 헬레니즘 문명권이 형성되었다. 그리고 그것을 계승하고 흡수하는 형태로 탄생한 것이 로마 제국이다. 이런 시점에서 보면, 로마 제국은 '지중해 제국' 으로서 '해역 세계'를 실현했다고도 말할 수 있다. 그것은 고대 세계가 근대성을 선점한 사건이었다.

지중해 제국을 건설한 로마 인은 이 바다를 '우리의 바다Mare Nostrum'라고 불렀다. 그것은 그들이 지배하는 육지에 둘러싸인 내해를 나타내기에 적합한 표현이다. 이 내해를 품에 안은 세계에 '로마의 평화'가 찾아온 것이다.

기원전 200년경부터 기원후 400년경에 이르는 기간은 온난화와 함께 경제 성장이 활발한 시대였다. 로마 제국 전역에 도로망이 정비되면서 내륙의 교통도 빈번했지만 그 이상으로 곡물, 포도주, 올리브유와 같은 생활필수품이 활발히 거래되었다. 이미 기원전 5세기의 아테네는 곡물 수요의 대부분을 흑해 연안의 곡창 지대에 의존하고 있었는데 지중해 제국의 수도 로마의 민중들은 곡물 수요의 대부분을 이집트와 북아프리카의 곡창 지대에 의지할 수밖에 없었다.

범선으로 해류를 이용해 항해하면 이탈리아와 이집트를 7일 만에 오가기도 했다. 이탈리아에서 이베리아 반도의 가장 가까운 항구라면 4일이면 충분하고, 가장 먼 남단까지도 7일이면 항행할 수 있었다고 한다. 지중해 세계는 종횡무진 빠르게 연결되고 있었다.

이런 해상 수송의 발전은 경제 성장을 더욱 가속화하며 '로마의 평화' 시대는 공전의 번영을 누리게 되었다. 부유층들은 호화 저택에 살며 온갖 화려한 주연을 즐겼다. 그뿐만이 아니다. 민중의 생활에도 여유가 생기면서 공중목욕탕에서 담화를 즐기고 다양한 오락과 볼거리를 즐길 수 있었다. 이런 서민들의 생활이야말로 지중해에 군림하는 세계 제국 로마가 다른 고대 문명과 구별되는 모습이다.

다른 문명에서는 예컨대, 이집트 고대 왕국 시대의 피라미드 건설에서 볼 수 있듯 그 거대한 규모는 로마 제국의 건축물을 능가하는 면도 없지 않다. 그러나 이렇게 화려하고 장대한 규모를 과시하는 문화를 향유한 것은 극히 일부의 권력자나 부유층에 한정된다. 일반 서민은 작업 노동에 동원되는 일은 있어도 그것을 생활 속에서 향유할 수는 없었다.

평범한 일상생활 속에서 일반 민중들이 다양한 시설을 이용하거나 오락을 즐기는 풍경은 근대의 대중 사회에서 실현된 것이다. 그러나 고대 지중해 세계에서, 적어도 도시 지역에서는 대중 사회와 유사한 이런 모습이 나타나고 있었던 것이다. 그리고 보면 말을 이용한 것도 근대 사회의 경마와 비슷하게 전차 경주와 같은 오락 스포츠의 공간에서였다. 또한 최근 이집트에서 광대한 묘지의 일부가 발굴되었다는 보고가 있었다. 그 보고에 따르면, 이 묘지 전체에는 1만 구 이상의 미라가 매장되어 있다고 한다. 이 묘지는 파라오가 군림한 시대가 아닌 1세기에서 3세기경의 것으로 추정되고 있다. 피라미드에 잠든 왕가의 미라만 박물관을 장식하는 것은 아니다. 이 광대한 묘지는 대중 사회에 가까운 풍요로운 경제력을 가진 시대의 존재를 암시하고 있으며 그 시대는 다름 아닌 로마 제정기였다.

고대 지중해 세계는 말을 활용하기에 적합한 풍토는 아니었지만 그 대신 바다를 널리 활용해 일종의 '해역 세계'를 실현했다. 그리하여 근대의 대중 사회와 유사한 현상까지 보여주고 있다. 거기에는 고대 자본주의라고도 불리는 경제 사회가 있었다. 그런데 왜 고대 자본주의는 근대 자본주의를 탄생시키지 못했을까. 이른바 고대 자본주의 논쟁을 통해 다양한 논의가 이루어지고 있지만 다음의 두 가지는 누구나 이해할 수 있을 것이다.

첫 번째는 노예 노동력에 의존하는 부분이 크다 보니 노동 조직의 합리화나 기술 혁신 등을 추구하는 의식이 희박했기 때문이며 두 번째는 내륙부의 개발로 지중해라는 '해역 세계'가 몇 개의 지역 세계로 분단되었기 때문이라는 것이다. 고대 지중해 세계는 근대 세계에 가장 가깝게 다가가고 있었지만 내재된 한계를 극복해내지 못했다. 하지만 고대에 이미 근대의 '해역 세계'를 선점했던 것만은 분명하다.

'말의 신' 포세이돈을 '바다의 신'으로 변신시킨 고대 지중해 세계는 근대성을 내포하고 있었던 것이다. 말의 문명사를 탐구하면서 우연히 말과 바다에 관해 고찰하게 되었다. 한 발 더 나아가 문명의 역사 철학과 같은 지적 모험을 시도한다면 어쩐지 굉장히 중요한 주제가 떠오를 것 같은 생각이 든다.

〈부록〉 말의 존재를 몰랐던 아메리카 고대 문명

말을 단서로 고대 지중해 세계와 그 반대편에 있는 아메리카 고대 문명을 비교해보는 것은 매우 흥미로운 일이다.

수만 년 전, 베링 해협은 육지와 이어져 있었다. 당시 유라시아 대륙에서 남북 아메리카 대륙으로 이주한 사람들이 1만 년 전에는 대륙의 남단에까지 퍼졌다고 한다. 일찍이 아메리카 대륙에는 대형 포유동물이 다수 서식하고 있었는데 그 무렵부터는 흔적도 없이 사라지고 말았다. 아마도 지구 온난화로 인구가 증가하면서 사람들이 포유동물을 포획해 식량화했을 것이다. 말이나 말과 동물도 예외는 아니었다. 그때까지 박물관 수준으로 화석이 풍부했던 말과 동물 역시 1만 년쯤 전부터 흔적이 끊겨버렸다.

기원전 15세기 무렵부터 멕시코 고원의 인디오들은 옥수수 등을 재배하는 농경 정주 사회를 형성했다. 기원전 9세기경이 되자 멕시코 만 연안 지역에 진흙과 돌로 지은 신전을 갖춘 올메카 문화가 탄생했다. 이 문화의 영향으로 기원전 2세기의 멕시코 고원에서는 거대한 피라미드형 신전을 갖춘 도시 문명이 탄생했다. 이 도시 문명은 중앙아메리카의 저지대에도 전해져 석조 건축물로 조성된 도시가 곳곳에 건설되었다. 그런 도시에서는 천문 관측이나 역법은 물론 화전과 관개 농경도 이루어졌다. 6세기부터 9세기에 걸쳐 전성기를 맞은 이 도시 문명을 가리켜 마야 문명이라고 불렀다. 안데스 고지에서는 기원전 10세기경부터 아름다운 토기를 갖춘 문화가 탄생했으며 기원 전후에는 장중한 신전을 세운 종교색이 농후한 도시 문명이 각지에 성립했다.

이런 오랜 문화를 계승하면서 15세기 안데스 고지에는 잉카 제국이 수립하고 16세기 초에는 멕시코 고원에 아즈텍 제국이 군림했다. 아즈텍 제국은 멕시코 만 연안에서 태평양 연안에 이르는 지역을 지배했으며 잉카 제국도 남북으로 길게 형성된 광대한 지역을 지배했다. 쿠스코를 수도로 삼은 잉카 제국은 절대적인 권력을 지닌 왕을 중심으로 뛰어난 행정조직을 갖추었으며 3만 킬로미터에 이르는 도로망과 역참제 그리고 파발제까지 완비되어 있었다고 전해진다.

아메리카 고대 문명은 고도로 발달된 석조 기술에서도 알 수 있듯이 나름의 문화 수준에 도달했을 것이다. 그림 문자나 결승 문자도 사용되었다. 그러나 철기와 차량이 없고 무엇보다 말과 같은 대형 가축을 이용한 흔적이 없었다. 가축으로는 라마나 알파카 등이 사육되었을 뿐이다.

이들 문명은 말에 대해 알지 못했고 바다도 크게 이용하지 않았다. 사람과 물자의 이동 그리고 정보의 전달은 얼마나 빠르게 이루어졌을까. 어느 정도의 '속도' 관념을 가지고 있었을까. 기원전 1,000년대 유라시아에 성립한 세계 제국의 여러 문명과 비교해도 상당히 늦었을 것이라는 것은 짐작할 수 있다. 각각 독자적으로 발생한 고대 문명을 발전 단계의 정도로 헤아리는 것은 공평한 방법이 아닐지 모른다. 그런 비난을 피할 수 없겠지만 그래도 굳이 정리해보고자 한다.

아메리카 고대 문명은 잉카 제국이나 아즈텍 제국의 단계에서도 기원전 3,000년대 유라시아에서 발생한 여러 문명과 비슷한 수준이었을 것이다. 그것은 수메르 인의 메소포타미아나 고대 왕국 시대의 이집트를 연상하면 된다. 그런 지체의 원인 중 하나로, 말의 존재를 알지 못했기 때문에 제국 지배의 강고한 기반을 구축하지 못했던 점을 들 수 있다. 마찬가지로 기원전 3,000년대 유라시아의 여러 문명도 말에 대해 거의 알지 못했다.

이런 아메리카 고대 문명의 지체는 고대 지중해 문명의 선진성을 더욱 부각시킨다. 고대 지중해 문명은 말을 이용했을 뿐 아니라 그 이상으로 바다를 활용함으로써 근대 세계로까지 근접했다. 그러나 바다를 활용하지 않고 말의 존재도 몰랐던 아메리카 고대 문명은 탄생 자체도 더뎠을 뿐 아니라 문명이 발전하는 속도도 상당히 뒤처졌다. 발전 단계에만 주목하다보면 자칫 서로간의 우열을 다투고 싶어질 수 있지만 여기서는 그런 의도로 비교하는 것이 아니라는 점을 밝혀둔다.

제5장
말 달리는 중앙 유라시아

남시베리아의 암벽에 그려진 기마 모습.
돌궐 인으로 추정된다. 말도 갑옷을 걸쳤
다. 전투 혹은 수렵 장면으로 보인다

게르만 민족의 대이동과 훈족의 위협

로마 제국의 변경에는 라인 강과 도나우 강이 흐르고 있다. 그 동쪽과 북쪽 너머에는 게르마니아에서 우크라이나에 이르는 삼림과 평원이 펼쳐진다. 그곳을 떠돌며 유목 생활을 하던 사람들이 있었다. 지중해 연안에 사는 사람들도 그들의 존재를 어느 정도는 알고 있었다. 그들은 그리스어나 라틴어도 하지 못하고 오로지 '바, 바, 바'라며 알 수 없는 소리를 빠르게 떠들어댔다. 그들은 바르바로이 Barbaroe(야만인)라고 불리며 차별 당했다.

이들은 엄밀한 의미에서 유목민이라고는 할 수 없다. 그들은 다양한 부족으로 나뉘며 반농반목 생활을 하면서 소규모로 이동했다. 그들 중 대부분은 게르만 인이라고 불리는 사람들이었다.

게르만 인 중에는 평온할 때 로마 제국으로 이주해 하급 관리나 용병 혹은 농부 등으로 일하는 사람도 적지 않았다. 그러나 4세기 후반이 되자 먼 변경 지역에 사는 게르만 부족의 움직임이 갑자기 분주해졌다. 무언가에 쫓기기라도 하듯 서고트 족이 남쪽으로 향하더니 도나우 강을 건너 로마 제국의 영토를 침입했다. 이것이 게르만 민족의 대이동이라고 불리는 사건의 발단이 되었다. 이동을 저지하려던 로마 군은 도리어 그들에게 격파당하고 말았다. 서고트 족은 서쪽으로 향해 이탈리아 반도를 침입하고 제국의 수도 로마까지 유린했다. 5세기에는 이베리아 반도로 진출해 그곳에 서고트 왕국을 세웠다.

이런 일련의 사건을 계기로 다른 게르만 부족들도 이동하게 되었

게르만 인 기병의 전투 장면을 새긴 석비

다. 반달 족은 제국의 영토를 가로질러 북아프리카에 자신들의 왕국을 세웠으며 갈리아 중부에는 부르군트 족, 갈리아 북부에는 프랑크 족, 브리타니아에는 앵글로색슨 족이 각각 이동해 자신들의 왕국을 세웠다. 그토록 번성했던 로마 제국의 서쪽 절반이 이민족들에 의해 잠식당한 것이다.

어쩌다 이런 대이동의 풍파가 로마 제국을 덮치게 된 것일까. 대이동의 진원은 서고트 족이 거주지를 떠난 사건이었다. 과연 그 사건은 어떻게 일어났을까.

게르만 인의 한 분파로 동부에 거주하는 이들을 고트 족이라고 불렀다. 그들은 흑해 북서쪽 연안의 스텝 지대에서 동쪽과 서쪽으로 나뉘어 살고 있었다. 4세기 후반 동고트 족은 점점 세력을 키워 가던 부족 집단의 습격을 받아 복속되고 말았다. 그 위협은 인접한 서고트 족에게도 닥쳐왔다.

위협의 정체는 훈 족이라고 불리는 아시아계 유목 민족이었다. 그들은 러시아의 초원 지대로부터 요란한 말발굽 소리와 함께 볼 가 강을 건너왔다. 게르만 인들의 거주지를 습격한 훈 족은 순식간 에 동고트 족을 정복하고 서고트 족을 공포에 떨게 했다. 서고트 족은 로마 제국의 북쪽 방위선인 도나우 강을 건널 수밖에 없었다. 그만큼 기마 유목민의 위협은 주변 사람들의 간담을 서늘하게 만 들었던 것이다.

기마 유목민들은 끊임없이 이동했다. 남자가 말을 타고 가축을 몰고 가면 여자와 어린아이들이 마차를 타고 그 뒤를 따라갔다. 농 경에 쓰이는 쟁기나 괭이에 대해 알지 못하고 우유와 고기만 먹었 다. 가옥에서 살지 않고 무슨 일이든 말에 의지해 생활했다. 4세기 후반에 갑자기 모습을 드러낸 훈 족에 대해 당시 로마의 역사가 암 미아누스 마르켈리누스Ammianus Marcellinus는 이렇게 말했다.

그들은 조잡한 신을 신고 있어 보병전에는 부적합했다. 볼 품없지만 튼튼한 말을 타고 싸웠다. 말 등에 걸터앉아 소변을 보는 것 정도는 식은 죽 먹기였다. 낮이나 밤이나 말 등에 걸 터앉아 말 위에서 흥정을 하고 먹고 마실 때도 땅에 발을 딛지 않는다. 또한 자신이 탄 말에 몸을 기댄 채 잠들고 느긋하게

꿈을 꾸었다. (『역사』 중에서)

한 로마의 시인은 반인반마의 괴물 켄타우로스조차도 기마 유목민만큼 말과 혼연일체가 되지는 못했다고 노래했다.

기마 유목민의 습격은 문명 생활을 향유하는 로마 인뿐 아니라 반농반목 생활을 하던 게르만 인에게도 위협이었다. 변경에 거주하던 사람들은 그들의 잔혹함에 치를 떨었다. 자신들이 죽인 적의 피부를 벗겨내 피투성이의 생가죽을 말 등에 싣고 전리품으로 가져갔다. 이런 끔찍한 광경이 정주민들의 뇌리에 생생히 각인된 것이다.

훈 족의 흉포함과 야만성은 상상을 초월했다. 그들은 자기 아이의 뺨에 상처를 내 수염이 자라지 않게 했다. 땅딸막한 체구에 팔은 거대하고 머리도 비정상적으로 커서 흡사 괴물과 같았다. 게다가 생활하는 것은 짐승과 다를 바 없었다. 음식을 삶거나 굽지 않고 양념도 하지 않는다. 야생 초목의 뿌리를 캐 먹고 안장 밑에 저장해둔 지독한 냄새가 나는 고기를 먹는다.

끊임없이 이동하는 유목 생활을 했기 때문에 어릴 때부터 추위나 배고픔에는 익숙했다. 이동할 때에는 그들의 뒤를 따르는 가축이 가족을 태운 사륜마차를 끌었다. 훈 족의 여인들은 이 마차 위에서 실을 뽑아 옷을 짓고 아이를 낳고 그 아이들이 사춘기가 될 때까지 키웠다. 그들에게 어디에서 왔는지,

어디서 태어났는지 물어보라. 그들은 아무것도 알지 못한다.

(『역사』 중에서)

훈 족의 전투 장면에 대해서는 이렇게 말했다.

전투가 벌어지면 그들은 무시무시한 소리를 지르며 적에게
달려들었다. 저항에 부딪히면 사방으로 흩어졌다가 순식간에
되돌아와 마주치는 모든 것을 파괴하고 쳐부순다. 다만 그들
은 요새에 사다리를 걸어 공략하는 기술을 알지 못하고 참호
로 둘러싸인 야영진지를 습격할 줄도 모른다. 하지만 활을 쏘
는 기술은 비할 데 없이 뛰어나다. 화살 끝에는 뾰족하게 깎은
뼈가 붙어 있었는데 단단하고 위험하기가 철로 만든 것 같았
다. 그들은 그 화살을 놀라울 정도로 먼 거리에서 쏘았다. (『역
사』 중에서)

이처럼 훈 족에 대한 두려움은 극도에 달했다. 4세기 말경에 쓰
인 한 전기는 이렇게 보고한다. '패배한 고트 족은 훈 족에 의해 멸
망하고 대부분 목숨을 잃었다. 포로로 잡힌 여자와 아이도 모두 학
살당했다. 잔혹하기 이를 데 없는 처형이었다'(에우나피오스 『철학자 및
소피스트 열전[The lives of the sophists]』 중에서).

이런 기술을 보면 훈 족의 괴이하고 과격한 모습이 떠오른다. 로
마 인뿐 아니라 게르만 인에게도 용맹한 기마 유목민인 훈 족은 그

때까지 본 적도 들은 적도 없는 이상한 존재였다. 전대미문의 괴상하고 광폭한 공격 앞에 정면으로 대결할 기력조차 잃어버린 것이다. 물론 이런 기술이 스스로 문명인임을 자처하는 이들에 의해 다소 과장되게 쓰였다는 점도 유념해야 할 것이다.

로마 제국의 해체

훈 족은 게르만 인을 복속시키거나 쫓아냈을 뿐 아니라 로마 제국의 영토까지 침입했다. 그들은 헝가리 평원을 거점으로 침공을 되풀이했다. 오늘날 그 지역을 헝가리(훈 족의 나라)라고 부르는 것에도 당시의 흔적이 남아 있다. 5세기 전반에는 도나우 강 중류 지역의 훈 족이 중심이 되어 북독일에서 볼가 강 유역에 이르는 광대한 지역으로 세력을 확장했다. 훈 족의 주위에는 동유럽의 유목민, 게르만계 민족, 슬라브계 민족, 핀계 민족 등의 피정복민들이 모여 있었다. 느슨한 연합을 이룬 훈 족은 제국이라고 불러도 좋을 정도로 세력을 키워 로마와 대치했다.

5세기 중반 아틸라가 이끄는 훈 족은 동쪽으로 향하여 도나우 강 하류 지역을 습격하고 급기야 서쪽으로 방향을 바꿔 라인 강을 건너 갈리아까지 침입했다. 바야흐로 훈 제국의 전성기였다. 그러나 로마는 서고트 족 등 게르만 부족들의 지원을 받아 451년 카탈라우눔 전투에서 훈 족을 격퇴했다. 이듬해 아틸라는 이탈리아를 침입해 계속해서 로마 제국에 위협을 가했다. 그러나 그의 갑작스런 죽음으로 내분과 반란이 끊이지 않던 훈 제국은 급격히 와해되고 말았다.

그리하여 약 1세기에 걸친 훈 족의 유럽 침탈은 막을 내렸다. 하지만 이 기마 유목민에 의한 재앙은 고대 지중해 세계의 명운에 치명적인 영향을 끼쳤다. 로마 제국은 오리엔트부터 그리스를 거쳐 지중해를 무대로 꽃피운 다양한 선진 문화가 융합된 문명 세계였다. 그런 로마 제국이 기마 유목민의 침탈로 촉발된 게르만 민족의 대이동에 의해 결정적으로 해체되고 말았다.

지중해 세계를 하나의 세계로 묶어 장악하던 제국의 권력은 그 뿌리에서부터 힘을 잃었다. 훈 족이나 게르만 부족들의 군사력은 로마의 군사력을 능가했다. 이전의 가치관은 크게 무너졌다. 약탈을 일삼는 야만족 병사들은 건축물이나 예술 작품에 어떤 경의도 표하지 않았다. 로마 제국의 주민들은 분노와 슬픔에 잠겼다. 고전 문화의 소양을 충분히 갖춘 사람들조차도 일에 대한 열의를 잃었다. 충격은 특히 제국의 서부에서 두드러지게 나타났다. 지중해 도시의 문화생활이 주는 쾌적함이 사라지고 침탈의 잔인함이 씻을 수 없는 상흔을 남겼다. 이재민, 피난민, 망명자, 포로가 온 나라에 넘쳐나고 재산과 지위마저 모호해지면서 그토록 평화롭던 사회가 맥없이 스러지고 말았다.

훈 족은 어떤 사람들이었을까

이러한 대격동의 원흉은 훈 족의 침탈이었다. 적어도 로마 인 더 나아가 그 문화를 계승한 후대의 유럽인들의 눈에는 그렇게 비쳤다. 그렇다면 도대체 훈 족이라는 기마 유목민은 어떤 사람들이었을까.

17세기 청나라에 거주하던 기독교 선교사들은 훈과 흉노를 동족이라고 생각했다. 두 민족명의 발음이 비슷했기 때문이다. 이 문제는 18세기 프랑스의 동양학자 드 기네Joseph de Guignes에 의해 학술적으로 제기되었다. 그는 중국과 로마의 문헌을 두루 섭렵하고 비교·분석하는 등 언어학과 문헌학에 근거해 연구했다.

1세기 중반, 흉노는 내분으로 인해 남북으로 분열했다. 고향 몽골에 남은 북흉노는 서역 경영에 힘쓰던 한나라의 공격으로 위기를 맞았다. 2세기에는 몽골 고원에 진출한 선비 족의 압박으로 북흉노는 서쪽으로 이주할 수밖에 없었다. 키르기스 지방으로 이주한 북흉노는 그 후 동아시아의 역사에서 사라진다. 그러나 전하는 바에 따르면, 350년경 북흉노는 엄채奄蔡 국의 왕을 죽이고 그 나라를 빼앗았다고 한다. 알란阿蘭 국이라고도 불리는 엄채 국은 이란계 기마 유목민들의 나라였다. 이 사건은 훈 족이 376년 흑해 북부의 아조프 해를 통해 크리미아 반도에 침입했다고 전하는 로마의 기록보다도 앞선다. 이 두 사건은 시기적으로나 지리적으로도 비슷하기 때문에 연속된 사건으로 보인다. 이것이 드 기네가 주장한 흉노·훈 동족설의 대강의 내용이다.

후에 오랫동안 청나라에 머물렀던 독일의 동양학자 히르트Frie-drich Hirth는 5세기 중엽에 등장하는 두 명의 인물을 비교하여 동일인으로 간주했다. 그 두 인물은 『위서』 서역 편에 나오는 흉노의 왕 총예와 훈 족의 왕 아틸라의 막내아들 헤르나크이다. 이 추정으로 흉노·훈 동족설은 확고한 사실로 여겨지게 되었다.

한편, 독일의 클라프로트Julius Klaproth나 시라토리 구라키치 등은 언어학적 관점에서 분석해 흉노·훈 비동족설을 주장했다. 이들은 특히 흉노가 튀르크계인지 몽골계인지를 둘러싸고 논쟁을 벌였다. 하지만 튀르크어나 몽골어 모두 알타이어계에 속하며 많은 단어를 공유하고 있기 때문에 몇몇 어휘를 근거로 민족의 귀속을 논하는 것은 위험하다는 비판도 나오고 있다.

이런 논쟁에 대해서는 고고학 분야에서도 몇 가지 증거가 제시되었다. 일본의 고고학자 에가미 나미오는 훈 족의 세력권에서 출토된 기물이 흉노식이라는 점을 지적했다. 특히, 제사 의례나 일상생활에도 쓰이는 청동 솥이 주목을 받았다. 기마 유목민들이 주로 사용하던 청동 솥에는 스키타이 식과 흉노 식이 있는데 이 둘 사이에는 현저한 차이가 있다. 이 점에 착목한 하야시 도시오 연구팀이 흉노식 청동 솥이 헝가리 평원에 널리 분포했다는 보고를 한 바 있지만 연구 자체는 아직 진행 중인 듯하다.

200여 년에 걸친 논쟁에도 훈 족과 흉노 족을 동족이라고 단정하지는 못했다. 여전히 정설은 없지만 애초에 인종과 민족을 구별하지 않은 점이 혼란을 부른 것이 아닐까 하는 반성도 이루어지고 있다. 본래 유목민 사회는 정주 농경민 사회에 비해 인위적이다. 그들은 정보 수집이나 교역 활동을 주도할 강력한 지도자를 필요로 한다. 그런 이유로 흉노나 훈 족 모두 인위적인 연합 조직으로서 성립되었다고 여겨진다.

그렇지만 중앙유라시아를 질주하는 기마 유목민은 이합집산하며 서쪽으로 진출했다. 그리고 4세기 중반부터 시작된 민족 대이동에 결정적인 영향을 미쳤다. 부정할 수 없는 사실이다. 그것은 세계사에서 고대라는 시대의 막을 내린 일대 사건이었다. 일찍이 말을 타고 초원을 누비던 유목민은 최초의 세계 제국 탄생에 중요한 역할을 했다. 마찬가지로 고대의 세계 제국이 무대에서 퇴장할 때에도 말을 탄 자들이 중요한 역할을 한 것이다.

네 가지 자연 구분

유라시아 대륙은 바깥쪽 연안 지역을 제외하면 대부분 건조 지대이다. 다만 건조 지대라도 몇 가지 풍토의 차이가 있다. 그 차이에 주목하면 북에서 남으로 네 개의 띠 모양으로 구분할 수 있다. 각각은 삼림지대, 초원지대, 사막지대, 농경지대로 나뉜다.

각 지역의 풍토에 따라 저마다 다른 생산 활동이 이루어진다. 북쪽의 침엽수림 지대에서는 수렵에 의지해 생활한다. 초원지대에서는 유목 생활을 한다. 사막지대에는 사람이 살 수 없지만 눈이 녹은 물이나 지하 수맥이 풍부한 오아시스에서는 소규모 목축이나 농경 생활도 가능하다. 더 남쪽으로 내려가면 큰 강 유역에서 건조 농업을 한다.

그렇다고 이런 구분에 따라 오로지 한 가지 활동만 이루어지는 것은 아니다. 수렵이라는 생산 활동은 유목 생활과 겹쳐지고 오아시스도 넓은 의미로는 농경 정주 생활의 하나로 볼 수 있다. 그렇게 보면 유라시아 대륙의 북쪽은 유목 생활, 남쪽에서는 농경 생활을 한다고 말할 수 있다.

이 유라시아 대륙의 농경 지대 동쪽과 서쪽에서 문명 세계가 개화했다. 그렇다고 두 문명 세계가 고립되어 있었던 것은 아니다. 동쪽의 중국과 서쪽의 오리엔트·지중해 세계가 상당히 오래 전부터 교류했던 흔적이 남아 있다.

고대 오리엔트에서 기원한 채도彩陶는 지중해 연안부터 동아시아에 이르는 광대한 지역에 분포한다. 또 장신구 등에 쓰이는 청금석은 아프가니스탄과 시베리아에서 생산되는 것이었지만 수메르 인과 이집트 인들도 애용했다. 이런 교류는 기원전 3천 년대까지 거슬러 올라간다고 한다. 과연 그들은 어떤 경로를 통해 교류했을까.

가장 오래된 기록은 기원전 5세기의 역사가 헤로도토스의 저술에서 찾아볼 수 있다. 흑해 북쪽 연안에서 동쪽으로 볼가 강을 건너고 우랄 산지를 횡단해 알타이 산맥을 거쳐 동남쪽으로 나아가는 간선 경로가 분명히 그려져 있다. 이 경로는 다름 아닌 기마 유목민들이 거주하는 광활한 초원 지대였다. 이 초원 지대를 횡단하는 교통로는 종종 '초원 길'이라고 불리었다.

아마 헤로도토스가 기록에 남기기 이전부터 그리스의 상인들 중에는 이 길을 통해 금이나 모피 등을 운반한 이들이 있었을 것이다. 또 흑해 북쪽 연안의 스키타이 문화는 귀금속이나 동물 장식이 특징인데 이런 문화 역시 이 초원의 교역로를 통해 동쪽으로 전파되었을 것이다. 그런데 최근의 연구에서는 동쪽에서 서쪽으로 전파되었다는 견해도 있다. 어쨌든 이 교역로는 여러 지역 간 교류에 다방면으로 이용되었다. 예컨대, 알타이 산맥 동부에 있는 파지리크 고분군(기원전 5세기경)에서는 페르시아산 융단, 인도산 패각, 중국산 비단과 청동 그릇 등이 출토되었다. 이것은 초원 길을 통한 왕래가 얼마나 활발히 이루어지고 있었는지를 말해준다. 물론 기마 유목민들의 대이동도 이 초원 길을 따라 전개되었다.

'오아시스 길' 실크로드

유목 지대와 농경 지대가 만나는 경우에는 더욱 활발한 교역 활동이 이루어진다. 서쪽에서는 일찍이 메소포타미아와 인더스 문명 사이에 교역이 이루어졌으며 기원전 6세기 페르시아 제국의 성립은 동쪽 지역과의 교역 활동을 비약적으로 증가시켰다. 기원전 4세기 알렉산드로스의 동방 원정도 페르시아 제국의 교역로를 따라 이루어졌으며 그 결과 동방과의 교역로가 크게 발전했다.

동방에서는 기원전 2세기 후반, 한 무제가 파견한 장건에 의해 중앙아시아의 정세가 전해졌다. 서역 경영에 나선 무제는 대군을

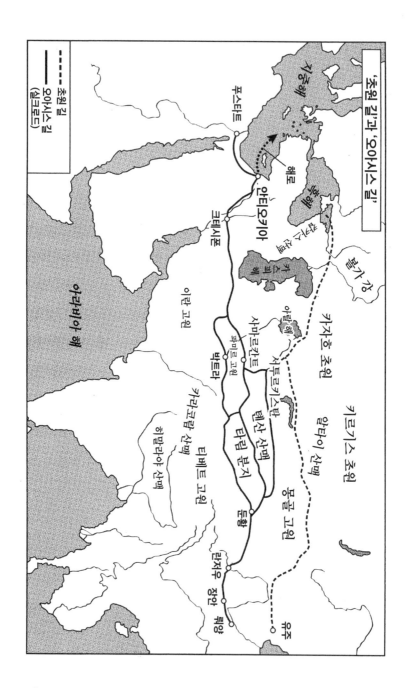

'초원 길'과 '오아시스 길'

범례:
------ 초원 길
─── 오아시스 길 (실크로드)

지중해 / 푸스타트 / 흑해 / 비잔티움 / 해문 / 안티오키아 / 크테시폰 / 볼가 강 / 카스피 해 / 이란 고원 / 아랄 해 / 아무르 강 유역 / 카자흐 초원 / 알타이 산맥 / 키르기스 초원 / 사마르칸트 / 서투르키스탄 / 파미르 고원 / 박트라 / 천산 산맥 / 타림 분지 / 몽골 고원 / 카라코룸 산맥 / 티베트 고원 / 돈황 / 아라비아 해 / 히말라야 산맥 / 란저우 / 장안 / 뤄양 / 유주 / 아랍 해

144

파견해 중앙아시아 동부의 여러 부족을 복속시키고 조공 관계를 맺었다. 이것은 한나라의 북쪽 지역에 있으면서 중앙아시아의 패권을 노리는 흉노에 대항하기 위한 책략이기도 했다. 이윽고 장안에서 서쪽으로 향하는 교역로가 성립했으며 교역의 안전을 확보하기 위해 둔황 등의 4군이 설치되었다.

서아시아와 동아시아 사이에 끼어 있는 중앙아시아는 투르키스탄이라고도 불린다.

이 지역은 대부분 사막과 초원으로 이루어진 건조 지대이다. 하지만 동서로 뻗은 산맥의 기슭에서 눈 녹은 물이 솟아나기도 하고 지하 수맥이 발견되기도 했다. 그런 지역에 생겨난 오아시스가 무수히 산재하게 되었다. 이 오아시스에는 페르시아 제국 시대부터 이란계 사람들이 거주했다. 소그드 인이라고 불린 그들은 수많은 오아시스 도시 국가를 건설했다. 이들 오아시스 국가들 사이에서는 대상 교역이 활발히 이루어졌다. 그러면서 서쪽과 동쪽으로 뻗은 교역로를 연결한 동서 교역의 '오아시스 길'이 열리게 되었다. 이 교역로를 통해 서방에서 귀한 대접을 받던 중국산 비단이 들어왔기 때문에 실크로드라고도 불리었다.

이 교역로를 통해 중국산 비단과 옥그릇 등의 공예품이 서방으로 건너가고 서방에서는 귀금속, 보석, 유리 그릇 등이 동아시아로 들어왔다. 또 인도에서는 향신료나 면직물 등이 중국으로 건너갔다. 이 교역로는 물산뿐 아니라 정신문화의 교류에도 이용되었다. 기원 전후에는 불교가, 5세기에는 조로아스터교가, 7세기에는 네스

토리우스파 그리스도교와 마니교 등이 잇따라 중국에 전해졌다.

본래 오아시스 도시 국가는 인구가 적고 사막에 고립되어 있었다. 그렇기 때문에 장대한 실크로드를 지배하는 통일 국가를 건설하는 것은 불가능했다. 대신 이 교역로의 패권을 장악한 것은 북방의 기마 유목민이었다. 그들은 간혹 낙타를 이용하기도 했지만 대개는 말을 능숙하게 다루는 군대의 기동력으로 주변 국가들을 압도했다. 이들 기마 유목민은 도시 국가로부터 공물을 징수하고 그 대가로 교역로의 안전을 보장했다.

기마 유목민의 말

실크로드를 통해 다양한 사람들, 물자, 정보가 오가고 전쟁이 벌어지기도 했다. 그런 역사의 그늘에서 주역을 담당한 것은 다름 아닌 말이었다.

스텝 지대에서는 수목이나 풀이 잘 자라지 않는다. 그렇기 때문에 유목민들은 풀과 물을 찾아 끊임없이 이동해야 했다. 다만 여름과 겨울에는 각각 숙영하는 장소가 정해져 있었으며 그 사이의 기간을 이동하며 생활했다. 풀이나 관목이 자라는 것은 약간의 비가 내리는 봄부터 여름 동안이다. 그렇다고 유목민이 여름철에 가축을 먹일 풀을 잔뜩 베어 겨울을 대비해 저장하는 것은 아니다. 사육할 수 있는 가축의 수가 한정되기 때문이다. 가축에게는 어디까지나 자연적으로 자라는 풀을 먹인다. 하지만 사막에 가까운 불모지대도 적

몽골 말. 야생 몽골 말과의 연관성과 별개로 몽골의 유목민들이 사육해온 말이다

지 않고 낙타 풀과 같은 잡초만 드물게 자라는 곳도 많다.

기마 유목민의 말은 대개 몸집이 작은 것으로 알려져 있다. 그에 비해 서아시아에서 지중해 세계로 전파된 말은 모두 대형 말이다. 이런 대형 말은 사료 소비도 그만큼 늘어날 수밖에 없다. 유목민 은 원정을 떠날 때에도 말의 사료를 가져가지 않기 때문에 아무데 서나 자라는 잡초나 마른 풀도 가리지 않고 먹는 소형 말이 적합하 다. 게다가 원정길은 평탄하기만 한 것이 아니라 바위투성이의 구 릉지나 사막 혹은 험한 골짜기나 좁은 산간 지역이 이어질 때도 있 다. 따라서 말에게는 어떤 상황에도 위축되지 않는 영리하고 끈기 있는 기질이 요구된다.

현대에도 몽골 말은 몸집이 작고 볼품없다. 머리가 크고 목이 굵 으며 전체적으로 털이 덥수룩하게 덮여 있고 눈도 작다. 몸집에 비 해 다리도 굵기 때문에 땅딸막하고 멋이 없다. 아랍 말이나 서러브 레드와 비교하면 빠르게 달릴 것 같지도 않다. 그러나 그것은 유목 생활이나 군사 활동에는 몽골 말처럼 몸집은 작아도 잡식성에 인내심이 강한 말이 적합했기 때문이다. 기마 유목민들은 굳이 품종 개량을 시도하지 않았을 것이다. 실제로는 지역에 따라 다양한 종류의 말이 있었고 그중에는 후대의 아칼 테케로 이어지는 늘씬한 말도 있었을 것이다. 하지만 지형, 풍토, 용도 등의 어떤 면을 고려하더라도 늘씬한 대형 말이어야 할 필요는 없었다.

이적은 야만족이었을까?

이런 말을 타는 사람들이 중앙아시아 초원에 잇따라 등장했다. 거듭 이야기했듯이 문자 사료를 남기지 않은 기마 유목민은 역사의 무대에 모습을 드러내지 않았던 것처럼 보인다. 하지만 기마 유목민의 활동은 세계사의 흐름을 확실히 바꾸어 놓았으며 그들이 연출한 각본 없는 드라마는 현대인들이 보기에도 장관이라 할 만했다. 이번에는 흉노 제국이 분열한 이후의 중앙아시아의 역사를 돌아보고자 한다.

1세기에 흉노가 분열된 이후 몽골 고원에는 동호東胡의 계통을 잇는 오환烏桓과 선비鮮卑가 부상했다. 그들은 당시의 국제 질서인 책봉 체제를 가장한 한나라로 이주해 국가와 사회의 다양한 분야에서 세력을 미치게 된다. 한 왕조가 멸망한 이후로는 내분과 내란이 끊이지 않으며 삼국 시대와 진을 거쳐 5호 16국 시대를 맞는다. 그런 혼란도 남북조의 대립 관계 속에 흡수되고 마는데 이때 북조의 지배층 중에는 선비의 혈통을 잇는 탁발 씨 일파가 여럿 섞여 있었다. 마침내 수 왕조에 의한 통일을 거쳐 7세기 초 당 왕조에 의한 세계 제국의 시대가 찾아온다. 당 제국의 핵심 세력 중에도 선비족 탁발 씨의 혈통을 이어받은 사람들이 포함되어 있었다.

우리는 후대 중국 왕조의 역사관의 영향으로 고대 이후의 동아시아 역사를 한漢 민족과 이적夷狄의 대립과 항쟁의 역사로 떠올리곤 한다. 그러나 한 민족이라는 관념은 오랜 역사 속에서 완성된 것으로 오히려 후에 이적을 야만족이라고 여긴 중화사상을 통해 더욱 명확하게 의식하게 되었다. 애초에 동아시아의 고대 세계에서 정주 농경민과 기마 유목민의 대립이라는 도식은 성립하지 않았다고 보는 편이 낫다. 현실 세계에서는 이합 집산하는 여러 세력들 간의 치열한 패권 다툼이 있었을 뿐이다. 그런 현실은 오히려 외부인들에 의해 정확히 파악되기도 한다. 실제 서양인들은 5세기부터 9세기 무렵까지의 중국을 가리켜 '타브가치Tabgachi'라고 불렀는데 이는 탁발이 잘못 전해진 말이었다.

다시 이야기는 5세기경까지 거슬러 올라간다. 당시 몽골 고원은 선비의 여러 부족들이 남쪽으로 이주하면서 패권의 공백 지대가 되어 있었다. 그곳에 동호의 후예인 유연柔然이 등장해 패권을 주장하며 세력을 키웠다. 그리고 마침내 만주에서 융갈 분지에 이르는 초원 지대를 통일했다. 유연의 왕이 스스로를 가한可汗으로 칭했기 때문에 이후 칸汗을 기마 유목민의 왕의 칭호로 계승하게 되었다. 유연이 오아시스 도시 국가를 지배하고 동서 교역로까지 장악하자 화베이 지방의 중국 세력은 심한 압박을 받게 되었다.

유연이 북아시아에서 위세를 떨치던 무렵, 서투르키스탄에서는 이란계 에프탈Ephtalite 민족이 세력을 키웠다. 에프탈 족은 이란 북부, 아프가니스탄, 북서 인도까지 진출해 동서와 남북의 통상로를 장악했다. 그로 인해 사산 조 페르시아와 굽타 조의 인도는 강한 압박을 받았다. 당시 불교가 융성했던 간다라 지방이 에프탈의 지배 아래에서 쇠퇴하자 기마 유목민 에프탈은 불교를 박해했다는 '파불破佛'의 오명을 뒤집어쓰기도 했다. 그러나 최근의 유적 조사에서 간다라 지방의 쇠퇴는 교역로의 변화 때문이지 에프탈의 박해 때문이 아니었다는 사실이 밝혀졌다.

6세기 초, 유라시아 중앙부에는 동쪽으로는 튀르크-몽골계 유연 민족이, 서쪽으로는 이란계 에프탈 민족이 있었으며 그 사이에서 튀르크계 세력이 형태를 갖추기 시작했다. 이들 유목 국가가 웅비하는 가운데 동쪽으로는 북조와 남조의 중국이, 서쪽으로는 사산 조 페르시아와 비잔틴 제국이 있었다. 이렇게 보면 유라시아 대륙에 나란히 늘어선 여러 세력과 국가들이 어렴풋이나마 세계사다운 면모를 갖춰 나가고 있었다고 할 수 있다. 즉, 유라시아 대륙에서 굽이치던 세계사의 물결을 어느 정도 머릿속으로 그려볼 수 있는 것이다. 그리고 그 파동의 중심에는 기마 유목민의 존재가 있었다.

돌궐의 유목 제국

한편 6세기 중반 중앙유라시아의 한쪽 구석에서 돌궐이라고 불리는 튀르크계 세력이 부상했다. 돌궐은 튀르크의 음을 그대로 한자로 표기한 것이다. 이들은 일찍이 유연과 군신 관계를 맺고 알타이 산맥 일대에 거주하며 철 자원의 개발을 업으로 삼고 있었다. 주변의 여러 부족을 병합해 패권을 구축한 돌궐은 유연을 멸하고 바이칼 호에서 볼가 강에 이르는 초원의 교역로를 장악했다. 더 나아가 사산 조 페르시아와 결탁해 에프탈을 멸하고 동서 교역의 중요한 길목인 실크로드까지 손에 넣었다. 이로써 중앙유라시아 전역에 군림하는 유목 제국이 성립했다.

돌궐은 유목민 최초로 문자를 이용하고 기록한 것으로도 유명하다. 이런 기록은 주로 돌궐 비문으로 남아 있으며 문자의 형태가 고대 게르만의 룬 문자와 유사하다는 점에서 튀르크-룬 문자라고도 한다. 이런 돌궐 비문을 통해 자신들의 이야기를 거의 남기지 않았던 기마 유목민들의 실정을 어느 정도 추측할 수 있다.

'아틸라 칸은 그의 지용智勇으로 당나라와 17차례, 거란과 7차례, 철륵과 5차례 전투를 벌였다.' '헐벗은 백성에게 자신의 옷을 벗어주고, 가난한 백성을 부유하게 하고, 백성이 적으면 그 수를 늘어나게 했다.' '황금과 백은과 비단과 알이 밴 수수와 준마와 씨수말과 검은 족제비와 청솔모를 돌궐의 민중을 위해 획득했다.'

이런 내용을 통해 통솔자의 지휘 아래 탁월한 외교·군사 전략이 펼쳐지고 원정이나 공납·교역 활동이 순조롭게 이루어졌음을 알 수 있다. 돌궐 국가에 합류하는 부족과 민중이 점점 늘어나면서 거대한 유목 제국이 모습을 드러냈다.

기마 유목민 국가는 강력한 지도자의 능력으로 많은 이들을 결집시켰지만 반대로 지도자의 능력이 부족하거나 흔들리면 이반자가 속출하고 쉽게 분열되기도 했다. 돌궐도 예외는 아니었다. 반복되는 내부 항쟁과 분립을 겪으며 세력을 유지한 것은 8세기 중반까지였다.

흉노의 분열 이후 중앙유라시아 세계는 다양한 기마 유목민 세력이 흥망을 거듭했다. 그런 격동의 시대에 부상한 아바르 족은 원래 중앙아시아에 살았던 듯하다. 5세기경부터 이동을 시작한 아바르 족은 돌궐에 쫓겨 흑해 북쪽 연안으로 이주하면서 세력을 크게 키웠다. 마침내 헝가리 평원까지 진출해 발칸 반도의 대부분을 지배하면서 동유럽을 초원 길과 연결시켰다. 아바르는 9세기에 마자르인 세력에 무너지기까지 비잔틴 제국이나 프랑크 왕국에 위협적인 존재였다. 당시 유럽인들의 눈에는 훈 제국이 다시 부활한 것처럼 비쳐졌을 것이다.

말을 타고 중앙유라시아를 누비던 기마 유목민들의 동향은 문헌 기록으로는 거의 남아 있지 않지만 세계사의 물결 속에 있었던 것만은 분명하다. 도리어 그런 물결의 정중앙에서 끊임없이 파문을 일으키는 존재였다. 그들은 군사 활동에 의한 국가 흥망의 역사에 관련되어 있을 뿐 아니라 동서의 문명권을 잇는 네트워크를 형성하기도 했다. 최소한 근대 이전의 육로를 통해 이루어진 동서 교류는 기마 유목민 세계와 깊은 관련을 가지고 있었다.

제6장
아랍마와 이슬람 세계

예언자와 이슬람교도 기병. 왼쪽에 그려진 예언자의
시종은 귀가 긴 당나귀를 타고 있는 점이 흥미롭다

아랍 종의 기원

아랍 종은 현대의 말 중에서도 가장 중요한 말 품종 중 하나이다. 그러나 로마 제국 시대의 지리학자 스트라본Strabon은 '아라비아에는 말이 없다'라고 했다. 과연 그의 기술은 사실일까. 말은 어떻게 건조한 사막 지대에서 서식하게 되었으며 고귀한 아랍 종이 탄생하게 된 것일까.

아랍 종의 탄생은 수수께끼에 싸여 있다. 한 전설에 따르면, 노아의 후예가 사로잡은 암말 바즈Baz로까지 거슬러 올라간다. 또 어떤 베두인 족 수장은, 다른 동물의 주인이 되어 영광과 행복을 가져다주는 아랍 종이 신의 손으로 창조되었다고 이야기한다.

이런 전승 속에서 아랍 종의 역사는 4개의 시대로 나뉜다. 첫 번째는 아담에서부터 이스마엘의 시대, 두 번째는 이스마엘부터 솔로몬의 시대, 세 번째는 솔로몬에서부터 무함마드의 시대, 네 번째는 무함마드 이후의 시대이다. 아랍 종은 이스마엘 시대 이후에 가축화되어 솔로몬 시대 이후에 다양하게 발전했다고 한다.

물론 이런 전승을 곧이곧대로 받아들일 수는 없다. 그렇지만 아랍 인의 의식 속에서 아랍 종의 역사는 솔로몬 왕(기원전 10세기경) 이전으로 거슬러 올라간다. 그렇다면 왜 기원 전후 무렵의 스트라본은 '아라비아에는 말이 없다'고 지적한 것일까. 실제『구약성서』에서 솔로몬 왕은 주로 이집트의 말을 수입했으며 헤로도토스는 페르시아 제국의 그리스 원정(페르시아 전쟁)에 참가한 아라비아 병사가 낙타를 타고 있었다고 기술했다.

말은 어떻게 아라비아에 서식하게 되었을까.

이와 관련해서는 대략 세 가지 학설이 있다. 첫 번째는 본래 리비아가 원산지인 마종이 이집트와 에티오피아를 거쳐 아라비아 반도에 들어왔다는 견해이다. 두 번째는 아라비아 원산을 주장하는 설. 세 번째는 북방의 스텝 지대에서 말과 그 문화가 점차적으로 남하했다는 견해이다.

첫 번째 리비아 원산설은 다음과 같은 점에서 의문이 제기된다. 우선 이집트에서는 힉소스의 침입으로 인해 말을 이용하는 풍습이 보급되었고 서방으로부터 말이 수입된 흔적도 남아 있지 않다. 한편, 에티오피아나 예멘에서는 말뼈가 출토되는 일이 많지 않고 예멘에서는 기원전으로 거슬러 올라가는 것조차 불가능하다. 오히려 비문 연구자들 중에는 아랍 유목민이 에티오피아에 말을 들여왔다고 생각하는 사람도 있다. 또 간혹 근연종으로 여겨지기도 하는 북아프리카 산 바브Barb 종과 아랍 종을 비교해보면, 골격이나 체형 등에서 상당한 차이가 있다는 점이다. 따라서 리비아산 말이 이집트나 에티오피아를 거쳐 아라비아 반도로 들어왔다는 주장은 불가능하다고 여겨진다.

두 번째 아라비아 원산설도 의문점이 적지 않다. 무엇보다 기원 전후까지 아라비아 반도 특히 남아라비아에는 말이 존재했다는 흔적이 없다. 말에 대한 기록이나 그림도 거의 발견되지 않았으며 확실한 야생마의 골격조차 출토되지 않았다. 따라서 아라비아 원산설은 전설이나 상상에 근거한 부분이 많다고 볼 수 있다.

베두인이 가져온 말

　그렇다면 북방에서 남하했다는 세 번째 견해가 가장 유력한 것일까. 만약 그렇다면 말은 언제부터 아라비아 반도에 존재한 것일까.

　스트라본은 아라비아에 말이 없다고 기록했지만 그로부터 반세기 후에 저술된『에리트라해 안내기Peripulus Maris Erythrai』에는 부족의 수장이나 국왕에게 헌상된 말과 당나귀에 대한 언급이 나온다. 다만, 열거된 다른 수입품과 구별되어 헌상품으로 따로 기록되어 있었던 만큼 당시에도 말은 귀한 취급을 받았던 듯하다. 실제 기원전 1세기의 낙타 무덤에 함께 매장된 말의 유골이 발견되며 당시 말이 귀중한 존재로 여겨졌다는 것을 알 수 있다. 또한 기원후 1세기 후반의 아라비아 비문에는 말을 뜻하는 파라스faras라는 단어가 출현한다. 그 후의 비문에서도 간혹 기병에 관한 기술이 있지만 대개는 아직 기병대라고 불릴 정도의 규모는 아니었다. 하지만 4세기가 되면 기병 125명, 기병 300명, 기병 160명과 같은 기술이 나타나며 기병대로서 충분한 역할을 했을 것으로 예상된다. 그러나 낙타 기병은 보통 1,000명 이상이었기 때문에 군대의 주력은 여전히 낙타 기병이었던 듯하다.

　이런 사실로 미루어 볼 때, 기원후 1세기 후반부터 아라비아 반도 남부에서도 말이 급격히 증가했다는 것을 알 수 있다. 그런데 그보다 이른 기원후 1세기 전반 북서 아라비아의 나바테아 인의 비문에는 기병이나 기병대장을 의미하는 어구가 출현한다. 당시 이 지역은 로마 제국의 속주였기 때문에 그리스와 로마 문화의 영향

아랍 종   카스피안 포니

을 받아 말을 이용하는 풍습이 보급되었을 것이다. 또한 기원전 1세기 말 생산을 시작한 유대 지방의 영향으로 인접 지역에서도 말 생산이 이루어졌는지도 모른다. 한편으로는 말을 사육하는 유목민들이 남하한 경우도 생각해볼 수 있다. 당시는 '아랍'이라고 불리던 베두인 민족이 아라비아 반도를 남하하던 시기였기 때문이다. 그들은 기원전부터 긴 창을 사용할 수 있게끔 낙타의 안장을 개량하는 등 고도의 군사 기술을 자랑했는데 그 기술을 말을 타는 데에도 응용한 듯하다. 그것은 남아라비아에서 출토된 긴 창을 든 기마인물상이 새겨진 석비를 통해 짐작할 수 있다. 이런 점을 고려하면 기원후 1세기경에는 북방에서 남하한 베두인이 남아라비아에 다양한 군사 기술과 함께 말을 가져왔다고 볼 수 있지 않을까.

아라비아 반도에 들어온 말이 지금의 아랍 종의 조상이었는지를 증명할 방법은 없다. 그러나 카스피 해 남쪽 연안에 잔존하는 카스피안 포니는 세련되고 균형 잡힌 체형으로 볼 때 아랍 종과 매우 가까운 유연관계일 것으로 여겨진다. 카스피안 포니는 기원전 3,000년대 메소포타미아 시대로 거슬러 올라가는 품종이다. 이 북방의 말이 아라비아 반도에 수입되었을 가능성도 있다. 이런 말들이 건조하고 가혹한 환경에서 베두인에 의해 도태된 결과 아랍 종이 탄생한 것은 아니었을까.

그렇다면 그 도태란 어떤 것이었을까.

원래 고온 지역에 서식하는 동물과 한랭 지역에 서식하는 동물 사이에는 현저한 차이가 있다. 체형이나 크기에 따라 열 손실률이 다르기 때문이다. 더운 지방의 동물은 일반적으로 몸집이 작고 야위었으며 몸집에 비해 다리가 긴 경향이 있다. 작고 마른 체형은 열을 쉽게 빼앗기기 때문에 체온이 급격히 상승해 생명이 위태로워질 수 있는 상황을 피할 수 있다. 반면에 추운 지방에 서식하는 동물은 열을 보존하기 위해 몸집이 크고 다리가 짧은 경향이 있다. 온대와 한대 지역에 사는 생물의 체형 차이는 거의 모든 포유류에서 나타나는데 말도 마찬가지이다. 실제 유라시아 북부의 말은 몸집이 크고 육중하며 오리엔트나 북아프리카의 말은 늘씬한 체형에 다리가 길고 민첩하며 발이 빠르다. 이런 점에서 아랍 종은 전형적인 온대형 동물의 특징을 지녔으며 그렇게 도태되었을 것이다.

이처럼 아랍 종의 기원은 기원 전후까지 거슬러 올라가지만 그 후에도 거듭된 품종 개량으로 도태되어왔다. 수세기 동안 사막의 민족 베두인은 비록 숫자는 많지 않았지만 양질의 말을 생산해왔다. 전승에 따르면, 여러 부족의 분산과 확산에 의해 다양한 지역에 우수한 씨수말을 보유한 생산 목장이 성립했던 듯하다. 아랍 인은 그런 말들을 다양한 종류로 분류했는데 파라스라는 명칭은 순수 혈통의 아랍 종을 가리킨다.

말은 '최고의 축복'

7세기 초 아라비아 반도에서 대상무역을 하던 사람들 사이에서 한 예언자의 가르침에 감복하는 이들이 나타나기 시작했다. 예언자는 종교적 열광을 부추기며 무장을 호소했지만 메카의 시민들에게 박해를 받았다. 예언자와 신도들은 622년에 메디나로 이주했다. 태양신 알라를 믿는 이슬람교는 이곳에서 탄생했다. 예언자는 메디나 주민들의 결속을 촉구하며 군대를 이끌고 전쟁을 벌여 630년 메카를 정복하고 이듬해에는 아라비아 반도의 통일을 거의 달성했다. 이 예언자가 바로 무함마드이다. 그는 그 이듬해에 병사했지만 그가 세상을 떠난 후에도 이슬람 신도들의 열광은 높아질 뿐이었다.

당초 이슬람 전사단의 기병대는 고작 300두에 불과했다. 하지만 정복 활동으로 얻은 전리품 덕분에 낙타를 타던 부족민들은 순식간에 가공할 만한 기마대를 조직하기에 충분한 말을 보유하게 되었다. 오합지졸로 모인 군단이었지만 기마대만은 지휘관의 통제 체계가 잘 갖추어져 있었다고 한다.

이슬람교의 성전 『코란』에는 말은 '최고의 축복'이라고 쓰여 있다. 무함마드의 말은 사람들에게 말의 관리는 물론 개량하고 유지하는 일에 열의를 품게 만들었다. 이렇게 사육된 말 덕분에 그 후 이슬람 세력에 의한 정복이 가능했던 것이다.

무함마드는 이렇게 말했다. '이 세상의 행복, 풍요, 보수는 말의 앞 갈퀴에 붙어 있다.' '종교의 승리를 위해 말에게 먹이를 주는 자는 신에게 큰 은혜를 베푸는 것이다.' '성전聖戰을 위해 정성껏 키운 말은 심판의 날 화재로부터 주인을 구할 것이다.' '말에게 쓴 돈은 신의 눈으로 보면 기부와 같은 것이다.' '말에게 준 보리 한 알까지도 선행 장부에 기록된다.'

이런 이슬람의 가르침은 사막의 민족 베두인에게까지 스며들어 그들의 생활 습관마저 변화시켰다. 그들은 천막 안에서나 가까이에서 말을 기르고 직접 곡물이나 우유 또는 과실을 먹였다. 사막에는 곡물이나 목초가 거의 없었기 때문이다. 그들이 정성을 다해 보살핀 결과 말은 무척 순종적으로 바뀌었다. 물론 이교도에게 말을 파는 것은 금지되었다. 당초 혈통은 구전으로만 전해졌지만 번식은 말의 선별 작업이 이루어지는 등 각별한 주의를 기울였다. 이렇게 말 생산을 위한 최고의 환경이 탄생했다. 이런 말들은 튼튼하고 인내심이 강했으며 무엇보다 확고한 마종으로 고정되어갔다.

무함마드를 둘러싼 전승 중에는 다음과 같은 이야기도 전해진다. 무함마드는 전리품으로 데려온 한 무리의 말들을 물도 주지 않은 채 진영에 가두어 두었다. 7일째가 되어 말들을 풀어주자 말들은 물웅덩이를 향해 달려갔다. 그때 전투 개시를 알리는 신호를 울리자 대부분의 말은 뒤도 돌아보지 않았지만 다섯 마리의 암말은 그대로 진영으로 되돌아왔다. 이 말들에게는 상찬이 쏟아졌으며 마침내 '예언자의 다섯 암말'로서 그 자손만이 순수 혈통으로 인정받게 되었다고 한다. 진위 여부는 알 수 없지만 아랍 종의 순혈종이 선별되었음을 보여주는 이야기일 것이다.

아라비아 반도는 어떻게 명마를 탄생시켰을까

무함마드가 세상을 떠난 후 이슬람 신도들은 칼리프(후계자)를 선출해 그 지도 아래 아라비아 반도를 넘어 대대적인 정복 활동에 나섰다. 그들은 사산 조 페르시아를 멸하고 비잔틴 제국을 위협했다. 피정복지의 요지에는 군사 도시를 건설해 아랍 인을 이주시켰다. 피정복민의 자치와 종교는 허용했지만 인두세와 토지세의 납세 의무를 부과했다.

8세기 전반까지 이슬람의 세력은 동쪽으로는 인더스 강 계곡부터 중앙아시아까지 서쪽으로는 북아프리카를 거쳐 이베리아 반도에까지 미쳤다. 이런 정복 활동을 통해 이슬람 전사단은 많은 병사들이 탈 수 있을 정도의 말을 외지로부터 빠르게 획득해나갔다.

북아프리카에는 우수한 바브 종이 있었다. 이베리아 산 말은 카르타고나 로마 시대부터 자질이 뛰어나기로 유명했다. 투르키스탄 지역에는 빠르고 지구력이 남다른 투르크멘 종과 천마로 추앙받는 아칼 테케도 있었다. 당연히 이들 정복지의 우수한 말과 아랍 종이 접촉하게 되었다. 이때부터 아랍 종은 세계 각지의 말 생산에 유례 없는 영향을 미치게 된다. 그런 흐름의 정점이 된 것이 약 1,000년 후 영국에서 생산된 서러브레드 종이다.

아라비아 반도는 말 사육에 적합한 환경은 아니었다. 오히려 불모지라고도 할 수 있는 지역에서 생산된 말이 어떻게 세계 말 생산에 그토록 중요한 역할을 하게 되었을까.

그것을 이해하기 위해서는 모든 말 품종 중에서 아랍 종이 가장 순수한 혈통을 가졌다는 점을 인식해야 한다. 시대를 거슬러 올라가도 아랍 종에는 다른 품종의 피가 섞이지 않았다. 이런 점 때문에 아랍 종은 남다른 우성 유전력을 가지고 있다. 그로 인해 아랍 종은 순혈 교배나 이종 교배를 통해서도 그 자질을 자손에게 물려줄 수 있고 여러 품종과도 자손을 생산할 수 있다. 심지어 그 자손은 더 세련되고 뛰어난 자질을 갖고 태어난다.

아라비아 사막의 베두인 민족은 수많은 아종에서 유래한 최고급 혈통을 인식하고 있었다. 이들 혈통은 각각 특정 부족이 소유하고 있었으며 그 순혈종은 세심하게 보호되었다. 순혈종의 번식은 엄격한 관리 하에 이루어지며 그 혈통은 구전으로 세대를 이어 계승되었다.

아랍 인의 정복지 확대와 더불어 각지에 말 생산 거점이 구축되었다. 당초 이슬람 세력은 수십만의 아랍 인이 수천 만 명의 사람들 위에 군림하는 지배자 집단이었다. 아랍 인들에게는 스스로가 아랍이자 이슬람교도라는 의식이 자신들과 피지배자를 구별하는 기준이었다. 하지만 9세기가 되면서 이슬람 세계는 다양한 세력과 국가를 포함하게 된다. 그중에는 페르시아와 튀르크 그리고 베르베르 인도 있었다. 민족과 문화의 분열의 시대인 동시에 다양화의 시대이기도 했다.

십자군의 말

예루살렘은 유대교와 그리스도교 그리고 이슬람교 모두의 성지이다. 유대교도들은 일찍이 수도 예루살렘의 시온 언덕에 신전을 세웠으며 그리스도교도에게 예루살렘은 그리스도의 죽음과 부활의 무대였다. 이슬람교도에게도 예루살렘은 무함마드가 승천한 '신성한 사원'이었다.

이슬람 세력의 일파인 튀르크 민족은 중앙아시아에서 서쪽으로 이주해 셀주크 왕조를 세웠다. 이윽고 11세기 후반에는 이라크에서 시리아로 세력을 확대하고 예루살렘을 점령했다. 그러자 유럽 세계에서는 '튀르크 인들이 그리스도교도의 성지 순례를 박해한다'는 풍문이 돌았다. 극악무도한 이교도라는 인식이 확대되면서 성지 해방을 위한 전쟁을 선동하는 움직임이 일었다.

그리하여 11세기 말 성지 회복을 위한 십자군의 원정이 시작되었다. 당시의 십자군 전사들은 유목민 출신의 튀르크 인을 '악마의 비열한 노예'라고 경멸했다. 이슬람교도들 역시 십자군을 '야만적인 프랑크 인'으로 여겼다. 서로 상대의 사정을 잘 알지 못했으며 이슬람 세력은 십자군이 결성된 의미조차 파악하지 못했다. 그런 탓에 프랑스, 독일, 영국의 기사들로 구성된 십자군을 막연히 프랑크 인이라고 불렀던 것이다.

십자군의 주력은 말을 탄 기사들이었다. 그들은 투구와 미늘 갑옷을 걸치고 검과 창과 방패를 소지했다. 이렇게 중무장한 기사들을 태운 말은 당연히 대형 중종마重種馬였다. 십자군 기사에게는 군마 3필과 운반용 말 1필이 할당되었으며 이 말의 관리와 훈련을 위해 뛰어난 조련사가 파견되었다. 또 기사들은 각각 수 명의 보병을 거느리고 있었다.

그러나 이슬람 군이 보기에 십자군의 중종마는 군사 작전 수행을 위해 충분히 훈련된 말이라고는 할 수 없었다. 십자군의 말이 무사히 유럽으로 돌아가는 경우는 극히 드물었다. 많은 말들이 기아, 탈수, 외상, 역병 등으로 죽었기 때문이다. 애초에 중종마는 오리엔트의 경종마와 달리 원정지의 더위를 견디기에 적합지 않았다. 결국 십자군은 부족한 말을 현지의 오리엔트 말로 보충해야 했다. 선물로 받거나 구매로 보충할 수 있었더라면 다행이지만 절도나 약탈을 해서라도 보충해야 했기 때문에 말의 공급은 십자군의 가장 큰 골칫거리였다.

튀르크의 경무장 기병

튀르크 민족은 뛰어난 기마 유목민이다. 투르크멘 종이라고 불린 그들의 말은 튼튼하면서도 기품이 넘치고 경쾌했다. 그래서인지 수 세기 후에는 유럽 사람들이 이 말을 사기 위해 알레포의 시장으로 몰려들었다. 물론 십자군의 원정이 시작된 11세기 말경 아랍 종이 지금의 품종과 직결되는 형태로 고정되었기 때문이라고도 생각할 수 있다. 가볍고 빠르며 튼튼하고 순종적인 말이었다. 이 말이 십자군의 말보다 빠른 것은 당연했다. 한 십자군 기사는 경무장한 튀르크 기병이 패주할 때의 민첩함을 두고 세계 최고라고 비웃었다.

십자군과 튀르크 군의 전투 방식에는 상당한 차이가 있었다. 십자군 기사는 말을 탄 채 적을 향해 돌진하고 창으로 일격을 가해 말에서 떨어뜨렸다. 공격이 실패하면 바짝 다가가 검을 휘둘렀다. 반면에 튀르크 기병들은 십자군에 비해 훨씬 가벼운 무장을 하고 있었다. 그들은 군데군데 철판을 덧댄 가죽 상의를 걸치고 작은 방패를 들었다. 활쏘기에 능한 궁수들로, 말을 탄 채 자유자재로 활을 쏘았다.

몸집이 작고 민첩한 말을 탄 튀르크 병사는 몇 개의 무리로 나뉘어 십자군의 대열을 습격해 빗발처럼 활을 쏘아댔다. 튀르크 병사들은 한 곳에 머물지 않았으며 수적으로 열세일 때에도 적을 포위했다. 이런 전략에 따라 숙련된 튀르크 기병들은 사방팔방에서 공격을 퍼부었다. 십자군이 태세를 정비해 반격하려고 하면 재빨리 사라졌다. 섣불리 뒤를 쫓다가는 매복한 튀르크 병사들이 놓은 덫에 걸려들었다. 혼란에 빠진 십자군의 사기가 저하되면 튀르크 병사들이 접근해 백병전을 벌였다.

이슬람 군은 다양한 민족으로 구성되어 있으며 그중에는 아랍 인도 있었다. 아랍 인도 말을 타고 싸웠지만 튀르크 병사들의 기동력은 따라잡지 못했다. 아랍 병사는 십자군 기사와 비슷하게 중무장을 갖추고 있었다고 한다. 이집트 군은 아랍 인, 베르베르 인, 수단 인 기병이 주력이었으며 여기에 보병 궁수가 딸려 있었다. 이 보병들은 미늘 갑옷을 입고 돌격하는 십자군 기사들의 표적이 되곤 했다.

십자군과 이슬람 군과의 전투에 대한 재미있는 일화가 전해진다. 이슬람 군의 튀르크 인과 아랍 인들은 대부분 암말을 타고 있었다. 말을 사육하는 사막 지대는 사료가 부족하기 때문에 말의 숫자를 제한해야 했다. 그렇기 때문에 우수한 씨수말을 제외한 나머지 수말은 모두 처분되고 암말만 생존의 기회를 얻은 것이었다. 그에 비해 십자군은 수말을 탔다. 이슬람 군의 암말과 십자군의 수말, 이 대결의 국면에서 십자군의 수말 중에는 발정이 나 아군을 버리고 적진의 암말 무리로 뛰어드는 말도 있었던 듯하다. 그로 인해 십자군의 기사들이 몹시 곤란을 겪었다고 한다.

1096년 제1차 십자군 원정으로부터 약 200년에 걸쳐 7차례의 십자군 원정이 이루어졌다. 그동안 예루살렘 왕국이 성립되거나 라틴 제국이 건설되기도 했다. 게다가 성지 회복이라는 당초의 목적에서도 점차 벗어났다. 13세기 말 십자군 최후의 거점마저 함락되면서 십자군 원정은 실패로 막을 내리게 된다.

하지만 유럽 세계와 이슬람 세계와의 만남은 후대의 말 생산에 있어 큰 영향을 미치게 된다. 여러 세력들이 서로 경쟁적으로 우수한 말의 획득과 생산에 힘을 쏟게 되었다.

제7장
중세 유럽 세계와 말

태피스트리에 그려진 노르만 기병대와 앵글로 색슨 보병군

비잔틴 제국의 전차 경주

검푸른 지중해를 둘러싼 로마 제국도 동서로 분열하고 5세기 후반에는 서로마 제국이 멸망했다. 동로마 제국은 수도 콘스탄티노플의 옛 이름인 비잔티움에서 유래한 비잔틴 제국이 새로운 세계를 형성하고 있었다. 하지만 고대의 풍습을 오롯이 계승했다는 것도 간과할 수 없다. 그중에서도 수도의 민중을 가장 열광시킨 것은 과거 로마 시대처럼 말이 등장하는 전차 경주였다.

노소와 귀천을 막론한 수만 명의 관중이 각자 응원하는 조의 승패에 열광하면서 경기장은 흥분의 도가니로 변했다. 응원은 청색조와 녹색 조로 나뉘어 서로 주고받는 화답으로 시작되었다. 평소에는 형식적으로 짧은 인사를 나누었지만 때로는 통치자에 대한 불평불만이 폭발하는 장이 되기도 했다. 황제가 참석한 경우에는 요구와 거절, 제안과 반대가 제기되고 비난과 질타가 난무했다.

비잔틴 제국은 6세기 중반 유스티니아누스 황제의 치세에 크게 번성했다. 특히 이때를 전후한 100년 동안 경기장은 오락물이 펼쳐지는 장이라기보다는 흡사 정치 집회의 장이었다. 때로는 그 정도가 지나쳐 폭동의 무대로 변하기도 했다.

어느 날, 경기장에서 청색 조와 녹색 조가 각각 투석 죄로 투옥된 동료의 석방을 탄원했지만 유스티니아누스 황제는 이를 거부했다. 경기가 끝난 후 관중들이 합류해 시내의 가옥에 불을 지르고 상점을 약탈했다. 소란은 수일 넘게 진정되지 않고 반황제파 세력까지 가담하면서 궁전 일부와 도시의 중심부 대부분이 폭도들에 의해 파괴되었다. 한때 망명까지 결의했던 황제가 반격에 나서면서 새황제를 옹립하며 경기장에 집결한 반란파를 습격해 괴멸시켰다. 이 사건은 폭도들이 승리를 뜻하는 '니카nika!'라는 구호를 외쳤던 데서 니카 반란(532년)이라고도 불리었다.

니카 반란 당시 황제를 지지한 것은 군대를 이끄는 장군들이었다. 그들은 자주 원정을 나갔다. 원정군에 동행한 역사가 프로코피우스Procopius는 당시의 전쟁에 대해 기록을 남겼다. 전투는 동방의 사산 조 페르시아, 북아프리카로 건너온 반달 족, 이탈리아를 침입한 고트 족 등과 전개되었다. 이들 군단에서 기마대는 굉장히 중요한 역할을 담당했다고 한다.

기마대를 구성한 말은 다양한 지역에서 끌어 모았던 것 같다. 트라키아, 프리기아, 카파도키아 등에는 황제 소유의 말 목장이 있었는데 그중에는 아주 오래 전부터 목장으로 운영되었던 곳도 있었다. 반달 족과의 전투에서 군을 지휘한 장군은 트라키아에 있는 황제의 목장에서 당시로서는 드물게 많은 말을 공급받았다. 시칠리아 섬에서도 다수의 말이 공급되었다. 비잔틴 군은 이 말들을 능숙하게 다루어야만 했다. 북아프리카로 건너온 반달 족을 제압했을 때는 그곳에 있던 역참용 말이 모두 비잔틴 군에 양도되었다. 스텝 초원 지대의 유목민 또한 비잔틴 제국에 많은 말을 공급했다. 이렇게 비잔틴 군대는 페르시아, 북아프리카, 이탈리아에서 승리하면서 상당수의 말을 보충할 수 있었을 것이다. 이들 지역은 말의 사육과 군사화에 오랜 역사를 지니고 있었기 때문이다.

비잔틴 기병대에게 마우리키우스 황제(582~602년 재위)의 『전술론 Strategikon』은 최고의 교본이었다. 거기에는 기병대의 편성과 활동에 관련해 그것을 관리하는 사람에 대한 충고가 쓰여 있다. 비잔틴 기병대는 질주하는 말 위에서 전후좌우 어디로든 활을 쏠 수 있도록 훈련받았으며 마찬가지로 달리는 말 위에서 창을 교묘하게 다루는 훈련도 받았다. 말은 땅이 평평하든 기복이 심하든 거칠든 진창이든 상관없이 빠르게 움직일 수 있었다. 말 등에는 등자를 매단 안장과 깔개를 얹고 장교의 말이나 최전선에서 활동하는 말에게는 머리나 가슴을 보호하는 갑주도 입혔다. 비잔틴 기마대는 이런 말을 타고 궁수 기동부대로서 활약했다.

여러 게르만 부족은 로마 제국 시대에도 기마술을 연마했는데 특히 기마 유목민인 베르베르 인 등의 영향을 받았다. 그중에는 고난이도의 곡예 마술馬術을 하는 사람도 있었다. 중세의 마상 대결 시합도 이런 상황에서 탄생했을지 모른다.

비잔틴의 역사가가 전하는 바에 따르면, 6세기 중반 동고트 족의 왕은 자신의 군대 앞에서 곡예 마술을 펼쳐보였다고 한다. 그는 화려한 동작으로 말을 회전시키기도 하고 빠르게 달리면서 하늘 높이 창을 던졌다가 다시 받는 등 투기장의 곡예사처럼 곡예를 펼쳤다고 한다. 고트 족 사이에서는 많은 기수들이 하고 있던 이런 곡예가 그리스 · 로마의 기마법과 만나면서 훗날 코사크나 인디언들이 자연스럽게 익히는 묘기로 탄생한 것이 아닐까.

그렇다고 게르만 족이 모두 이런 기술에 열정을 쏟은 것은 아니다. 분명 말을 타는 행위는 고트 족이나 반달 족과 같은 호전적인 민족의 생활양식의 일부였지만 험난한 민족 이동 과정에서 사라져 남유럽이나 북아프리카에서는 더 이상 찾아볼 수 없게 되었다. 영국에 정주한 앵글로색슨 족, 북이탈리아에 정착한 랑고바르드 족, 프랑스에 정착한 프랑크 족 등은 원래 말을 그다지 좋아하지 않았던 것 같다.

이슬람 침공과 기사단의 출현

6세기부터 7세기에 걸쳐 서유럽에서는 여러 민족의 이주와 정착이 반복되며 공권력이 안정되지 않았다. 그러나 8세기가 되면 이 지역에도 통합의 기운이 싹트게 된다. 그런 분위기를 더욱 부추긴 것이 바로 이슬람 세력의 유럽 침공이었다.

8세기 초 이슬람 군은 이베리아 반도를 건너 지중해 연안 지역과 피레네 지방을 침략했다. 이슬람의 기마 군단은 그리스도교 최대의 성지 중 하나인 프랑스의 생 마르탱 수도원을 향해 북상했다. 원군 요청을 받은 프랑크 왕국의 궁재宮宰 카를 마르텔은 직접 연합군을 이끌고 이슬람 군과 대치했다. 732년 양 군은 투르와 푸아티에 사이의 전장에서 격돌했다. 이 전투에서 패한 이슬람 군은 이후의 침략 행위에 큰 타격을 받았다고 한다.

이 전투가 세계사에 큰 획을 긋는 사건이었다고 믿는 학자도 있다. 그러나 이슬람 세력의 입장에서는 일단 자신들이 침입할 수 있는 한계 지점까지 가보려고 시도한 약탈 행위에 불과했다. 오히려 서유럽의 그리스도교 세계가 입은 충격이야말로 의미가 있지 않을까. 애초에 이 전쟁에 대해서는 믿을 만한 사료가 거의 없기 때문에 전투 일자나 장소조차도 불분명하다.

그러나 이 전투를 전후해 기병이 수적으로 크게 늘었으며 기병대에 대한 수요도 극적으로 증가했다. 이 같은 수요 증가는 이슬람 세력으로부터 프랑크 왕국을 지켜야 한다는 기운과 관련되어 있었던 것 같다. 특히 투르-푸아티에 전투는 이슬람 군을 직접 마주할 기회였기 때문에 더욱 주목을 끌었다. 비록 전투에 패해 달아났지만 이슬람 군의 우수한 기마대와의 조우는 그리스도교 세력에게는 커다란 충격을 안겼다. 그만큼 이슬람 군의 기마 전술에 곤욕을 치렀던 것이다. 빠른 속도와 강한 전투력을 갖춘 전문적인 기마 집단이 필요하다는 것은 자명한 일이었다.

이 전투의 승리를 치하하는 의미에서 프랑크 왕국은 교회로부터 몰수한 토지를 전사들에게 증여했다. 전사들은 이 자본을 바탕으로 직접 기사의 무구를 갖추고 스스로를 단련했다고 한다. 그들은 국왕의 가신이 되었으며 그들에게 하사된 토지는 은대지恩貸地라고 불리었다. 은대지는 군무에 봉사하지 않는 경우에는 반환해야 했다. 기사들은 그에 걸맞은 행동과 예절을 익혔다. 그리하여 이른바 봉건제가 탄생했다. 투르-푸아티에 전투는 기사단의 성장을 촉진하는 계기가 되었다는 상징적인 의미를 갖게 되었다.

이상적인 기사의 말

　그렇다면 프랑크 왕국의 기사들은 어떤 말을 탔을까. 당시의 한 시가에는 왕국에서 육성된 말의 체격에 대한 자랑이 담겨 있었다. 키가 워낙 커서 올라타기조차 힘들다는 것이었다. 동시대의 그림 등으로 확인된 바는 없지만 그런 말을 이상적인 말로 생각했던 것은 분명해 보인다.

　말이 없으면 기사라고 할 수 없다. 또한 기사의 말은 적정한 자질을 갖추어야 한다. 무장한 기사를 태우고 빠르게 달릴 수 있어야 하고 보병대를 위압할 정도로 체고가 높아야 한다. 전장의 소음에 동요하지 않고 평온해야 하고 약간의 외상은 참고 견딜 수 있어야 한다. 적을 공격할 때는 위축되지 않는다. 이런 자질을 갖춘 말은 쉽게 찾을 수 없을 뿐더러 자연적으로 얻을 수 있는 것도 아니다. 이런 전투마를 얻으려면 생산하고 육성해야 한다. 따라서 말을 생산하는 사업은 중세 사회의 주요 산업의 하나가 되었을 것이다. 그것은 오늘날 경주마를 생산·육성하는 사업보다 더 큰 역할을 맡았을지도 모른다. 전쟁은 문명을 파괴하는 동시에 창조한다.

　그렇다면 서유럽의 말 생산 역사를 살펴보자. 이미 중세 초기부터 이베리아 산 말은 주목을 받았다. 이베리아 반도는 로마 시대부터 우수한 말을 가진 것으로 유명했다. 거기에 이슬람 군이 아랍 종(아라비아 산)과 바브 종(북아프리카 산) 말을 데려온 것이다. 유럽인들은 이베리아 반도의 말이라면 군침을 흘렸다. 실제 한 중세 역사가가 시사하는 바에 따르면, 북서 스페인의 산티아고 데 콤포스텔

라로 가는 순례길 부근에서 말 생산 활동이 활발히 이루어졌다고 한다. 또 8세기 중반에 시작된 카롤링거 왕조 시대에는 북서 프랑스의 노르망디 지방에 씨수말을 사육하는 목장이 있었다. 전성기의 카를 대제는 말 생산 진흥에 힘썼으며 씨수말의 수출을 금지한 것으로도 유명하다.

카롤링거 왕가의 분열 이후 서유럽에서 최강의 군사력을 자랑한 것은 노르만 인이었다. 바이킹이라는 이름으로도 알려진 그들은 10세기 초 북서 프랑스까지 진출했다. 그 지역은 후에 노르망디 지방이라고 불리었다. 지금도 노르망디 지방은 세계 굴지의 말 산지로 유명한데 카롤링거 왕조 시대에 시작된 목장을 노르만 인이 계승해 발전시킨 것인지도 모른다.

노르만 인이야말로 기마대의 기동성을 유감없이 발휘한 군사 세력이었다. 노르만 군의 우수함은 1066년 남동 잉글랜드 연안의 헤이스팅스 전투에서의 승리로 증명되었다. 이 전투로 잉글랜드의 앵글로색슨 족은 노르만 군에 패했다. 그 모습은 바이외 태피스트리 미술관에 소장된 태피스트리에 잘 나타나 있다(7장 표제지 참조). 풍부한 색채로 상세하게 묘사된 배, 의복, 갑옷, 무구, 마구 등은 보는 이의 탄성을 자아낼 정도이다.

이 그림 속에서 노르만 인과 앵글로색슨 족은 모두 갑옷을 입고 말을 타고 있지만 전투가 시작되면 앵글로색슨 족은 말에서 내려 방패를 방벽으로 삼아 걸으면서 싸웠다. 반면 노르만의 기마대는 활을 쏘는 궁수들로 적군을 크게 압도했다. 노르만 군의 세력은 7,000명으로 그중 절반이 말을 타고 있었다. 이 그림으로 추측하면, 각각의 배에 말을 10마리까지 실을 수 있었기 때문에 최소한 350척의 배가 노르망디 해안을 통해 잉글랜드에 상륙했을 것으로 보인다. 이런 기마대의 종횡 무진한 공격 앞에 전통적인 게르만 민족의 전법으로 싸우던 앵글로색슨 족은 속수무책으로 당할 수밖에 없었다.

영웅 엘 시드의 말 바비에카

투르-푸아티에 전투에서 후퇴했지만 이슬람교도는 이베리아 반도에서 차근차근 세력을 키우고 있었다. 이런 이슬람교도 세력에 대해 그리스도교도들도 무장 기마대를 편제하면서 바야흐로 기사의 시대를 맞았다. 그들은 이슬람 세력에 대한 반격을 시작했다. 그중에서도 최전선인 이베리아 반도에서는 레콘키스타Reconquista(국토회복운동)의 기운이 고조되고 모든 국민이 숭상하는 영웅이 등장했다. 그가 바로 로드리고 디아스Rodrigo Díaz de Vivar 통칭 엘 시드El Cid라고 불린 기사였다.

1094년 엘 시드는 요충지인 발렌시아를 탈환했다. 그는 그야말로 기사의 이상형을 구현한 듯한 인물로 말을 깊이 사랑하면서도 냉철한 면모를 지닌 남자였다. 그는 자신을 칭찬하는 부인들의 질문에 이렇게 대답했다.

'말은 땀을 흘리고, 검은 피로 물들었소. 전장에서 이슬람교도를

격퇴한다는 것은 이런 것이오.'

엘 시드는 소년 시절에 자신의 대부인 사제로부터 말 한 필을 약속받았다. 당시의 교회는 말을 육성하는 일에 크게 관심을 기울이고 있었던 것이다. 그런데 소년이 선택한 말은 너무나 평범한 말이었다. 그때 사제가 '바비에카Babieca(멍청이)!'라고 외쳤다고 한다. 소년은 말의 이름을 바비에카라고 지었으며 마침내 그 이름은 스페인 전역에 널리 알려졌다.

중세 내내 유럽 최고의 말은 이베리아 산 말이었다. 그중에서도 안달루시아 종은 선망의 대상이었다. 그중 하나가 야전마의 이상이 된 바비에카로, 무거운 중량을 잘 견디고 열정적이며 근성이 있으면서도 타기 쉽고 순종적이었다. 바비에카는 위대한 무장의 말에 걸맞게 처음에는 회색이었던 털빛이 나이를 먹을수록 흰빛으로 변했다. 주인을 따라 혹독한 야전 생활을 20년 넘게 함께한 바비에카는 후세의 서사시『엘 시드의 노래El Cantar de mio Cid』를 통해 주인과 함께 불멸의 이름으로 기억되게 되었다.

십자군이 가져온 오리엔트의 말

11세기 말은 십자군의 원정이 시작된 무렵이다. 그런 십자군 운동도 이베리아 반도에서 일어난 국토회복운동이 유럽 전체의 과제로 의식되면서 일어났다고 말할 수 있다.

그리스도교가 서민 세계에까지 전파되면서 성지 순례가 성행하

리처드 1세와 살라딘의 대결 장면을 그린 그림

게 되었다. 다만, 그리스도교의 성지 예루살렘은 유대교와 이슬람교의 성지이기도 했으며 7세기 이후로는 이슬람 세력의 지배하에 있었다. 십자군이 대의大義로 삼은 것은 예루살렘 탈환이었다. 그렇다고 전사들이 반드시 그렇게 거룩한 뜻을 품고 있었던 것은 아니다. 영토나 전리품이 탐나서 참가한 자들도 적지 않았다. 말도 그런 전리품 중 하나였다. 마침 그 무렵 아랍 종의 품종도 확립된 것으로 여겨진다. 마침내 가볍고 빠르며 순종적이고 튼튼한 현대의 아랍 종이 모습을 드러낸 것이다.

한 학자의 추정에 따르면, 제1차 십자군에는 보병 3만 명과 4,200~4,500명의 기병이 참가했다고 한다. 서아시아의 기사들은 유럽인들이 탄 말을 연약하고 열악한 말이라고 경멸했던 듯하다. 골절 등의 부상이 잦았기 때문이다. 몸집이 크고 거친 데다 무른 뼈와 굳은 근육 탓에 움직임이 둔했기 때문에 이슬람 기병대의 기민한 전법에 당황했을 것이 분명하다. 게다가 이국땅의 역병에도 취약하고 식량도 많이 필요했다. 그에 비해 아랍 종은 성육 상태가 좋고 적당한 운동을 하면 살도 찌지 않았다.

사자심왕獅子心王이라고도 불린 리처드 1세는 십자군을 이끌고 살라딘이 이끄는 튀르크 군과 싸워 승리를 거둔 것으로도 유명하다. 한 믿을 만한 전승에 따르면, 리처드 1세는 키프로스 섬에서 말 두 마리를 손에 넣었다고 한다.

리처드 왕의 눈에 띈 두 필의 준마
파베르와 리야드 태생으로
유례를 찾아보기 힘든 준마였다.
그 어떤 경주용 낙타라 해도
그 어떤 명마, 토끼, 쌍봉낙타라 해도
이만큼 빨리 달릴 수는 없을 것이다.
황금 1,000파운드를 준대도
이런 말을 넘겨줄 수는 없다.

이런 기록으로 볼 때, 십자군 원정으로 아랍 종을 비롯한 오리엔트 산 말의 우수성이 서유럽 세계에 널리 알려졌다는 것을 알 수 있다.

200년간 수차례나 계속된 십자군의 원정은 결국 실패로 막을 내렸다. 그러나 그리스도교도들이 동지중해부터 오리엔트에 이르는 지역에 대거 발을 들이게 되면서 동서의 문화 교류가 빠르게 촉진되었다. 이슬람 세계를 통해 고전 고대의 학예문화가 재조명되고 전술, 축성술, 생활 관습 등에서 서로 영향을 미쳤다. 오리엔트 산 말 역시 그런 생활 문화의 하나로 유럽 세계에 전해진 것이다.

군마의 육성

십자군의 원정을 통해서만 아랍 종을 접한 것은 아니었다. 프랑크 인과 노르만 인들도 이베리아 산 바브 종이나 아랍 종을 이미 손에 넣었다. 11세기 후반 노르만 인은 시칠리아 섬과 함께 남이탈리아까지 제압했다. 이로써 바브 종이나 아랍 종의 산지였던 북아프리카와의 직접적인 경로가 완성된다. 북아프리카와 시칠리아 섬은 노르만 인의 진출 이전부터 이미 이슬람 세력의 지배를 받고 있었다. 그렇기 때문에 아랍 종이 육성되고 있었을 것이 분명하다.

다행히 남이탈리아의 아풀리아나 칼라브리아는 말의 산지로서 최고의 조건을 갖추고 있었다. 골격을 형성하는 칼슘 성분이 풍부한 목초가 무성하고 기복이 있는 단단한 구릉지는 어린 말의 발굽과 근육을 튼튼하게 단련시켰다. 12세기 중반의 가신家臣 목록에 따르면, 노르만 인이 지배하는 시칠리아 왕국에는 8,620명의 기사가 있었다고 한다. 이 기사들은 저마다 3필 정도의 말을 소유했을 것이다.

다만, 아풀리아나 칼라브리아 산 말은 몸집이 작고 민첩했기 때문에 중무장한 기병들이 타기에는 적합지 않았다. 당시는 중무장을 갖춘 기병들이 늘어나고 있었기 때문에 말도 점점 중종마로 대형화되었다. 13세기부터 15세기 무렵에는 체고가 약 170~180센티미터 정도에 이르렀다고 하니 그야말로 대형마의 시대였다고 할 수 있다.

한편, 북이탈리아의 롬바르디아 인들은 아풀리아 산 씨수말을 구입해 몸집이 큰 재래종 암말과 교배시켰다. 롬바르디아는 호수의 지방이라고도 불린 만큼 수분이 많은 목초가 풍부했다. 그 목초를 먹인 망아지는 부모보다 더 큰 말로 성장했다. 이런 롬바르디아 산 말 3마리가 1276년 처음으로 런던 시장에 나타났을 때 사람들은 큰 충격을 받았다고 한다. 왕후와 귀족들은 앞 다투어 롬바르디아 산 말을 사들였다고 한다.

중세 후기에 말을 공급하던 지역이 이탈리아에만 있었던 것은 아니다. 이베리아 산 말에 대한 수요는 여전히 높았으며 왕후와 귀족 중에는 자신의 영지에서 생산 목장을 운영하는 사람도 있었다. 유럽 전역에서 군마 생산에 힘쓰게 된 것이다.

13세기 말 영국에서는 연 수입 30파운드를 초과하는 토지를 소유한 자에게는 군마 한 필을 소유하도록 의무화했다. 군마가 부족했기 때문에 말을 구입할 수 없는 사람은 현금으로 보충할 수 있게 했다. 마침내 8,000명에 이르는 기마대가 결성되고 그 중 약 2,750명이 기사 신분이었다고 한다.

영국에서의 군마 육성은 14세기 중반에 정점에 달했다. 에드워드 3세를 위해 구입한 말 3필은 회색 말이 120파운드, 얼룩말이 70파운드, 구렁말이 50파운드였으며 스페인에서 구매한 말 23필의

14세기 후반의 기사의 모습

가격은 총 715파운드로 1필당 31파운드였다. 당시 왕실에서 구입한 말 중 최고가는 150파운드였으며 평균 가격은 22~40파운드였다.

유럽의 군마는 노르만 인이 활약한 9세기 이래 땅딸막한 체구의 말이 주류였다. 말을 선별해 육성하는 과정에서 말의 중량을 점차적으로 늘려갔지만 그럼에도 수레를 끄는 말처럼 거구로 만들지는 못했던 듯하다. 당시 군마에 장착했던 마구를 통해 추정해보면, 약 540~600킬로그램 정도였던 것 같다.

다만, 이런 대형 중종마를 타는 것은 굉장히 비능률적이라고 지적하는 학자도 있다. 유럽의 기사는 대개 신분이 높아서 하인들이 주인과 말의 시중을 들었다. 하인들은 말구유를 끌고 다녀야 했으며 전투원으로서 충분한 훈련도 받지 못했다. 그런데도 왜 이렇게 비능률적인 기마대가 중시되었던 것일까. 군웅할거하던 봉건제 사회에서는 전투 자체가 일종의 통치 방식이자 정치였기 때문이다. 통치자는 중장비를 몸에 걸치고 늠름한 기상과 위엄을 나타내보이고자 했을 것이다. 말은 지배자의 상징과도 같은 고귀한 존재로 여겨진 것이다.

그렇지만 말이 너무 크고 무거워지면 당연히 움직임도 둔해진다. 결국 전장에서 궁수는 말에서 내리는 경우가 많아지고 기마대의 기동성은 증가했다. 14세기 후반 무렵부터는 화기가 등장해 때때로 말 무리가 포격의 소용돌이에 휘말리기도 했지만 15세기가 되어도 기마대는 군단의 주력으로 활약했다.

기마대가 군사력의 근간을 이루게 된 경과는 이탈리아 도시 국가의 군단을 보면 알 수 있다. 15세기 초 밀라노는 각각 2만 명의 기마대와 보병대를 보유했으며 베네치아는 말 9,000필을 전장에 내보냈다. 한 연대기 작가는 이탈리아 전역에 7만 명의 기마대가 있었다고 추측했다. 이들 기마대는 대부분 용병대장이 이끄는 용병부대였으며 최고 입찰자의 휘하에서 일정 기간 봉사했다. 프랑스에서는 이들 용병 부대가 화적火賊으로 알려져 있었다. 독일에도 용병이 있었으며 스위스는 창병槍兵을 고용하기도 했다. 전쟁이 진정되자 이 용병 집단은 평온한 전원 지역을 위협하는 존재가 되었다. 공권력은 다양한 방법으로 이들과 타협했지만 아무런 수입도 없이 떠돌며 약탈을 일삼는 이들의 위협 앞에 농민들은 두려움에 떨 수밖에 없었다.

마을 풍경. 농마가 그려져 있다(『베리 공작의 매우 호화로운 기도서』 중)

농마의 등장

중세에 말이 활약한 무대는 전장뿐만이 아니었다. 전원 지역에서 농마가 모습을 드러낸 것이다. 물론, 예부터 말은 소에 비해 농경에 크게 이용되지 않았다. 농경과 소의 만남은 아주 오랜 옛날로 거슬러 올라간다. 쟁기를 끄는 소의 모습은 파라오 시대의 이집트 고분에도 그려져 있다. 농부가 암수 한 쌍의 소를 따라가는 전원 풍경은 고대 그리스의 시인 호메로스의 서사시 『일리아스』에도 등장한다. 머리는 아래로 처지고 근육이 잘 발달한 소는 멍에를 씌우기 쉬웠다. 소의 견인력을 충분히 활용할 수 있게 되면서 경작뿐 아니라 제분소나 양수장에서도 소를 이용했다. 소는 고대와 중세 내내 많은 지역에서 농경에 이용되었다.

말은 소보다 견인력이 강하고 움직임도 민첩하며 내구력도 있다. 그러므로 잠재력 면에서는 말의 생산성이 더 높을 것이다. 그럼에도 불구하고 말이 농경에 이용된 예는 매우 드물다. 당나귀나 노새가 농경이나 운반 작업에 활용되기는 했지만 말은 사람이 타는 것 외에 농경에 이용되는 일은 거의 없었다.

그 이유 중 하나는 인간이 말의 견인력을 충분히 끌어내지 못했기 때문이었다. 머리를 곧추세우고 어깨 폭이 좁은 말에게는 멍에를 씌우기 힘들었다. 로마 시대의 한 농사가에 따르면, 말의 견인력은 인간의 약 4배에 달한다고 했다. 그러나 실제로는 약 15배 정도는 될 것이다. 일반적인 멍에로는 말의 견인력을 거의 활용하지 못한 것이다. 목 부위에 그물을 씌운 새로운 멍에가 사용된 것은 11세기 무렵부터이다.

또 한 가지 말을 동력원으로 이용하지 못한 이유가 있다. 소에 비해 말은 많은 곡물을 필요로 했다. 유라시아의 초원을 질주하는 말과 달리 삼림지대에 서식하는 대형 말에게는 식량이 필요했다. 작업량에 비해 식량 비용이 더 많이 들게 된다. '우음마식牛飮馬食'이라는 사자성어와 같이 도움이 되기보다 먹고 마시기만 할 뿐이라는 것이다. 물론, 인간이 말의 견인력을 끌어내지 못한 것이니 '마식'이라는 표현은 실례일지도 모른다.

말의 주식은 귀리였다. 그러므로 곡물 생산을 늘리지 않으면 말을 충분히 사육할 수 없었다. 이 문제를 해결한 것이 삼포식 농업의 도입이다. 그때까지의 이포식 농업에서는 농지를 휴경지와 겨울 밭으로 나누고 3년을 주기로 순환하며 경작했다. 삼포식 농업은 농지를 휴경지, 겨울 밭, 여름 밭으로 3등분해 3년을 주기로 순환하며 경작했다. 그때까지 농지의 절반에서 농작물을 거두었다면 이제는 농지의 3분의 2에서 수확할 수 있게 되었다. 곡물의 생산량이 증가함에 따라 말 생산에 필요한 곡물도 확보하게 되었다. 11세기 무렵에 일어난 일이다.

그리하여 12세기경에는 말이 소보다 더 나은 동력원으로 활용될 수 있는 조건이 갖추어진다. 때는 바야흐로 '12세기 르네상스'라고 불리는 중세 문화의 개화기였다. 멍에의 개량과 곡물 생산의 증대가 농마에게 덧씌워진 쓸모없는 대식가라는 오명을 벗겨 준 것이다.

농경 사회에서 말을 이용하기 시작하자 인간의 취락에도 새로운 형태가 나타났다. 그때까지 농민들은 밭 근처에 작은 취락을 이루며 살았지만 이 무렵부터는 밭에서 떨어진 곳에 200~300명 남짓한 가족으로 이루어진 촌락을 형성하게 되었다. 말을 경작뿐 아니라 이동 수단으로도 이용한 것이다.

이처럼 중세 유럽 세계에서는 전쟁터든 전원이든 말이 있는 풍경이 당연시되었다.

역사의 주역은 어디까지나 인간이다. 그러나 기마 유목민의 세계가 아닌 중세 유럽이라는 무대에서도 말은 조역으로서 충분한 역할을 수행해왔다는 점을 잊어서는 안 된다.

제8장
몽골 제국과 유라시아의 동요

후방으로 활을 쏘는 몽골 군단의 기병

유목 국가 위구르

 톈산 산맥의 산간을 흐르는 탈라스 강 부근에서 아바스 왕조의 이슬람 군과 중국의 당나라 군이 격돌했다. 동진해온 이슬람 군이 승리함으로써 당나라는 국내외적으로 위신을 잃고 말았다. 그러나 중국인 포로에 의해 중국의 제지 기술이 서방 세계로 전파되었기 때문에 이 전투는 문화사적으로 의미가 컸다. 751년의 일이었다.

 그로부터 수년 후, 당나라는 안녹산安祿山과 사사명史思明이라는 두 지도자가 이끄는 반란에 휩싸이게 된다. 이 두 사람은 이란계와 튀르크계 혈통을 이은 인물이었다. 그들은 6개 국어를 구사하는 국제적인 인물로, 무역 상인으로 활약하다 무인이 되어 이름을 떨쳤다고 한다.

 15만 명에 이르는 반란군의 핵심은 튀르크계와 몽골계 기마 유목민으로 구성된 정예 부대 8,000여명이었다. 병사들과 지도자가 부자 관계를 맺었기 때문에 부자군父子軍이라고도 불리었다. 부자 관계를 맺어 유대를 강화하는 것은 유목민들 사이에서 자주 볼 수 있는 일이었다. 아마도 그들은 해체된 돌궐의 혈통을 이은 사람들이었을 것이다. 반란군은 장안과 뤄양을 함락하고 중원에 패권을 구축하려고 했지만 붕괴 직전의 당 왕조가 북방의 위구르 민족에 원군을 청하면서 간신히 위기를 벗어날 수 있었다.

 당시 몽골 고원에 대두한 위구르는 튀르크계 유목민을 재편성해 세력을 키웠다. 당 왕조의 원군 요청에 응한 그들은 강력한 기마 군단으로 반란군을 압박했다. 위세 당당하던 반란군도 배후에서 습격하는 적 앞에서는 속수무책이었다. 이른바 '안시의 난'은 중국을 무대로 한 기마 유목민들의 패권 투쟁이기도 했다.

약체화된 당나라는 사실상 위구르의 비호를 받고 있었다고 할 수 있다. 화친 체제를 취하면서 위구르는 군사력에 의한 안전 보장을 대가로 은 등을 지원받았다. 그것은 군사력을 제공함으로써 경제력을 지닌 오아시스 도시국가들 위에 군림했던 기마 유목민의 모습을 연상시킨다.

마침내 위구르는 서역 경영에 소극적이 된 당나라를 대신해 중앙아시아에 촉수를 뻗쳤다. 9세기 초, 위구르는 몽골 고원부터 동투르키스탄까지에 이르는 광대한 지역의 패권을 장악한 최강국이 되었다. 한편, 강력한 군사력을 유지하기 위해서는 그만한 재정이 뒷받침되어야 했다. 그들은 예부터 전해지는 통상로를 이용해 서방 세계의 말을 중국으로 들여오고 중국의 비단을 다시 서방 세계로 가져가 이익을 얻었다. 견마무역絹馬貿易이라고 불린 이 교역에 종사하던 이들이 바로 소그드 상인이다. 당나라의 수도 장안에는 1,000명이 넘는 소그드 상인들이 상주했다고 한다.

유목 국가 위구르의 공통어는 튀르크어였다. 그러다 아람 문자를 변형한 소그드 문자를 개량해 자신들의 언어로 사용하기 시작했다. 그것이 위구르 문자인데 처음에는 가로쓰기였다가 점차 세로쓰기로 바뀌면서 후에 몽골 문자의 근간이 되었다. 이런 문자의 전파와 개량은 상업 교역 활동과 밀접한 관련이 있다. 정보나 지식을 빠르고 정확하게 전달하기 위해서는 문자로 기록하는 것이 가장 유용한 방법이기 때문이다. 일찍이 기록을 남기지 않았던 기마 유목민이 돌궐 문자에 이어 위구르 문자까지 만들어낸 것이다.

기마 유목민은 고대부터 유목 국가로 성립해왔지만 소규모 취락이나 상비 시설을 운영하기도 했다. 위구르는 통치상의 필요에 의해 처음으로 본격적인 성곽 도시를 구축했다. 성 안에는 소그드 상인 등이 정주했으며 왕족 등의 지배자는 필요할 때에만 입성할 뿐 평소에는 주변의 초원에서 천막을 치고 생활했다.

9세기 중반, 몽골 고원에는 종종 천재지변이 발생했다고 한다. 유목민들은 그런 상황에 놀라기라도 한 듯 혼란에 빠지고 100년에 걸친 영화를 누리던 위구르 연합체 간의 유대는 맥없이 허물어지고 말았다. 이런 위구르의 내분을 틈타 같은 튀르크계의 키르기스가 위구르를 습격했다. 키르기스 인은 일찍부터 '위구르는 명운을 다했다. 반드시 황금의 아성을 취할 것이다'라고 부르짖으며 기회를 엿보고 있었다고 한다.

그런 가운데 각지의 위구르 부족들은 계속해서 이동하여 그 일부가 타림 분지로 이주해 튀르크 문화를 전파했다. 일부는 남쪽으로 이동해 당나라에 복속되기도 했다. 이렇게 위구르 인이 흩어지자 몽골 고원을 통솔하는 세력이 사라지고 소규모 집단을 이룬 유목 부족만이 산재하게 되었다.

당시 당나라는 쇠퇴의 길을 걷고 있었다. 전납錢納 원칙에 의해 화폐 경제에 휩쓸린 농민들의 몰락이 잇따르자 결국 농민 반란이 일어났다. 9세기 말, 황소의 난을 계기로 농민들의 대규모 반란이 일어나면서 당나라의 권위는 완전히 땅에 떨어졌다. 마침내 10세기 초 등장한 제위 찬탈자에 의해 약 300년에 걸친 당나라 왕조는 막을 내렸다.

그러나 각지의 유력자 중에는 당 왕조에 대한 충성을 고수하며 건국을 인정하지 않는 자도 적지 않았다. 그러다보니 당 왕조의 멸망 이후 사회는 극심한 혼란에 빠졌다. 심지어 주변 유목민들 간에 패권 다툼까지 벌어지면서 반세기에 걸친 혼란의 시대를 맞는다. 화베이 지역에는 제위를 계승한 다섯 왕조가 있었으며 지방에는 10여 개의 정권이 잇따라 흥망을 거듭했다. 이 시기를 5대 10국의 시대라고 한다.

유목 국가 시스템의 확대

위구르 유목 국가가 붕괴한 후, 유목민 부족은 거대한 이동의 물결에 휩싸였다. 대부분의 튀르크계 부족은 서쪽으로 이동하기 시작했다. 그들은 중앙아시아에서 북인도, 서아시아에 이르는 광대한 지역에서 군사력을 바탕으로 정권을 장악한 주역이었다. 그 중에서도 특히 이슬람화한 사람들이 다양한 지역에서 패권을 주장했다.

이슬람 세계에서는 튀르크계 백인 노예를 맘루크Mamluk라고 불렀는데 이런 맘루크 중에서 두각을 나타내며 국정의 실권을 쥐는 자도 나왔다. 맘루크 정권은 북인도와 이집트 등 각지에서 출현했다. 그런 가운데 11세기 전반 튀르크계로 조직된 셀주크 왕조가 등장한다. 서아시아의 중심부를 정복한 셀주크 왕조의 지도자는 술탄의 칭호를 얻어 동방 이슬람 세계의 패자가 되었다. 또 비잔틴 제국의 군대를 격파하고 아나톨리아로 진출해 이 지역을 튀르크화하는 단초를 마련했다. 마침내 셀주크 왕조의 세력은 11세기 말 십자군을 격퇴하기에 이르렀다.

가장 눈길을 끄는 것은 초원과 오아시스의 세계에서 발전한 유목 국가의 시스템이 서아시아의 이슬람 세계에 도입되었다는 점이다. 유목민 출신이 요직을 차지하게 되면서 권력이 한 곳에 집중되지 않고 정권이나 왕조의 교체가 잦은 유동적인 통합 조직이 형성되었다. 유목 국가의 군사 권력의 특징이 이슬람 세계에서 널리 인정받게 된 것이다.

10세기에는 동방 유라시아의 몽골 고원에서 강력한 유목 집단이 나타났다. 몽골계 키타이라고 불리는 유목민으로 이미 4세기 중국의 문헌에서 거란으로 기록된 바 있는 집단이다. 키타이의 전설에 따르면, 오랜 옛날 백마를 탄 청년과 우차牛車를 탄 처녀가 만나 부부의 연을 맺고 8명의 아들을 낳았다고 한다. 그들이 저마다 부족의 선조가 되어 키타이의 여덟 부족이 탄생했다고 한다.

키타이 부족 연합에서는 여덟 부족의 수장이 돌아가며 왕이 되었다. 그러나 자본력과 군사력을 축적한 야율아보기耶律阿保機는 전 부족을 통합하여 왕의 자리에 올랐다. 머지않아 스스로를 황제로 칭하고 나라의 이름을 요라고 지었다. 요나라는 발해를 멸하고 중국의 북쪽 변경을 압박해 화베이 지방의 농업 지대인 연운 16주를 획득했다. 요나라는 유목민에게는 부족제部族制, 농경민에게는 주현제州縣制를 채용한 이원 통치를 시행했다.

유목민 국가는 통합이 쉬운 반면 분열되기도 쉽다. 연합 조직의 정점에 있는 중앙 권력의 세력이 비교적 크지 않았기 때문이다. 그러나 요나라 시대에는 유목 국가의 틀에 정주 국가의 시스템을 도입함으로써 전에 없는 강고함과 지속성을 갖게 되었다. 그리하여 키타이 민족의 요나라는 국가로서의 격을 한층 높이고 주변 제국들로부터는 강대국으로 인정받게 되었다.

중앙아시아보다 서쪽에 사는 사람들은 일찍이 동아시아를 타브가츠Tabghach(탁발)라고 불렀는데, 그 무렵부터는 키타이가 동아시아의 대명사가 되었다. 현재도 중국을 가리키는 러시아어는 키타이, 페르시아어는 히타이이며 영어에도 캐세이 퍼시픽Cathay Pacific 항공으로 익숙한 캐세이가 남아 있다. 문화적으로는 돌궐 문자와 한자를 바탕으로 독자적인 거란 문자를 만들었는데 아직 완전히 해독되지 못했다.

960년, 5대 10국의 혼란기를 평정하고 송나라가 건국되었다. 송나라는 국내 체제를 정비하고 요나라가 차지한 연운 16주를 탈환하려고 했지만 요의 공세를 물리치지 못하고 오히려 매년 은과 비단을 보내는 등의 조건으로 요나라와 강화를 맺을 수밖에 없었다.

한편, 내몽골 서부에 거주하던 티베트계 유목민 탕구트는 왕가의 성이 탁발이었던 것으로 보아 선비의 혈통을 이은 민족이었던 듯하다. 11세기 전반 탕구트는 자신들의 독립 왕국인 서하西夏를 세우고 서하 문자라고 불리는 독자적인 문자를 만들었다. 서하는 동서 교역의 요충지를 장악하고 패권을 주장했기 때문에 송나라는 은, 비단, 차 등을 보내 강화를 맺을 수밖에 없었다. 송나라의 재정적 압박은 점점 심해졌다.

11세기 동방 유라시아에는 북으로는 요나라, 남으로는 송나라가 있었는데 북쪽이 우세하고 남쪽은 열세였다. 12세기가 되자 중국의 동북부에서는 송나라의 지배를 벗어나 자립하려는 움직임이 두드러졌다. 퉁구스계 여진족 중 만주 동쪽의 부족이 통합하여 금을 건국했다. 금은 내분으로 혼란에 빠진 요나라를 멸하고 그 영토를 병합했으며 급기야 송나라까지 무너뜨렸다. 그러나 강남으로 도망간 송 왕조의 일파가 왕조를 재건했기 때문에 이를 경계로 북송과 남송으로 구별하게 되었다.

금나라는 여진족을 중심으로 세워진 정권이었지만 그 안에는 키타이 인도 다수 포함되어 있었다. 키타이 인의 주된 임무는 금나라 북쪽의 방위와 말 관리였다. 그들은 최정예 기동 부대와 수많은 군마를 보유하고 있었다. 이런 점에서 볼 때 금나라는 여진족과 키타이의 연합 정권이었다고 할 수 있다.

12세기의 유라시아는 동쪽의 여진족부터 서쪽의 셀주크 왕조에 이르기까지 튀르크계와 몽골계를 중심으로 유목민이 널리 퍼지고 활약한 시대였다. 기마 유목민은 초원 세계를 넘어 농경 세계로까지 활동 무대를 넓혔다. 거기에는 유목 조직과 정주 조직이 융합된 새로운 시스템이 유라시아 전체를 포괄하고 있었다. 이런 정세 속에서 모든 것을 빨아들일 듯 나타난 몽골의 세력이 있었다.

칭기즈 칸과 몽골 제국

7월 11일 몽골의 인민혁명 기념일에는 5세부터 7세가량의 소년 소녀가 기수로 참가하는 큰 경마대회가 열린다. 1,000기 이상이 출전해 50킬로미터를 주파하는 경주이다. 결승점 앞에는 주최자석과 함께 외국인석이 마련되어 있다. 마침내 몽골 관중들 사이에 동요가 일기 시작하는데 외국인이 그 의미를 이해하는 데는 몇 분이 더 걸린다고 한다. 몽골 인들은 선두의 말이 지평선 저편에 나타났을 때부터 소리를 지르고 있었던 것이다. 이때 외국인은 몽골 인의 시력에 새삼 놀라게 된다. 광대한 초원에서 어린아이들이 자유자재로 말을 다루는 장면이며 지평선에 희미하게 보이는 사람과 말의 그림자를 놓치지 않는 몽골인의 시력은 그야말로 기마 유목민의 영웅 칭기즈 칸의 후예다운 모습이다.

현재 시베리아와 내몽고 동부의 경계에는 아르군 강이 흐르고 있다. 몽골은 본래 이 강가의 유목민으로 7세기에 처음 기록에 등장했다. 그들의 이름이 다시 등장하는 것은 11세기 말로, 당시 '머나먼 몽골국'의 사절이 키타이 인의 제국 요나라 궁정을 방문했다.

칭기즈 칸의 출신 씨족은 몽골 부족 중에서도 가장 서쪽에 있었으며 산속에 목장을 가지고 있었다. 그 서쪽에는 케레이트라는 부

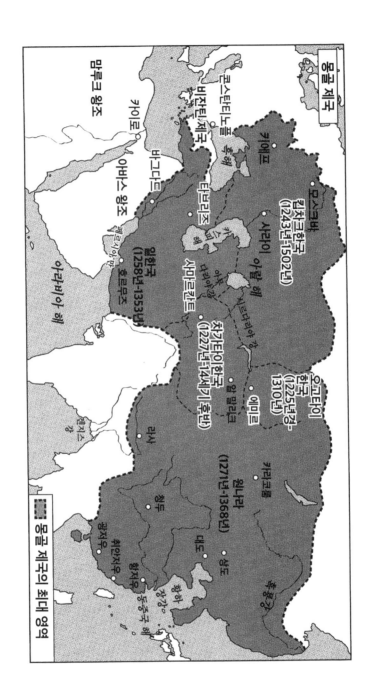

몽골 제국

몽골 제국의 최대 영역

맘루크 왕조

콘스탄티노플

비잔틴 제국

카이로

아바스 왕조

바그다드

키예프

키예프

흑해

테브리즈

킵차크한국
(1243년-1502년)

사라이

모스크바

일한국
(1258년-1353년)

호르무즈

카스피 해

아랄 해

시르다리야 강

아무다리야 강

아랄 해

아시리아 해

계르시아 만

아라비아 해

카라코룸

오고타이한국
(1225년경-1310년)

차가타이한국
(1227년-14세기 후반)

사마르칸트

알말리크

예니세이 강

베이징

라사

청두

원나라
(1271년-1368년)

상도

대도

항저우

취안저우

창강

광저우

황하

동중국 해

홍콩

족이 있었는데, 그 왕이 내분으로 왕위를 빼앗기자 기병 100기를 데리고 테무친의 부친 수하로 망명했다. 그가 병사를 이끌고 쳐들어가 왕위를 되찾아주었기 때문에 두 사람은 맹우盟友의 계약을 맺었다고 한다.

부친이 세상을 떠났을 때 테무친은 아직 어린 나이였다. 당시 몽골 부족은 문자도 없고 기록도 남기지 않았다. 그렇기 때문에 테무친의 생년조차도 정확히 알 수 없다. 테무친의 행보가 분명하게 드러나는 것은 1195년부터이다.

신흥 세력으로 떠오른 약소 집단의 지도자로 등극한 것이다. 테무친은 불과 2년 남짓한 기간에 몽골 고원의 동부는 물론 서부 지역까지 제압하고 용모나 언어도 다른 유목민들을 자신의 권위 아래 통합시켰다. 이 유목민의 정치 연합체는 지도자의 출신 부족을 따 몽골이라고 부르게 되었다.

1206년 테무친은 스스로를 칭기즈 칸이라고 칭하고, 그가 통솔하는 유목민 연합체를 대몽골국이라고 명명했다. 몽골은 인종이나 민족이 아닌 국가의 이름이었다. 몽골이라는 국가의 깃발 아래 다양한 인종, 민족, 언어, 종교를 가진 사람들을 포괄하고 확대·발전하는 기반을 구축한 것이다. 칭기즈 칸은 자신의 지배하에 있는 모든 유목민들을 1,000인 부대로 편제하여 군사와 행정의 단위로 삼았으며 국가를 좌익(동쪽), 중앙, 우익(서쪽)으로 구분했다. 이 같은 편제는 흉노 이래 유목민들의 전통이었지만 몽골에서는 모든 권력이 칸에게 집중되어 있었다.

바야흐로 몽골 고원의 유목민은 금나라의 영역을 제외하면 모두 칭기즈 칸의 깃발 아래 집결했다. 마침내 칭기즈 칸은 금나라와도 단절하고 내몽골을 거쳐 화베이 지방을 침입했다. 이 몽골과 금의 전쟁에서 말을 관리하는 키타이의 정예 기마 군단은 간단히 몽골 편에 섰다. 이로써 키타이도 몽골 제국에 합류했다. 이런 전쟁을 통해 많은 유목민 부족이 '몽골'이라는 국가 의식에 눈뜨게 되었다. 금나라와의 전투에서 승리했지만 금나라를 멸하는 데 매달리지 않았다. 그보다 군마와 관련된 목장을 습격해 금나라의 군마를 모조리 약탈했다. 금나라가 말을 잃고 무력해지면 그것으로 끝이었기 때문이다. 2년의 휴식을 끝낸 몽골 군은 1219년 서역 정벌을 시작한다.

칭기즈 칸이 이끄는 거국일치의 유목민 전사단은 당시 이란을 중심으로 중앙아시아에까지 세력을 확대한 튀르크계 이슬람 왕조의 호라즘 왕국을 정복했다. 서역 정벌에서 돌아온 후에는 동서 교역의 요충지를 장악해 번영을 누린 티베트계 유목민의 국가 서하까지 멸망시켰다.

이런 정복 활동의 결과, 내륙 아시아의 유목민 대부분을 집결시킨 몽골 제국이 성립했다. 칭기즈 칸은 서하가 멸망하기 직전인 1227년 음력 8월 15일에 세상을 떠났다. 향년 66세 혹은 72세였다는 말도 있는데 정확하지는 않다.

칭기즈 칸은 규율이나 원칙에 철저하고 살육과 약탈로 각지를 공포에 몰아넣었기 때문에 잔인한 인물이라는 이미지가 강하다. 그렇다고 정담이 전혀 없는 것은 아니었다.

　몽골과 호라즘의 군대가 인더스 강가에서 전투를 벌이던 때의 일이다. 호라즘의 왕자는 용감하게 싸웠지만 결국 전투에 패해 강을 따라 쫓기는 처지가 되었다. 포로가 될 것을 두려워한 왕자는 말과 함께 폭이 6미터나 되는 강에 뛰어 들어 맞은편 기슭을 향해 달렸다. 몽골 병사들이 일제히 활을 쏘려고 하자 칭기즈 칸이 이를 제지했다. 그는 '비록 적이기는 하나 훌륭한 자다. 무장의 귀감으로 삼도록 하라'고 말했다고 한다.

　잔인한 인물이라는 이미지는 몽골 군 자체의 이미지이기도 하다. 그것은 오히려 몽골군이 상대에게 공포심을 불어넣기 위한 전략이기도 했다. 몽골군은 공격에 나서기 전, 끔찍한 살육과 약탈을 서슴지 않는 대군이라는 소문을 퍼뜨렸다. 그런 소문이 자신들에게 유리하게 작용한다는 사실을 알았던 것이다.

　칭기즈 칸이 세상을 떠난 후, 그의 자손들은 유라시아의 동과 서로 정복 활동을 펼쳤다. 오고타이 칸은 금나라를 멸하고, 바투는 남러시아의 제후를 복속시켰으며 폴란드와 헝가리까지 침공해 유럽인들을 위협했다. 또 중국의 윈난 지방을 정복하고 티베트와 베트남까지 침공했으며 급기야 아바스 왕조의 이슬람 세력을 괴멸시켰다. 몽골군은 남송을 공격하고 한반도까지 침공했다. 이로써 13세기 중반 세계사에서도 전무후무한 대제국이 출현하기에 이른다.

고도로 조직화된 편대

유럽인들은 유독 몽골에 대해 잔혹한 야만인이라는 인상을 가지고 있다. 유럽인은 스스로를 문명 세계의 주인공이라고 여기는 경향이 있다. 그렇기 때문에 정체를 알 수 없는 동방 야만족들의 공세를 전대미문의 두렵고 이상한 괴물이 습격해 온 것처럼 느꼈을 것이다. 특히 1241년 레그니차 전투에서 독일과 폴란드 연합군이 몽골군에 패하자 공포는 극에 달했다. 이 전투는 발슈타트Wahlstatt(시체의 땅) 전투라고도 불리는데 여기서도 당시 유럽인들의 공포를 충분히 짐작할 수 있다.

그리스도교도와 이슬람교도들에게도 세계의 종말과도 같은 화염과 유혈이 낭자한 대학살극을 자행하는 몽골을 신이 내린 형벌이라고 여겼다. 독일의 프리드리히 2세가 잉글랜드의 헨리 3세에게 보낸 서한에는 기마 유목민을 그리스도교를 단죄하기 위해 내려진 신의 형벌이라고 썼다. 관찰과 경험을 중시하는 철학자 로저 베이컨Roger Bacon조차도 몽골을 최후의 공포를 수확하기 위해 찾아온 반그리스도 병사라고 여겼다. 이것은 고대의 성 히에로니무스가 예언한 내용이기도 했다. 그는 아시아의 산 너머에 있는 곡과 마곡의 땅에서 온 튀르크 인은 '씻어본 적이라고는 없는 지저분한 자들로 포도주나 소금, 밀 따위는 절대 입에 대지 않는다'고 말했다. 곡과 마곡은 성서의 「묵시록」에 나오는 사탄에 현혹되어 신의 나라에 대적하는 두 국가를 말하는데 그 발음에서 몽골을 연상한 것이다.

이처럼 유라시아 서방에서 몽골의 습격은 상상을 초월할 만큼 무시무시한 사건으로 받아들여졌다. 현대인의 입장에서 생각하면, 우주 저편에서 갑자기 나타나 지구를 공격하는 외계인의 습격과 같은 것이 아니었을까. 몽골군은 수적으로도 우세했다. 칭기즈 칸은 다양한 유목민 부족을 장악해 50개가 넘는 부족 국가를 병합해 자신의 지배하에 두었다.

말을 활용한 것은 당연한 일이었다. 몽골군 전체가 기병으로 구성되어 있었다. 1만 여명의 궁수로 이루어진 포위군조차도 기병으로 유지되고 있었다. 몽골의 군단은 고도로 조직화된 편대로서 근대 서양의 군대에 필적하는 엄격한 규율로 다스려지고 있었다.

군인들은 출정할 때마다 여러 마리의 말을 데리고 갈 수 있었기 때문에 하루 타면 이삼 일은 그 말을 쉬게 할 수 있었다. 이런 식으로 주력 부대의 배후에는 보충용 말 무리가 따라갔다. 새 말을 보충함으로써 기병 군단의 기동력이 증가해 하루에 120킬로미터 이상 행군할 수 있었다. 또한 말은 신선한 고기와 우유를 제공했다. 때로는 말의 목에서 뽑은 피를 가열해 걸쭉해진 것을 푸딩처럼 먹기도 했다. 이렇게 병사들은 행군에 필요한 기력을 보충했다.

또 한 가지 잊지 말아야 할 것이 있다. 보충용 말의 무리가 뒤따르고 있었기 때문에 병력의 규모가 훨씬 더 크게 보였다는 점이다. 이런 기마행렬 때문에 몽골군이 실로 엄청난 대군을 이끌고 쳐들어온다는 공포감이 싹텄을 것이다.

실제 칭기즈 칸이 이끄는 몽골군은 가장 많을 때에도 23만 명 정도였다고 한다. 당초 기병들이 타던 군마는 주로 몽골 산 포니 종이었다. 이 말은 몸집이 작고 땅딸막했지만 인내심이 강하고 어떤 위기 상황에도 위축되지 않았다. 하지만 정복 과정에서 이내 중앙아시아나 서아시아의 혈통 좋은 말들을 손에 넣었을 것이다. 실제 오고타이 칸이 바그다드를 공략했을 때 배상 물품 중 하나로 '목이 길고 체고가 높은 서방 말'을 요구했다고 한다.

전투가 시작되면 몽골군은 아주 잘 통제된 기마법으로 교전을 펼쳤다. 무엇보다 적을 빠르게 에워싸는 전법이 뛰어났다. 적군의 측면으로 돌아가 후방을 공격했다. 또 위장 철수라는 전법도 있었다. 이틀 정도 군세를 물렸다가 기운이 넘치는 보충용 말을 타고 하루도 채 안 돼 전장으로 돌아와 끝없이 이어진 적군의 전열에 격렬한 공격을 퍼부었다.

그 당시 다른 세력들의 군단은 기병과 보병이 섞여 있었기 때문에 이동 속도는 보병이 기준이 되었다. 반면에 전 병력이 경장輕裝 기병이었던 몽골군은 월등한 기동력을 자랑했다. 앞서 이야기한 발슈타트 전투에서 독일과 폴란드 연합군은 말에도 갑옷을 두른 중장重裝 기병과 농민 출신의 경장 보병으로 구성되어 있었기 때문에 몽골군의 집중 공격에 속수무책으로 당할 수밖에 없었다.

몽골의 군단은 전투에 나가지 않을 때에는 훈련을 받았다. 주된 훈련은 대수렵大狩獵이라고 불리는 것이었다. 어떤 지형이든 둘레가 160킬로미터 정도의 반원을 만들어 그 원이 끝나는 지점까지 말을 몰아친다. 그리고 그 안에 포위된 짐승들은 모두 죽였다.

바야흐로 위대한 몽골군이 세계 각지에 위세를 떨치게 되었다. 유럽인들은 이런 몽골의 세계사적 공헌에 대해 인간은 물론 말에 대해서도 높이 평가하지 않는 경우가 많다. 100년도 안 되는 몽골 제국의 지배는 인류사에 있어 지진과도 같은 사건이었다고 지적한다. 당시 중국의 한 무장이 이야기했듯 '제국은 말의 등 위에 세워지지만 말 등에 올라타 통치할 수는 없다'고 말하고 싶은 것이다.

과연 이런 견해가 공평한 것일까. 서양 중심의 역사관이나 중화사상에서 벗어나 유라시아의 역사를 바라볼 필요가 있다. 그렇게 조금은 거리를 두고 바라보면, 세계사에서 몽골 제국의 역할이 유럽이나 중국인들이 생각하는 것보다 훨씬 중대했음을 알 수 있다.

'타타르의 평화'

몽골 제국이 지배하던 시기를 '타타르의 평화'라고 부르기도 한다. 타타르는 몽골계 유목 부족으로, 러시아에서 동유럽을 침입한 몽골군 중 다수를 차지했다고 한다. 그러다보니 타타르가 몽골을 가리키는 말로 쓰이기도 했다. 이 '타타르의 평화'가 이어지는 동안 유럽과 중국을 잇는 실크로드의 왕래가 또다시 활발해졌다는 것은 부정할 수 없는 사실이다.

애초에 칭기즈 칸이 서역 원정에 나선 이유는 무엇일까. 기동적인 군사력을 갖춘 기마 유목민은 본래 오아시스 국가들이나 그곳을 왕래하는 대상들과 상부상조하는 관계였다. 현대적으로 말하면, 몽골군은 상업 자본을 보호하면서 그들의 경제력에 의존하고 있었던 것이다. 당시 이슬람 세력은 서아시아를 중심으로 광대한 상권을 장악하고 있었다. 그 상권을 해체해야만 거대한 패권의 토대가 될 몽골 상권을 구축할 수 있었던 것이다.

이런 방침은 자손들에게도 계승되었다. 그들의 목적은 칭기즈 칸이 구축한 몽골 상권의 회복과 확대였다. 서양인들을 두려움에 떨게 한 이미지처럼 막무가내로 날뛰며 파괴와 약탈을 일삼았던 것이 아니다. 알렉산드로스 대왕의 선례와 같이 중요한 시장을 장악하면서 그들을 서로 연결하는 주요 교역 경로를 확대해나갔다.

1260년 칭기즈 칸의 손자 쿠빌라이 칸이 왕위에 오르자 마침내 새로운 형태의 제국을 향한 움직임이 명확해졌다. 쿠빌라이가 직접 지배하는 동아시아의 원나라를 종주국으로 제국 지배하의 서북 방면에는 킵차크한국, 서남 방면에는 일한국, 중앙아시아 북쪽에는 오고타이한국, 남쪽에는 차가타이한국이 성립했다. 이들 세력은 느슨한 결합을 유지함으로써 원나라를 중심으로 하는 이중 구조의 세계 제국으로 재편되었다.

마침내 쿠빌라이가 남송을 정복함으로써 원 왕조 치하의 중국은 150년 만에 남북의 통일을 이루었다. 몽골 제국은 유라시아 전역에 걸쳐 상업을 보호하고 자유 무역을 중시했기 때문에 원나라 지배하의 사회는 경제와 문화 활동이 크게 성장한 시기였다. 베이징과 항저우는 인구가 100만에 달했다고 하며 도시를 중심으로 예능과 오락이 성행하고 송나라 때 시작된 서민 문화도 뿌리를 내렸다. 수

쿠빌라이의 사냥 장면. 수렵은 몽골군의 군사 훈련 중 하나였다

백 만 명의 외래인이 거주하고 세계 각지에서 수많은 상인과 여행객들이 방문했기 때문에 다양한 문화와 언어가 오가는 국제 사회가 형성되었다.

통상 확대와 교역로 확보를 위한 활동이 계속되면서 육로나 해로를 통해 근린 지역으로 출병하기도 했다. 이런 군사 활동은 정복이나 지배가 아닌 우호 관계나 통상 관계를 체결하는 것이 목적이었다. 몽골 제국의 정점이라 할 수 있는 원나라를 보면 그들이 얼마나 경제 활동을 중시했는지를 알 수 있다.

중앙유라시아의 물류와 통상은 본래 소그드 상업의 전통을 계승한 이슬람 상인과 튀르크계 위구르 상인이 담당하고 있었다. 몽골이 이룩한 눈부신 군사 확장의 배후에는 이 두 국제 상단의 존재가 있었다. 그들은 정보 수집이나 자금 및 물자 조달 등에 정통했으며 재무와 징세를 대행하기도 했다.

이들은 동료를 선택해 함께 활동했는데, 그것이 발전하면서 공동 출자로 대형 자본을 만들고 공동 혹은 단체로 다양한 경제 활동을 벌이게 되었다. 이런 사업 동료를 기반으로 조직된 단체를 튀르크어로 '오르톡Ortogh'이라고 한다. 이들은 몽골의 확대와 함께 비약적으로 성장했으며 오늘날의 회사나 기업과 같이 대규모 오르톡도 생겼다. 또한 몽골 제국 전역에서 은銀을 기본 통화로 사용했으며 지폐도 발행되었다. 이런 경제 제도는 근대 세계의 자본주의 경제의 범례가 되었다는 점에서도 주목할 만하다.

몽골 제국의 과도하다고까지 할 수 있는 중상주의 정책을 뒷받침한 것이 제국 전역에 깔린 교통·통신망이었다. 그것은 잠치站赤라고 불린 역참제로, 수도 카라코룸을 중심으로 치밀한 연락망이 이어져 있었다. 주요 도로를 따라 40~50킬로미터 간격으로 설치된 역이 제국 전역에 1만 개소 이상이 있었다고 한다. 어느 역이나 훌륭한 휴게소가 있었으며 말 400여 마리가 모여 있었다. 이 말들은 모두 주변 주민들에게 세금으로 거둬들인 것이었다. 말들은 절반가량은 방목해 풀을 먹이고 나머지 절반은 전령사가 갈아탈 수 있도록 대기하는 식이었다.

지령이나 정보는 전령사에 의해 수백 가지의 경로를 통해 수천 킬로미터나 떨어진 곳까지 전달되었다. 하루에 240킬로미터 정도를 달려, 불과 한 달 만에 3,000킬로미터 넘게 떨어진 지역을 왕복하기도 했다. 칸의 문장紋章을 두른 특사의 말은 누구도 세우지 못했다. 사람들은 이것을 보고 '황금 항아리를 나르는 처녀(문장의 문양)는 거리낌 없이 칸의 영토를 횡단할 수 있다'고 말했다.

마르코 폴로가 본 몽골의 말

당시 서방에서 온 인물 가운데 마르코 폴로가 있다. 그가 전하는 기담奇談 중에서도 가장 경탄할 만한 것은, 제국 전역을 지배하는 칸은 머나먼 이국땅의 과일을 신선한 상태 그대로 구할 수 있었다는 이야기이다. 이런 역참 제도에 대해 마르코 폴로는『동방견문록』에 '이들 조직은 뭐라 표현하기조차 어려울 만큼 놀랍고 터무니없이 어마어마한 비용이 든다'고 썼다.

마르코 폴로는 베니스 상인의 아들이다. 일찍이 그의 부친과 숙부는 쿠빌라이 칸을 배알한 적이 있었다. 그 후, 고국으로 돌아간 부친과 숙부는 이번에는 마르코 폴로를 데리고 몽골 제국을 여행하며 또다시 쿠빌라이를 배알한다. 마르코 폴로는 쿠빌라이의 눈에 들어 칸의 사신 자격으로 각지에 파견되었다. 쿠빌라이는 귀환한 사신이 여행이나 파견지에서 보고들은 풍속이나 관습을 재미있게 보고하지 않으면 언짢아했다고 한다. 그런 탓에 마르코 폴로는 주의 깊게 견문을 넓히며 쿠빌라이 칸이 기뻐할 만한 이야기를 전하고자 노력했다. 이런 견문이『동방견문록』의 토대가 되었다. 그의 체험담에 거짓이나 과장이 전혀 없었다고는 할 수 없겠지만 자연 풍물을 관찰한 기술은 더할 나위 없이 정확했다.

몽골에서는 말에게 목초만 먹이고 곡물은 주지 않는다. 말을 탄 사람은 말 등 위에서 이틀 밤낮을 지내고 말이 풀을 뜯는 동안 잠을 잔다. 그들은 말을 탄 채 빠르게 움직이는 데 익숙했기 때문에 신호만 하면 즉각 어느 방향으로든 이동할 수 있었다. 이런 민첩한 기동력이야말로 그들이 많은 승리를 거둘 수 있었던 비결이다.

기사는 자신이 마시는 우유를 담을 가죽 용기 2개와 고기를 요리할 작은 항아리를 소지했다. 또 비를 긋기 위한 작은 천막도 가지고 있었다. 필요하다면 열흘 이상 식량도 없이 불도 피우지 않고 말의 피만 마시며 말을 타고 여행을 계속한다. 그들은 누구나 말의 혈관을 찔러 피를 뽑아 마실 수 있다. 또 덩어리로 뭉친 건조 우유도 휴대하고 있었다.

이런 모습을 보면, 몽골 유목민의 생활은 스키타이나 흉노 시대와 거의 바뀐 것이 없는 듯하다. 고대의 풍습을 그대로 답습했기 때문에 어쩌면 칸이 세상을 떠난 후 알타이 산에 매장할 때 사람이나 말을 함께 묻는 풍습도 행해졌을지 모른다.

마르코 폴로는 이 유목민 제국의 인구가 매우 빠른 속도로 팽창하고 있었다고 전한다. 그 원인 중 하나로, 한 남자가 10명 이상의 아내를 둘 수 있어 아들이 30명에 이르는 경우도 있었기 때문이라고 한다. 또 풍부한 쌀과 잡곡을 생산하는 광대한 경작지와 운송이나 전쟁을 위한 말을 충분히 먹일 수 있는 목초지도 확보하고 있었다. 그의 보고에 따르면, 타타르 인의 말은 점점 늘어났으며 군무에 종사하는 남자들은 자신의 말을 8마리 넘게 데리고 있었다고 한다. 다소 과장이 있을지 모르지만 여기서도 몽골 제국의 풍요를 엿볼 수 있다.

마르코 폴로는 일한국이 위치한 페르시아에서 훌륭한 말을 보았다고 한다. 그 말들은 인도로 수출하기 위한 것이었는데 실제 11세기경부터 서아시아에서 인도로의 말 수출이 늘어났다. 13세기 말부터 14세기에 걸쳐 예멘, 남아라비아, 페르시아만의 여러 지방에서 연간 2,000필 이상의 말이 인도로 들어갔다. 인도는 군마의 수요가 높았지만 기후와 풍토 때문에 말을 사육하기 어려웠기 때문이다. 그리고 보면 말과 세계사의 관계를 생각할 때 인도가 무대가 되는 경우는 극히 드물다. 그러나 말을 대량으로 사육하거나 활용할 수 없었던 인도에서도 일찍이 말의 중요성을 인지하고 있었던 것이 분명하다.

몽골이 탄생시킨 '세계사'

몽골 제국에서 서아시아와 인도와의 해운만 활발했던 것은 아니다. 수도 베이징은 항구까지 운하로 연결되어 있었는데, 그곳에서 해로를 이용해 항저우, 푸저우, 취안저우, 광저우를 거쳐 동남아시아부터 인도는 물론 더 먼 서쪽까지 갈 수 있었다. 그리하여 극동에서부터 지중해에 이르는 광대한 지역은 육로뿐 아니라 해로로도 연결되어 유라시아를 순환하는 거대 교역망이 탄생했다.

몽골 제국은 유목 세계와 농경 세계를 결합하고 막 발전하기 시작한 해역 세계까지 손에 넣음으로써 사람과 물자가 왕래하는 광대한 교역권을 탄생시킨 것이다. 유라시아 전역을 아우르는 유목 세계, 농경 세계, 해역 세계의 공존 관계를 근거로 바로 이곳에서 진정한 '세계사'가 성립했다고 주장하는 중앙아시아 역사학자도 있다.

14세기 중반, 북반구는 장기간에 걸친 이상 기후로 천재지변, 기근, 역병이 끊이지 않으며 그토록 굳건하던 몽골 제국의 지배력도 크게 약화되기에 이른다. 이런 상황을 통해 서양인들은 '타타르의 평화'를 세계사에서 찰나에 불과한 번영과 영광의 시기였다고 주장할지 모른다. 과연 칭기즈 칸의 자손들은 분열하고 단절되고 말았다. 그렇다고 몽골의 유산까지 세계사에서 완전히 사라져버린 것일까.

서양인들이 갖는 편견은 예컨대 '몽골 인들은 옷을 빨지 않기 때문에 몽골군이 다가오면 바람의 방향에 따라 30킬로미터나 떨어진 곳까지 악취가 난다'는 식의 이야기가 전해지는 것만 보아도 알 수 있다. 또한 몽골 제국의 지배를 받으며 압정에 시달렸던 러시아 인들에게 '타타르의 평화'는 '타타르의 속박'일 뿐이었다. 지금도 러시아 인들에게 칭기즈 칸은 잔혹한 침략자일 뿐이다.

이런 시각에서 보면, 몽골 제국의 융성은 후세에 별다른 족적을 남기지 않은 단순한 일화에 불과하다고 여길 수 있다. 그러나 이것은 서양인의 편견이라고 해도 좋을 만큼 공평한 시각이 아니다. 세계사를 공정한 시각에서 바라보면, 몽골 제국이 남긴 커다란 족적을 새삼 깨닫게 된다. 특히, 교역이나 유통 면에서 몽골 제국의 지배는 근대 자본주의 세계 시스템의 토대를 마련했다고도 이해할 수 있다. 기마 군단의 무력에 의해 성립한 대제국의 지배 하에서 군사력보다 경제력이 더 중요해지고 경제 요인이 세계사의 향방을 좌우하는 시대로 나아간 것이다. 그런 의미에서 '세계사'의 출현을 떠올릴 수 있지 않을까. 말을 타는 유목민들이 배를 타고 바다를 건넜을 때 '세계사'가 그 모습을 드러낸 것이다.

일찍이 서양인들은 모든 것이 로마 제국으로 흘러들고 로마 제국으로부터 흘러나갔다고 말했다. 그에 빗대어 말한다면, 모든 것은 몽골 제국으로 흘러들고 몽골 제국으로부터 흘러나갔다고 해도 무방하다. '육지와 기사騎射의 시대'가 정점을 이룬 것이 바로 몽골이었다. 유럽 중심주의나 중화사상에서 벗어나 공정한 시각으로 바라본다면, 중앙아시아 역사학자의 주장도 경청할 만한 부분이 없지는 않다.

몽골 제국의 붕괴 이후

몽골 제국이 붕괴한 14세기 후반, 유라시아에는 세 개의 세력이 모습을 드러냈다. 동아시아의 명나라, 중앙아시아의 티무르 제국, 남아시아의 오스만 제국이다.

원나라 쿠빌라이 왕조의 혈통은 14세기 말에 끊어지고 몽골계 잔존 세력은 북방으로 퇴각했다. 그러나 오이라트와 타타르 등의 부족은 또다시 몽골 고원에 집결해 명 제국을 위협하게 된다. 몽골 군은 규모가 축소되기는 했지만 모두 기동력이 뛰어난 기마병이었기 때문에 명나라 군으로서는 골치 아픈 존재였다. 15세기가 되자 명나라 영락제는 북쪽 변경의 우환을 없애기 위해 다섯 차례에 걸쳐 직접 군을 이끌고 출정했지만 별다른 성과를 거두지 못했다.

기마의 명수였던 영락제조차 북방 정벌에 성공하지 못했으니 말에 오르지도 못했던 영종의 북벌 원정의 결과는 더욱 처참했다. 명나라 군대는 전투가 시작되기도 전에 철수하지 않을 수 없는 곤경에 빠졌을 뿐 아니라 몽골 기마군에 포위당해 영종이 포로로 사로잡히고 만다. 이런 경험을 통해 명나라는 병력에 의존한 그때까지의 방위 전략을 버리지 않을 수 없었다. 그리하여 장성의 축조가 다시금 주목을 받게 되었다.

장성은 이름 그대로 끝이 보이지 않을 정도로 길게 이어져 있어야 한다. 기병대는 말의 기동력을 활용해 언제 어디서든 공격하고 침입할 수 있기 때문이다. 이것을 막으려면 장성을 더욱 강화하는 수밖에 없다. 장성을 쌓는 전통적인 방식은 판축板築이라는 공법을 이용해 돌을 쌓고, 절벽을 깎아 해자를 파는 것이었다. 혹은 돌만 쌓기도 한다. 일단 장성이 완성되면, 그 안쪽에서는 곡물의 증산도 기대할 수 있다. 하지만 기마 유목민의 나라였던 원 왕조는 국가 방어를 장성에 의지할 필요가 없었다.

명나라 때 축조된 만리장성

　게다가 단순한 판축 공법이나 돌만 쌓아서 만든 장성은 기마 유목민이 넘어오기도 했다. 결국 명나라는 장성을 보수하는 것에 그치지 않고 16세기 후반부터 본격적인 장성 축조에 착수한다. 기존의 장성보다 약 3배 정도 더 높게 증축하거나 개축했는데, 그 노력과 비용이 얼마나 방대했을지 짐작이 간다. 그리하여 표면을 기와로 덮고 회반죽을 발라 굳힌 견고한 장성이 완성되었다. 오늘날 베이징 근처의 쥐융관居庸關부터 산하이관山海關까지 이어지는 훌륭한 장성은 명나라 때 축조된 것이다. 북방 기마 유목민들의 위협이 길이 2,400킬로미터에 이르는 만리장성을 쌓게 한 것이다.

　거대한 장성으로 국토의 북쪽 변경을 둘러싸자 몽골 고원과 중국 본토의 경계가 뚜렷해졌다. 그로 인해 몽골 인과 한 족 모두에게 민족의식이 싹트기 시작했다. 한편, 중국인들은 유목민과 정주민의 차이를 야만국과 문명국의 차이에 빗대어 말하기도 한다. 고대로부터의 역사를 이적과 한 족의 대립으로 인식하는 역사관은 이 무렵에 싹터 현대에 이르게 된 것에 불과하다.

'남선북마'

중국에는 '남선북마南船北馬(남쪽은 강이 많아서 배를 이용하고 북쪽은 산과 사막이 많아서 말을 이용한다는 뜻-역주)'라는 말이 있다. 중국을 남과 북으로 구분하면, 황허 강과 양쯔 강 사이를 흐르는 화이허淮河 강 부근이 경계선이 된다. 이를 경계로 남과 북의 사정은 크게 달라진다.

남쪽은 고온다습하며 여름에는 무더운 몬순 지대이다. 그러므로 목조 가옥이 많고 벼농사를 주로 한다. 양쯔 강 유역에는 수로가 그물망처럼 펼쳐져 있고 작은 배들이 오간다. 작물을 운반하거나 농작업을 나갈 때에도 이 배를 이용한다. 큰 강줄기에는 큰 배가 오가고 먼 바다로 나가는 대형 선박도 있다.

북쪽은 남쪽과 사정이 크게 다르다. 겨울은 혹독한 추위가 기다리고 있는 한대 지역이다. 벽돌로 지은 가옥이 많고 밭에서는 조, 보리, 수수 등의 곡물을 재배한다. 땅은 딱딱하고 건조하며 황사가 날린다. 이런 지역에서는 말을 이동 수단으로 이용했다. 말은 운반뿐 아니라 무력으로도 활용할 수 있다. 말은 사람들의 생활에도 중요한 존재였다. 그렇기 때문에 예부터 말을 제사지내는 행사도 많다. 일찍이 주나라 시대에는 사계절마다 말의 조상에게 제사를 지냈다. 청나라 시대에 이르면 말은 신적인 존재로 민중의 연중행사에 등장했으며 젯날에는 말의 신을 모신 사원에 참배했다고 한다.

몽골 제국은 과거 이슬람 세계의 북쪽 절반을 지배했다. 그리고 당시의 몽골 인 지배자는 대부분 이슬람교로 개종했다. 몽골 제국의 일부였던 차가타이한국의 귀족들도 대부분 이슬람교도가 되었다. 그런 귀족 출신 무장 티무르는 1370년 사마르칸트를 수도로 삼아 티무르 왕조를 건국했다. 그는 중앙아시아를 통합하고 이란, 시리아를 거쳐 아나톨리아까지 진출해 북인도를 침공했다. 광대한 제국을 다스리는 티무르는 몽골 제국의 후계자를 자임하며 제국의 부흥을 목표로 몽골 고원으로 향했으나 도중에 병사했다. 16세기 전반, 티무르의 후예가 북인도에 무굴 제국을 세웠다. 무굴은 몽골의 와음訛音이다.

11세기 말경부터 중앙아시아와 이란의 튀르크계 유목민이 아나톨리아로 이주해 세력을 넓히다 13세기 말 오스만 국가를 건설했다. 그 후 발칸 반도까지 진출해 1453년에는 콘스탄티노플을 공략하여 비잔틴 제국을 멸하고 그 땅의 이름을 이스탄불로 바꿔 수도로 삼았다. 오스만 세력은 더욱 확대되어 제국에 걸맞은 위용을 갖추게 되었다. 16세기가 되자 오스만 제국의 수장은 이슬람 세계 전체를 아우르는 수장이 되었다. 오스만 제국의 제후와 귀족들 사이에는 후대까지 말을 타고 수렵을 즐기는 풍습이 남아 있었으며, 말을 타고 이동하는 것을 꺼리지 않았다고 한다. 이것도 기마 유목민의 흔적이 아닐까. 수백 년의 세월이 흐른 오늘날 튀르크 민족주의자들은 유목민의 자손인 자신들을 몽골의 '푸른 늑대'에 빗대어 '회색 늑대'라고 칭했다.

한반도와 일본의 말

마지막으로 한반도와 일본의 동향에 대해서도 살펴보기로 하자.

한반도 북방에는 일찍부터 키타이나 말갈 등의 기마 유목민들이 이합집산을 거듭하고 있었다. 7세기 후반, 이들 기마 유목민은 고구려의 쇠퇴와 함께 당나라에 복속되었다. 고구려의 후예를 자청하는 사람들은 말갈족을 끌어들여 만주의 대부분을 차지하는 지역에 발해를 건국했다. 그러나 8세기가 되면서 발해의 북방에 있는 강력한 기마 유목민인 흑수말갈과 당나라가 손을 잡았다. 그리하여 발해는 당나라에 대한 강경책을 버리고 온건한 외교를 펼치며 주변 세력들과도 평화롭게 지내면서 9세기에는 해동성국海東盛國이라 불릴 만큼 번영을 누렸다. 그러나 10세기에 중국 동북 지방에까지 패권을 넓힌 키타이의 공격으로 멸망했다.

그 후에도 북쪽 변경에서는 기마 유목민의 위협이 계속되었으며 10세기에 발흥한 고려는 천리장성을 쌓아 방비를 굳건히 했다. 하지만 13세기 몽골군의 끊임없는 침략을 막아내지 못한 고려는 결국 원나라의 압제를 받게 되었다. 원나라가 일본을 침공할 때에도 고려는 배와 식량 그리고 병력까지 강제로 조달해야 했기 때문에 백성들의 고통은 극에 달했다. 14세기에는 반원 운동의 기운이 거세게 일면서 친원파 세력과 대립했다. 고려의 뒤를 이어 들어선 조선 왕조는 원나라는 물론 명나라와도 어느 정도 거리를 두는 외교 관계를 유지하면서 안정을 되찾았다.

일본과 기마 유목민의 관계를 이야기할 때 가장 주목받는 것은 이른바 '기마 민족설'일 것이다. 고고학자 에가미 나미오는 '동북아시아계 기마 민족이 신에 무기와 말을 가지고 한반도를 경유해 기타규슈 또는 혼슈 서쪽 지역을 침입했으며 4세기 말경에는 기나이 지방으로 진출해 그곳에 강대한 세력을 가진 야마토 조정을 수립했다'는 결론을 내렸다.

그는 후기 고분 시대에 말과 관련된 유품이 급속히 증가했다는 점을 근거로 기마 풍습이 있는 대규모 집단이 도래해 무력으로 정복했다고밖에 생각할 수 없다는 주장을 펼쳤다. 또 기마 유목민 부족이 연합해 국가를 형성하는 양상을 살펴보면, 지배 부족을 중심으로 여러 부족을 정복하고 결합했는데 이것이 일본 고대의 지배 체제인 씨성氏姓 제도를 토대로 한 이원제와 유사하다는 점도 주목할 만하다는 것이었다.

여기서 일본의 건국을 둘러싼 문제까지 파고들 여유는 없지만, 최근의 연구 동향을 근거로 전근대 일본의 말에 대해서만 간단히 살펴보기로 하자.

일본에서는 종종 중국의 남선북마에 빗대어 동마서선東馬西船이라고 이야기한다. 이 문제는 문헌 사료에만 의지해 과거를 돌아보기보다는 출토되는 유물과 함께 유추해보는 것이 타당할 듯하다.

동일본의 문화는 고구려나 북동아시아와의 관계를 통해 생각하지 않을 수 없다. 예컨대 고구려에는 적석총積石冢의 분묘 풍습이 있었는데 이 풍습은 일본의 나가노 현에서 압도적으로 많이 나타난다. 또 적석총의 분포에 대한 최근의 조사 성과에 따르면, 야마

나시 현에서도 다수 발견되었다고 한다. 이러한 적석총은 6세기에 가장 활발히 조성되었던 듯하다. 적석총 지대 중에서도 가장 널리 알려진 것이 나가노 시 동부에 있는 오무로 고분군이다. 이곳은 헤이안 시대의 율령집 『엔기시키延喜式』에도 기록되어 있는 목장이 위치한 곳이기도 하다. 시나노와 가이 지방에 목장이 많았다는 사실은 다른 기록에도 자주 나타난다. 그렇다면 고구려계 사람들이 말을 사육하는 문화를 들여왔을 가능성은 더욱 커진다. 이들 지역은 군사 집단의 세력이 강했을 뿐 아니라 말 사육과 관련된 산업이 번성했다.

기마 풍습을 말해주는 문물은 5세기에 처음 나타났다. 규슈에서 최초로 발견된 이래 빠른 속도로 도호쿠 지방까지 전파되었다. 지금까지 후기 고분에서 출토된 마구만 1,200점이 넘는다. 이는 엄청난 숫자로, 당나라 이전의 중국을 비롯해 고구려와 신라에서도 실물 마구가 출토되는 경우는 극히 드물다. 일본의 고분 발굴 활동이 활발히 이루어진 점도 있겠지만, 기마 풍습이 도입되자 들불이 번지듯 마구가 널리 전파되고 말을 타는 사람이 늘어났다는 것을 알 수 있다. 이런 기마 풍습은 일정 지역에서만 유행한 것이 아니다. 고분 문화가 분포한 모든 지역에서 마구가 출토되었던 것이다. 그 중에서 특히 많은 지역이 나가노 현으로 그에 비하면 나라 현에서 출토된 마구의 수는 매우 적다. 기마 풍습 역시 시나노를 중심으로 하는 동일본 지역에서 활발했던 것 같다. 그 배경으로 이 지역에서 말 사육이 번성했다는 점을 들 수 있다.

그런데 이런 동일본 지역 중심의 목장을 참고해 긴키 지방의 목장을 살펴보면 큰 차이가 있다는 것을 깨닫는다. 이 지방은 가와치와 세쓰와 같은 강가나 호수 주변에 목장이 집중되어 있었다. 이들 지역은 모두 습지대로 동일본 지역과 같은 초원 목장이 아니었다. 즉, 일본의 말 문화를 이야기할 때는 지역적 차이를 고려하지 않으면 안 된다는 것이다.

　말을 군사력 측면으로만 생각하면, 동쪽이 압도적으로 우세하다고도 볼 수 있다. 하지만 그런 시각은 고대에만 해당되는 것으로 중세 이후부터는 서쪽에서도 운반이나 수송 수단으로서 말을 중시했다.

　기나이 지방 주변에는 헤이안 시대에 마구간을 관장하던 관리가 있었고 무로마치 시대가 되면 말이나 마차를 이용해 짐을 운반하는 운송업자도 있었다. 그들은 대개 강과 호수 그리고 바다를 잇는 교통로를 따라 이동했다. 요도 강이나 야마토 강가에는 목장이 있었으며 오쓰에는 섭관가의 마구간이 있었다. 이곳은 말이나 마차를 이용한 운송업자들의 근거지이기도 했다. 이곳에서 운송업자들은 배로 운반해온 물자를 말이나 마차에 실어 운반한 것이다.

　간토 지방에도 오노 강, 가스미가우라 호, 도네 강 사이의 지역에 광대한 목장이 있었다. 또 헤이안 중기의 무장 다이라노 마사카도平将門의 본거지에도 구불구불한 강을 따라 울타리를 두른 넓은 목장이 있었다. 그 밖에도 목장의 울타리로 추정되는 유적이 출토된 바 있다. 시나노와 가이에 있는 목장도 시나노 강, 후지 강과 관계가 있는 듯하다.

　이런 사실로 미루어 볼 때, 선박을 이용한 수상 운송도 말을 이용한 육상 운송과 연계되어 있었던 것으로 보인다. 일본에서는 동쪽과 서쪽 지방 모두에서 말과 배는 밀접한 관계가 있었던 것이 아닐까. 말의 문화, 강과 바다의 문화를 거시적인 관점에서 바라볼 필요가 있다. 자연히 일본의 '동마서선'과 같은 주장은 설 자리를 잃게 될 것이다.

제9장
화포와 바다의 시대
─근대 세계의 말

명과 청의 전쟁. 『태조실록』 중. 화기를 제대로 이용하지 못했던 명군은
청군의 기병에 패했다

르네상스와 수의학에 대한 관심

르네상스는 13세기에 싹트기 시작했다고 한다. 회화의 조토, 문학의 단테, 철학의 베이컨 등이 나타나고 서유럽에서도 또다시 그리스어를 배우는 사람들이 생겼다. 과연 르네상스라는 문화 운동은 말과 관련한 세계에 어떤 발자취를 남겼을까.

우선 13세기 중반이 되자 수의학에 대한 관심이 높아졌다. 고대 말기의 수의학 관련 그리스어 논고를 편집한 『마의학Hippiatria』의 아라비아어 역서가 시칠리아 섬과 남이탈리아에서 다시 라틴어로 번역되었다. 그때까지 중세 유럽에서는 아리스토텔레스가 자신의 저서 『동물론historia animalium』에서 언급한 25가지 말의 증상이 금과옥조처럼 받아들여지고 있었다. 그러나 의학으로 명성이 높았던 살레르노 대학에서는 이미 아라비아 의학이 연구되고 있었으며 그곳에서 수의학을 배우는 사람도 있었다.

마침내 고전의 권위가 아닌 냉정한 관찰을 바탕으로 동물의 병리와 치료에 대해 생각하는 움직임이 나타났으며, 남이탈리아의 수의사 요르다누스 루프스Jordanus Ruffus는 『말의 치료에 대하여Libro de la natura di cavalli』를 저술했다. 그는 말의 탄생, 육성, 순치, 훈련 등에 대해 다루고 65종의 질병과 손상 및 그 치료법에 대해 서술했다. 이 책의 가치는 지중해 세계에서 널리 인정받았다. 이 책은 중세 시대의 사본 41종—라틴어 18종, 이탈리아어 13종, 시칠리아어 3종, 프랑스어 4종, 프로방스어 1종, 카탈로니아어 2종—이 전해지고 있다. 그리고 인쇄술의 보급과 함께 이탈리아어 판이 인쇄되었다.

『수의학에 관한 책』의 삽화. 말의 다리를 치료하고 있는 모습

이 책의 영향은 예컨대 작자 미상의『말에 관한 글Llibre de cavalls』
등에도 잘 나타나 있으며 카스티야어나 카탈로니아어를 통해 이베
리아 반도에 보급되었다. 당시 유럽 북부에서는 아직 수의학에 대
한 관심이 낮았으며 대부분 고전 문서가 이용되는 정도였다. 영국
왕에게 헌정된『수의학에 관한 책Llibre de menescalia』은 카탈로니아
어로 쓰여 있었으며 현재 파리에 사본 1종이 남아 있지만 영국 왕
이 그 책을 보았는지는 알 수 없다.

요르다누스의 후계자 중 주목할 만한 인물로 라우렌티우스 루시
우스Laurentius Rusius가 있다. 그는 14세기 전반에『마의의 서Manu-
script on paper of Liber marescalciae』를 집필했다. 이 책은 대부분 요르다
누스의 연구를 따르고 있지만 새로운 소재가 추가되면서 2배가량
의 분량이 되었다. 이 책이 널리 읽혔다는 사실은 18종의 사본—라
틴어 13종, 이탈리아어 3종, 프랑스어와 플라망어 각각 1종—이 남
아 있는 것으로도 분명히 알 수 있다. 그리고 16세기 중반까지 11

쇄에 이르는 인쇄본도 나돌고 있었다. 또한 15세기 중반에는 이 책을 이용한 『수의학의 서Hippiatria』가 쓰여지면서 카탈로니아어 사본이나 카스티야어 인쇄본을 통해 이베리아 반도에서 널리 읽혔다.

이처럼 수의학 관련 저서는 남이탈리아와 이베리아 반도를 중심으로 지중해 세계의 서부 지역에서 주로 읽혀지고 있었다. 반면, 수의학에 대한 관심이 낮았던 프랑스나 영국에서는 16세기에 이르러서야 겨우 주목받게 되었다. 그것은 르네상스 시대의 귀족 사회에서 '고귀한 말을 타는 자의 위신'에 대한 의식의 변화와 관련이 있을지 모른다. 당시 영국에서는 전장의 혼란을 견딜 수 있도록 훈련되고 마상 경기는 물론 전시 효과로서도 유용한 말은 찾아볼 수 없었다.

헨리 8세는 군사 활동을 위한 말이 부족하다는 사실을 통감하고 있었다. 그리하여 그는 법령을 제정해 말의 육성을 장려하고 마구간에서 일한 이탈리아 출신 장교를 고용했다. 엘리자베스 여왕 시대에도 사정은 다르지 않았다.

말을 다루는 기술과 말의 생산

르네상스 시대에는 유독 말을 다루는 기술에 대한 관심이 높았다. 특히, 고전 부흥의 시대에 걸맞게 크세노폰이 쓴 『마술론』의 그리스어 원전의 사본이 13세기부터 이탈리아에서 널리 읽혔으며 16세기에는 라틴어 번역본이 출판되었다.

이 『마술론』은 간결하게 서술되어 있지만 그 이념이 명확하고 설득력이 있다. 그는 말을 훈련하는 가장 좋은 방법은 배려라는 일관된 논지를 전개한다. 말을 화나게 하지 말고 두려워할 필요가 없다는 것을 알려주는 것이 중요하다. 이탈리아의 마술가馬術家들은 이런 그의 이념을 말을 다루는 기술에 관한 혁명으로 여겼다.

크세노폰의 이념을 받아들인 이탈리아 인 중에서 가장 유명한 인물은 나폴리의 귀족 페데리코 그리소네Federico Grisone이다. 그는 자신의 저서 『마술의 규칙The Rules of Horsemanship』에서 완전한 마술가에 대해 이렇게 말했다.

'언제 어떻게 말을 배려할 것인가. 언제 어떻게 말을 교정할 것인가. 언제 어떻게 말을 사랑하고 존중할 것인가를 아는 것이다.'

그리소네는 이탈리아에서 개설된 마술 학교의 초대 교관이 되었다. 그가 배출한 많은 제자들은 새로운 승마술 보급에 힘썼다. 이런 이탈리아 마술가의 저서가 여러 나라의 언어로 번역되고 그것을 바탕으로 마술 지도서가 저술되기도 했다. 또 이탈리아의 마술 학교를 찾아오는 유학생들도 속출했다.

영국에서도 마술서가 널리 읽히게 되면서 이탈리아어 maneggiare에서 영어의 management라는 단어가 생겨났다. 이것은 라틴어의 manus(손)에서 유래한 것으로 management는 말을 손으로 다룬다(handle)는 의미이다. 그야말로 말을 다루는 기술의 키워드가 되는 단어인 것이다.

수의학과 승마술이 거의 동시에 주목받게 되자 말 생산자들도 우수한 품종을 얻기 위해 각별한 노력을 기울이게 되었다. 그러기 위해서는 무엇보다 훌륭한 씨수말을 구해야 했다. 사람들은 더 이상 크고 중량이 나가는 말을 선호하지 않았다. 총이나 화약의 출현으로 병사와 말이 걸치던 무거운 갑옷은 방어 효과를 잃었다. 17세기에는 기병을 위한 가볍고 빠른 말을 선호하는 추세였다. 그에 적합한 중형 말은 강하면서도 우아하고 경쾌하며 민첩함까지 갖추어야 한다는 것을 새삼 인식하게 되었다. 그런 마종으로는 아랍 종, 바브 종, 안달루시아 또는 자네트 종이 있었다.

일찍이 이슬람 세력이 보유한 아랍 종에 주목한 그리스도교 세력은 이베리아 반도를 탈환한 후 1230년 최초의 경종마 목장인 코르도바 목장을 개설했다. 이곳에서는 아랍 종, 바브 종, 재래종이 혼혈 육종되었다고 한다. 합스부르크가의 펠리페 2세는 코르도바 목장을 왕실 목장으로 지정하고 1570년 혈통 등록을 시작했다. 또 1572년 빈에서는 스페인 승마학교가 개교했으며 안달루시아 종을 기초로 하는 경종마 리피자너가 육종되었다. 이 마종은 오늘날에도 화려한 고등 마술을 선보이는 것으로 유명하다.

경종마는 군마로도 육성되었다. 예컨대 영국 청교도 혁명의 지도자 크롬웰은 기병대의 중종마를 모두 외국의 말 상인을 통해 수입한 아랍 종으로 교체했다. 내란으로 왕후 귀족들의 목장이 큰 타격을 입었기 때문이었다. 더 우수한 경종마를 육종하기 위한 이러한 노력이 마침내 18세기에 이르러 서러브레드를 탄생시킨 것이다.

아메리카 대륙으로 건너간 말

아메리카 대륙은 1만 년 전까지는 말과 동물 화석의 보고라고 불릴 만큼 많은 종이 서식하고 있었다. 그런데 적어도 8,000년 전에는 말과 동물이 완전히 멸종되고 말았다. 급격한 기후 및 환경의 변화로 멸종 위기에 처한 대형 포유류를 인간들이 포획해 식량으로 소비해버린 것이다. 그런데 17세기 초 아르헨티나 평원에는 야생마가 너무 많아 여행객들이 길을 건너려면 한참을 기다려야 했다고 한다. 이 야생마들은 일찍이 스페인 인이 데려온 말이 야생으로 돌아가 번식한 것이었다. 말이 처음 아메리카 대륙에 들어온 지 불과 100년 남짓 지났을 무렵의 일이다.

1492년 콜럼버스는 스페인 인들과 함께 서반구를 향해 출항했다. 배에는 말이 실려 있었다. 신대륙에서는 말을 타고 빠르게 이동하는 것이 절대적인 위력을 발휘했기 때문이다. 그 이후의 항해에서도 배에는 늘 말이 실려 있었는데, 대부분의 말이 대서양을 건너는 도중에 죽었다. 또 무풍지대로 악명이 높은 멕시코 동쪽의 열대 지방에서는 더위로 죽은 말을 배 밖으로 던져버리기도 했다고 한다.

이런 위험한 항해에도 불구하고 최초의 항해로부터 10년이 지난 후 카리브 해의 에스파뇰라 섬에는 60~70마리의 말이 생존하고 있었다.

스페인 인들의 북아메리카 식민 활동은 멕시코시티 주변에서부터 시작되었다. 가축을 먹일 목초가 풍부한 지역이었다. 처음에는 번식이 더디게 진행되었지만 16세기 중반에는 멕시코 중부 지방에만 1만 마리의 말이 있었다. 이 말들은 모두 불과 몇 마리의 가축마로 거슬러 올라갈 수 있다. 목초지에 풀어놓은 말이 야생화하면서 육식 동물과도 거의 만나지 않았기 때문에 개체 수가 급격히 증가했던 듯하다.

남아메리카에서는 1532년 피사로가 말을 타고 페루를 여행했다. 사람을 등에 태우고 질주하는 말의 모습은 선주민들에게 공포를 불러일으키기에 충분했다. 머지않아 스페인 이주민들과 말이 아르헨티나의 초원지대에까지 도달했다. 1535년 부에노스아이레스가 건설되었지만 얼마 지나지 않아 식량 부족 등의 문제로 방치되었다. 이때 암말 5마리와 수말 7마리가 남겨졌으며 여행객들에게서 도망친 말도 있었다. 이 말들이 야생화하면서 말의 개체 수가 폭발적으로 불어난 것이다.

이 말들은 이베리아 재래종, 아랍 종, 바브 종, 튀르크 종으로 거슬러 올라가며 그 중에서도 안달루시아 종이 다수였던 것으로 보인다. 말은 현격한 전력의 차이를 보여주며, 말의 존재를 몰랐던 아메리카 대륙의 고대 문명을 순식간에 멸망의 길로 이끌었다.

말이 준 충격

아메리카 대륙에는 야생마가 서식하기에 적합한 목초 지대가 세 군데 있다. 멕시코에서 캐나다까지 펼쳐진 대초원, 베네수엘라와

콜롬비아의 대초원, 아르헨티나와 우루과이의 대초원이다.

선주민들은 처음에는 말을 두려워하거나 숭배하기도 했지만 조금씩 말의 효용을 깨닫게 되었다. 그들은 시행착오를 거듭하면서 혹은 스페인 인으로부터 배우면서 말을 다루는 방법을 습득했다. 17세기 초가 되면 북아메리카 대초원에 사는 선주민들 대부분이 말을 능숙하게 탈 수 있게 되었다. 동시에 생활양식도 크게 달라졌다.

말을 손에 넣기 전까지 선주민들의 운송 수단은 카누와 대형 썰매뿐이었다. 들소를 사냥할 때에도 걸어서 쫓을 수밖에 없었다. 그러나 말을 타기 시작하면서 수렵 기술이나 전술도 새로운 양식과 관습으로 바뀌었다. 블랙풋 족이 들소를 사냥하는 방식은 말을 탄 다수의 사람들이 들소 무리를 포위해 공격하거나 곧장 돌진해 들소와 나란히 달리면서 추격하는 것이었다. 숙련된 사냥꾼이라면 하루에 스무 명의 가족과 개가 먹기에도 충분할 정도의 사냥감을 잡을 수 있었으며 남은 고기는 건조시켜 저장할 수도 있었다. 수렵에 성공하면 한동안 충분히 시간이 있었기 때문에 말을 돌보거나 무기를 만들어 적진을 습격하기도 했다. 들소 사냥은 엄격한 규정에 의해 규제되었다. 약속된 시각보다 먼저 사냥한 사람에게는 엄벌이 내려졌다. 샤이엔 족에는 세 가지 범죄행위가 있었다. 살인, 수렵 규정에 대한 불복종, 상습적인 말 도둑질이다. 이 세 가지를 위반한 사람은 채찍형에 처해졌다.

블랙풋 족은 가족 당 평균 12마리의 말을 소유하고 있었다. 말 40마리를 가진 사람은 부유하고 5마리 이하를 가진 사람은 가난했다.

전통적인 병사의 복장을 걸치고 말을 탄 선주민

그런데 이들 선주민의 수렵 활동에 유럽 이주민들의 총격까지 더해지면서 엄청난 수의 들소가 죽임을 당했다. 들소가 멸종 위기를 맞으면서 선주민들의 생활 기반마저 파괴되고 말았다. 말과 기마술의 보급은 19세기 말이 되자 말의 역할마저 끝내게 만들었다.

남아메리카의 팜파스 초원과 파타고니아 고원도 200년 가까이 말에 의존하던 시기가 있었다. 야생마가 점점 늘어나면서 원하는 만큼 말을 사로잡아 소유할 수 있었다. 말을 능숙하게 다루게 된 선주민은 유목 생활을 하며 특유의 용맹함을 자랑했다. 그들은 안장을 얹지 않은 채 말을 타고 때로는 말의 배에 매달린 채 또는 재갈을 물리지 않은 고삐를 능숙하게 다루며 말을 탔다. 그러나 유럽에서 들어온 천연두나 홍역 등에 걸려 목숨을 잃는 선주민들도 적지 않았다. 촌락의 인구가 급격히 감소하자 말은 또다시 야생으로 돌아가 떠돌았지만 유럽 이주민들의 총격으로 사살되었다. 야생

수말이 가축용 암말을 꾀어내거나 목초지를 망가뜨렸기 때문이다. 그러나 지금도 스페인 재래종으로 거슬러 올라가는 무스탕 같은 야생마가 와이오밍이나 네바다 등지에서 상당수 서식하고 있다.

근대의 개막을 알리는 대항해 시대에는 사람이나 물자 모두 먼 바다로 나가면서 멀리 떨어진 지역과의 교류가 활발해졌다. 해역 세계를 통해 여러 개의 대륙 세계가 연결된 것이다. 육상에서의 말의 역할을 해상의 배가 대신하게 되면서 세계사의 기반이 확대되었다. 그때까지 말의 존재를 몰랐던 신대륙 문명 세계에 말은 커다란 충격을 주었던 것이다.

유럽의 군사 혁명

유럽에서 16세기와 17세기는 근세라고도 불린다. 이 시대에는 3년에 한 번 꼴로 전쟁이 발발하였는데 전시 상황이 95퍼센트에 이를 정도로 전쟁의 지속 기간, 확대, 규모 모두 지극히 호전적인 시대였다. 그런 이유로 이 시대를 '군사 혁명'의 시대라고 특징짓는 견해도 있다. 그 중에서도 가장 혁명적인 변화로 꼽는 것이 바로 전술의 전환이었다. 창이나 칼 대신 활이나 총이 사용되었다. 전력의 중심에는 밀집 진형의 궁수와 화기를 쏘는 포수가 위치했다. 그와 더불어 봉건제 사회의 기사 계층은 사라질 운명을 맞는다.

중세 유럽 사회에서는 군대의 주력을 보병이 아닌 기병에 의존했다. 완전 무장한 전사를 등에 태워야 하기 때문에 군마는 대형 중종마가 이용되었다. 개량에 힘쓴 결과 14세기에는 체고가 약 170센티미터나 되는 말을 쉽게 찾아볼 수 있게 되었다. 그런데 이 무렵부터 군사력의 중심인 기병의 역할이 점차 약화되기 시작했다. 특히, 영국은 일찌감치 기병보다 궁수가 전력의 열쇠를 쥐고 있다고 생각했다. 14세기 후반이 되자 수많은 교전에서 중장 기병들의 돌격이 궁수들의 일제 사격으로 저지당하는 광경이 목격되었기 때문이다.

그렇다고 기사가 금방 사라진 것은 아니었다. 예컨대, 프랑스 상비군의 기원이 된 칙령 부대는 15세기 중반에 창설되었는데 이 부대의 중심에는 중장 기병이 있었다. 15세기 말 칙령 부대가 이탈리아를 침공했을 때 전체 병력 18,000명 중 12,000명이 기병이었다. 또한 1525년의 파비아 전투에서는 프랑스 군 병력 32,000명 중 6,000명이 기병이었다. 그러나 이 전투에서 국왕과 기사 대부분이 포로로 사로잡힌 것은 주목할 만하다. 이 파비아 전투를 경계로, 서유럽의 군대에서는 중장 기병의 수가 감소했다. 17세기가 되면 정찰이나 돌격 등의 임무에 필요한 최소한의 기병을 제외하면 기사를 10퍼센트 이상 거느린 군대는 거의 없었다.

기병이 감소하게 된 원인은 대다수 군대에서 보병이 전력의 주역이 되었으며 화기 중심의 전투가 이루어졌기 때문이다. 또 화기의 발사 횟수를 최대한으로 높이기 위한 새로운 전법이 이용되면서 병력 수도 크게 증가했다. 스페인은 15세기 말부터 16세기 중반에 걸친 60년 동안 2만 명 남짓한 병력이 15만 명으로 증가했다. 프랑스 군도 같은 기간 동안 2만 명 남짓한 병력이 4만 명으로 증가했다. 17세기 전반이 되면 유럽 주요 국가의 육군은 평균 약 15만 명에 달했다. 17세기 말 프랑스가 보유한 육군의 병력은 40만 명에 달했으며 적국의 총 병력도 그에 필적했다고 한다.

서유럽의 전력 증강은 육군에만 한정된 것은 아니었다. 해군도 쾌속 범선에 화약과 대포를 싣고 치열한 전투를 펼쳤다. 이들 함대는 마침내 본국에서 멀리 떨어진 곳에서도 뛰어난 전투 능력을 자랑하며 아메리카와 아시아의 바다에까지 진출했다.

이렇게 유럽 육·해군의 군사력은 크게 변모했다. 그야말로 '군사혁명'이라고 부르기에 충분한 수준이었다. 이런 군사력을 배경으로 유럽은 확대일로를 걷던 오스만 제국의 세력을 물리치고 인도, 동남아시아, 중국, 일본으로 패권을 넓혀나갔다. 그것은 일찍이 말등에 올라 아즈텍 제국과 잉카 제국을 굴복시켰던 군사력과는 질적으로나 양적으로 전혀 다른 차원이었다.

유럽 제국의 아시아 진출과 그에 따른 무기와 전법의 전래는 아시아 제국 측에도 큰 충격을 안겼다. 중국과 일본의 예는 좋은 대조를 이루고 있어 더욱 흥미롭다.

1630년경 총포를 보유한 명나라 군대와 기마 궁수 중심의 청나라 군대가 전쟁을 벌였다. 명나라 군대는 총포를 제대로 사용하지 못해 결국 멸망하고 말았다(9장 표제지 참조). 이를 기회로 기마 유목민 국가인 청나라가 중국 본토를 통일했다. 그 이후에도 청나라는 서양식 화기를 갖추었다고는 해도 어디까지나 병력의 수에서 압도적인 위력을 발휘했다.

일본에서는 1575년에 벌어진 나가시노 전투가 특히 주목할 만하다. 오다 노부나가는 일제 사격 훈련을 받은 총병을 횡렬로 여러 겹 배치했다. 여기에 맞선 다케다 가쓰요리의 기마 군단은 전멸하고 말았다. 탄약을 빠르게 장전하는 데 주의를 기울인 유럽인과 달리 일본인은 명중률을 높이는 데 전념했다고 한다. 그러다 보니 일본에서 개량된 총포는 명중률이 매우 뛰어난 반면 다시 장전해 쏘기까지 시간이 많이 걸렸다. 노부나가는 이런 결점을 보완하기 위해 총병을 횡렬로 여러 겹 배치해 계속해서 총을 쏠 수 있게 한 것이다. 16세기 말까지 유럽에서도 고안하지 못한 전술이었다. 노부나가의 일제 사격 전술은 세계적으로 앞선 창의적 발상이었다.

마차의 시대

말과 동물이 이용되어온 역사를 돌이켜보면, 마차는 거의 초기 단계에 등장한다. 어떤 동력을 이용해 마차를 끌었는지는 별개로 하더라도 서아시아에서는 청동기 시대인 기원전 3,000년 이전부터 멍에가 사용되었다. 수레를 이용하면 등에 싣는 것보다 무거운 짐을 더 많이 운반할 수 있다.

그러나 로마 시대까지도 차축이 차체에 고정되어 있었기 때문에 회전하기가 쉽지 않았다. 이륜차의 수송력은 한계가 있었고 사륜차는 직선 방향으로만 전진해야 했다. 일찍이 켈트 인은 앞바퀴의 차축을 회전시키는 방법을 알고 있었지만 로마 인들은 그것을 배우려 하지 않았던 듯하다. 그렇지만 견인 방법에 대해서는 여러모로 궁리한 것 같다. 지중해 세계에서는 기원전 1세기경부터 차체 앞쪽의 양 끝부분에 두 개의 채를 달아 회전하기 쉽도록 했다.

중국에서는 이미 고대 시대에 가슴걸이와 멍에가 개발되었다. 이런 마구는 중세 초기 유럽에 전래되면서 중종마의 견인력을 농경이나 운반 작업에 폭넓게 이용할 수 있게 되었다. 그러나 마차는 왕후나 귀족들의 공식 방문 또는 퍼레이드에 사용되는 정도였다. 도로가 정비되지 않았기 때문에 널리 보급되지는 못했다.

기차의 객차나 장거리 버스를 영어로 코치coach라고 하는데, 원래는 사륜 대형마차를 가리키는 말이었다. 그런데 그 어원은 영어권이 아닌 헝가리에서 유래했다.

유럽에서 마차가 발전하게 된 데는 헝가리 인의 개량이 있었던 덕분이다.

헝가리에서 코치라 불리는 사륜 대형마차는 15세기 당시의 국왕에 의해 고안되었다고 전해진다. 국왕이 애용한 고속 마차는 하루에 약 75킬로미터를 달렸다고 한다. 이 국왕이 코치의 고안자였는지는 확실치 않지만 고속 마차가 헝가리에서 탄생한 것은 분명해 보인다.

본래 이 코치라는 말은 빈과 부다페스트를 잇는 가도 중간에 있는 코치Kocs라는 마을의 이름에서 유래했다. 국왕은 이 가도에 헝가리 최초의 우편 마차 제도를 도입했다. 이 가도를 따라 휴식을 취하고 식사도 할 수 있는 숙소가 설치되었는데 그 중 하나가 코치 마을에 있었던 것이다. 그렇다면 코치라고 불린 마차는 코치 마을의 목수에 의해 만들어졌다고도 생각할 수 있다.

헝가리에서 탄생한 마차가 당시의 여느 마차와 다른 점은 앞바퀴가 뒷바퀴보다 작다는 것이었다. 그 덕분에 예리한 회전이 가능하고 가벼운 데다 무게 중심도 낮아졌다. 이렇게 안정적이면서도 빠르게 달리는 마차가 탄생했다. 그 밖에도 서스펜션 등을 개량해 더욱 튼튼하고 승차감이 좋은 마차로 발전시켰다.

헝가리는 일찍이 기마 유목민인 훈 족의 거주지였던 곳으로 지명도 거기에서 유래했다. 헝가리에서 마차가 개량되었다는 사실도 크게 이상한 일이 아니다. 어쨌든 이런 마차는 유럽 각지에 커다란 영향을 미치게 되었으며 교류와 왕래의 속도를 크게 높였다는 점에서 혁신적이라 할 만했다.

오스트리아, 독일, 보헤미아에서는 일찌감치 코치가 도입되었다. 16세기 초에는 우편마차 제도가 도입되었으며 궁정이나 상류층 사람들은 더 자주 마차를 이용하게 되었다. 마차의 승차감이 좋아지면서 드라이브와 같은 오락적 측면에서의 이용도 늘어났다. 독일에서는 17세기 중반 최초의 역마차 제도가 실시되었다.

프랑스에서는 16세기 초 파리와 오를레앙 사이에 역마차가 운행되었으며 우편마차 제도도 실시되었다. 이런 공공 운송 사업은 국왕의 특허를 받은 업자들에 의해 이루어졌다. 역마차 제도는 더욱 체계적으로 정비되어 17세기 말에는 파리와 주요 도시가 역마차로

시끄러운 코치 때문에 화를 내는 시민들을 그린 17세기의 삽화

연결되었다.

영국에서는 16세기 중반 엘리자베스 여왕 시대에 코치가 소개되었다. 다만, 승마를 좋아하는 여왕은 '코치의 지독한 승차감'을 견디기 힘들었던 듯하다. 코치의 승차감이 아무리 개선되었다 한들 도로가 정비되어 있지 않으면 의미가 없었다. 그럼에도 코치는 공공의 교통기관으로 주목을 받았으며 역마차는 여행객들 사이에서 인기를 모으며 널리 이용되었다.

이탈리아에도 일찍부터 코치가 소개되었다. 이탈리아는 대형 코치 분야에서 각국의 유행을 선도했다. 오늘날 이탈리아의 자동차 디자인이나 패션이 주목받는 것과 비교해 보아도 흥미롭다.

17세기가 되면서 코치의 유행은 더욱 확대되었다. 런던이나 파리에서는 지금의 시내버스에 해당하는 승합 마차도 등장했다. 승합 마차는 일시적인 유행으로 끝났지만 나중에 다시 부활했다. 또 파리에서는 지금의 택시에 해당하는 가두 마차가 출현했으며 마차 임대업자까지 등장했다.

바야흐로 18세기는 마차의 전성기였다. 육상에서 사람이나 물자를 수송하는 것은 오로지 마차에 의지했다. 도로를 달리는 마차의 수가 크게 늘어나면서 사람들은 소음과 정체에 시달렸다. 한 안내책자에 의하면, 1752년 파리 시내에는 최소 22,000대에 이르는 마차와 12만 마리의 말이 있었다고 한다. 당시 파리의 인구가 약 60만 명이었으니 사람의 이동에만 초점을 맞춘다면 그야말로 '마차의 시대'였다.

소설 속 마차 여행

불과 200년 남짓한 과거의 일인데도 지금은 '마차의 시대'를 상상하기가 쉽지 않다. 19세기도 중기기관 철도가 널리 보급되기까지는 기본적으로는 '마차의 시대'였다고 볼 수 있다. 당시의 모습은 문학이나 회화 작품 속에 무수히 남아 있다.

예컨대, 역마차라고 하면 바로 서부극 〈역마차〉가 떠오른다. 이 영화는 19세기 후반 미국 애리조나에서 뉴멕시코로 향하는 승객들을 둘러싼 이야기로, 실제 영화의 원작은 프랑스 작가 모파상의 『비곗덩어리』이다.

『비곗덩어리』는 1870년 보불 전쟁 당시 프로이센의 군대를 피해 루앙의 마을을 떠나 비좁은 역마차에 오른 승객들의 인간 군상을 그리고 있다. 눈 내리는 이른 아침, 발을 녹일 수 있게 바닥에 짚을 깔아놓은 마차가 출발한다.

눈 때문에 마차의 운행이 힘들 것 같아 말을 여섯 마리로 늘려 마차에 매고 안을 향해 소리쳤다. '다 탔습니까?' 안에서 들려온 '그렇소'라는 대답과 함께 마차가 출발했다.

마차는 느릿느릿, 종종걸음 치듯 앞으로 나아갔다. 바퀴가 눈 속에 파묻히고 차체는 둔탁한 소리로 삐걱대며 신음했다. 말들은 미끄러지고 헐떡이며 연신 땀을 흘렸다. 마부의 커다란 채찍이 쉴 없이 찰싹대며 사방으로 날아갔다. 마치 뱀처럼 감겼다 풀렸다 하면서 투실투실한 말의 엉덩이를 갑작스럽게 후려 갈겼고 그럴 때마다 근육은 격렬하게 기운을 쓰느라 팽팽하게 긴장했다.

장시간의 마차 여행의 고단함이 배어나오는 듯하다. 그럼에도 먼 곳까지 가려면 마차를 이용하는 수밖에 없었다. 그래도 우리가 생각하는 만큼 당시 사람들은 비좁은 마차 여행을 고통스럽게 여기지는 않았을 것이다. 당연히 감내해야 할 일이라고 생각했을 것이다.

또한 개인이 마차를 소유한다는 것은 오늘날 고급차를 타는 것과 마찬가지로 세속적인 성공의 증거이기도 했다. 발자크나 플로베르의 작품 속에서 마차는 상류 사회를 상징하는 존재로 그려진다. 그런 마차의 종류만 해도 수십 종에 달했다. 그 역시 '마차의 시대'였기에 가능한 묘사였다.

제10장
말과 스포츠

이클립스. 1764년 일식이 있던 해에 태어난 역사적인 명마

여우 사냥에서 장애물 경주까지

육식동물로부터 스스로를 방어하거나 다른 말과 주도권을 다툴 때 말은 자연스러운 동작을 취한다. 조련을 통해 이런 자연적인 조건에서 일어나는 말의 움직임을 단련시키는 것. 이것이 근대 고등 마술의 근저에 흐르는 생각이다. 이탈리아를 중심으로 하는 고전 마술에 대한 재평가 움직임은 오스트리아와 프랑스에서 보다 세련된 형태의 고등 마술로 발전했다.

빈에 있는 스페인 승마학교에서는 그 명칭에서도 알 수 있듯 스페인에서 들여온 말만 이용되었다. 이곳에서 훈련받은 말은 리피자너Lipizzaner라고 불리는 회색 말로, 트리에스테 근교에 있는 리피자의 씨수말 목장에서 안달루시아 종, 아랍 종, 바브 종 등의 계통이 혼합되어 탄생했다. 엄격하지만 충분한 배려가 있는 훈련을 통해 예컨대 앞다리를 구부리고 뒷다리만으로 서는 프사드라고 불리는 고등 마술 등을 익혔다. 지금도 수천 명의 관중들 앞에서 공개되고 있다.

프랑스 소뮈르에 있는 승마 학교는 승마기술 양성소로서 끊임없는 기술 발전과 혁신을 위해 노력했다. 고전 마술을 기초로 하면서도 기마 경기의 요소를 도입했다. 앵글로 아랍 종이나 서러브레드를 이용해 뛰어난 마장 마술가를 양성했다.

새로운 마술 보급에 큰 역할을 한 것은 루이 14세의 왕실 마구간에서 일했던 라 게리니아François Robichon de La Guérinière였다. 그는 1733년『기마술École de cavalerie』을 저술했다. 각각의 말이 지닌 자질을 인식하고 잠재 능력을 끌어낼 수 있도록 애정을 가지고 말을 할 것. 군마용이든 수렵용이든 마술용이든 말에게는 침착성, 민첩성, 순종을 가르칠 것. 이런 내용이 담긴 그의 저술은 승마 세계에 혁명이라고 부를 만한 영향을 미치며 순식간에 기마술의 성서와 같이 받아들여졌다. 마침내 19세기가 되면 군사 학교에서 '고도로 훈련된 군마'로서의 명예를 다투는 마장 마술 경기가 실시되었다.

영국에는 실내 마술의 전통이 없기 때문에 기병 사관이나 지주 귀족들은 말을 타고 장애물을 뛰어넘으며 여우를 쫓아 들판을 달렸다. 이런 승마술은 과학적이라고는 할 수 없지만 말의 자연스러운 동작을 연마하기에는 안성맞춤이었다. 승마의 스포츠로서의 성격이 짙어지면서 사람들은 말이 스스로 균형을 유지하며 자발적으로 행동하는 것을 즐기게 되었다.

영국에서 여우 사냥이 시작된 것은 17세기 말이었다. 11세기 노르만 인의 정복 이후 수렵이 성행했는데 사냥감은 주로 사슴, 멧돼지, 산토끼 등이었다. 생활의 필요에 의해 시작된 수렵은 사냥감의 수가 감소하자 양떼를 습격하는 여우를 사냥하게 되었다. 그와 동시에 양떼를 방목하는 공유지를 해자나 목책으로 둘러싸는 일이 늘어났다. 사냥을 할 때는 말을 타고 이런 장애물을 뛰어넘어야 했다. 또한 여우를 쫓는 사냥개와 함께 말에게도 속도가 중시되었다. 사람들은 점점 더 빠른 말을 원하게 되었다. 19세기에 절정을 맞은 여우 사냥은 반대 운동의 기운이 고조되는 상황에서도 오늘날까지 쇠퇴하지 않고 이어지고 있다.

사냥을 나가기 전의 풍경(19세기 후반 킬번의 회화 작품)

말을 타고 장애물을 뛰어넘으며 여우를 쫓는 사냥 방식은 장애물 경주steeplechase를 탄생시켰다. 출발점에서부터 도착점까지의 순위를 다투는 경주로, 교회의 첨탑steeple을 표지로 삼았던 데서 유래한 이름이라고 전해진다. 가장 오래된 기록은 1752년 아일랜드에서 열린 경주로, 여우 사냥용 말을 타고 4.5마일(약 7.25킬로미터) 구간을 달렸다고 한다.

19세기 중반이 되면 아마추어 경주와 프로 경주로 나뉘게 된다. 1839년 리버풀 교외에 있는 에인트리 경마장에서 최초의 그랜드 내셔널 경주가 개최되었다. 그랜드 내셔널은 30개의 장애물이 설치된 4.5마일 구간을 달리는 경주이다. 영국 국민은 물론 전 세계적으로도 인기 있는 대형 경주이다. 6마리의 말이 이 경주에서 두 차례 우승을 거두었으며 세 번이나 제패한 것은 1973년, 1974년, 1977년에 우승을 거둔 레드럼이 유일하다.

장애물 비월 경기show jumping 역시 마술보다는 수렵에서 유래한 경기이다. 1865년 왕립 더블린협회는 도약의 폭과 높이를 겨루는 대회를 개최했다. 이듬해 파리에서 열린 크로스컨트리 대회에서도 장애물 비월 종목이 포함되었으며 1883년 뉴욕 대회에서도 실시되었다. 마침내 1900년 파리 올림픽에서는 시간제한 장애물 비월, 멀리뛰기, 높이뛰기의 세 종목이 채택되기에 이른다.

마장 마술, 장애물 비월, 장애물 경주를 합친 종합 마술 경기는 군사 교련의 성과물이며 기수의 능력과 함께 말의 속도, 내구력, 순종 정도를 겨루는 것이다. 1912년 스톡홀름 올림픽에서도 종합 마술 경기가 개최되었는데, 군사 관계자만 기수로 출전할 수 있었다. 20세기 중반 무렵부터는 일반인도 참가할 수 있게 되면서 스포츠로서의 종합 마술 경기가 널리 인정받게 되었다.

고대 페르시아에서 유래한 것으로 알려진 폴로는 이슬람교도에 의해 인도에 전해졌으며 영국이 인도를 지배하던 시대에 유럽에 소개되었다. 영국에서는 1869년 '기마 하키'라는 이름으로 처음 기록에 등장한다. 그 후, 아메리카에도 소개되면서 뛰어난 팀이 생겨났다. 아르헨티나에서도 성행했는데 아르헨티나 브레드 포니는 최고급 폴로 경기용 말이다.

중앙아시아의 튀르크 인이나 몽골 인들은 스키타이에서 유래한 부즈카시buzkashi라는 마술 경기를 즐겼다. 오늘날 아프가니스탄을 중심으로 실시되는 부즈카시는 튀르크어로 '산양을 훔친다'는 뜻으로 모래를 담은 산양 가죽 주머니를 도착점까지 가지고 돌아오는 경기이다. 수백 명에 이르는 기수가 출전하기도 하는 거칠고 위험한 경기이기 때문에 숙달된 기수에게만 참가 자격이 주어진다.

아메리카 대륙에서는 말을 이용해 소떼를 관리하던 서부의 기수들에 의해 웨스턴 마술이 탄생했다. 스페인계 무스탕을 다루는 카우보이들은 무척 뛰어난 기술을 지니고 있었다. 그런 그들이 가까운 사람들과 각자의 기술을 겨루던 데서 로데오 경기가 시작되었다고 한다. 무리 중에서 소 한 마리를 데려 오거나 올가미를 걸어 버티거나 사납게 날뛰는 말을 길들이는 등의 종목이 있는 로데오 경기는 엄청난 인기를 끌었다.

근대의 말과 스포츠의 관계를 생각할 때 가장 주목 받는 것은 역시 경마일 것이다. 전 세계로 퍼진 경마는 수많은 관중을 모으고 말 생산 활동에도 주도적인 역할을 했다. 경마에 대해서는 뒤에서 따로 다루어볼 생각이다.

말 생산에 대한 열정

세계에는 160종에 이르는 말의 품종이 있다. 그중에서도 근대에 주목받고 있는 것이 경종마이다. 경종마는 동양이 원산지인 아랍 종, 바브 종, 안달루시아 종의 세 품종이 기초를 이루고 있다.

중세 유럽에서 가장 인기를 모은 것은 안달루시아 종이었다. 바브 종은 고대부터 북아프리카의 기병들이 주로 이용했으며 이슬람교도의 진출과 함께 이베리아 반도로 전파되었다. 아랍 종이야말로 순혈종이라고 불리기에 충분할 뿐 아니라 그 뛰어난 자질로 인해 전 세계의 품종 개량에 절대적인 영향을 미쳤다.

　로마 인의 지배가 있었기 때문인지 영국에서는 고대부터 토착 재래종보다 동방의 말이 뛰어나다고 전해지고 있었다. 하지만 동방의 말을 구하기 어려웠기 때문에 기록에 따르면, 1121년에 이르러서야 아랍 종이 영국에 수입되었다. 아마도 십자군의 원정이 계기가 되었을 것이다. 그 후로 서아시아 말의 우수성은 더욱 강하게 인식되었다. 동시에 말을 탄 사람의 기술뿐 아니라 말의 속도를 겨룬다는 의미에서 경마에 대한 열의가 싹트기 시작했다.

　12세기 말, 리처드 1세는 여러 마리의 아랍 종을 수입하면서 엡섬의 황야에서 고액의 상금을 내건 경마 대회를 개최했다고 한다. 그 후로도 토착 재래종의 속도를 개선하기 위해 더 많은 동방의 말을 수입했다. 경마뿐 아니라 마상에서 벌이는 창 시합이나 사냥 경기도 있었으며 뛰어난 자질을 갖춘 말을 생산하기 위한 노력도 계속되었다. 과연 당시에는 어떤 말을 뛰어난 자질을 갖춘 말이라고 생각했을까. 15세기 말에 쓰인 한 책에는 '준마의 특질'에 대해 다음과 같이 기록되어 있다.

　　준마는 15가지 특질을 지니고 있어야 한다. 즉, 남자의 특질 세 가지, 여자의 특질 세 가지, 여우의 특질 세 가지, 토끼의 특질 세 가지, 나귀의 특질 세 가지가 그것이다.

　　남자의 특질 세 가지는 용기와 긍지 그리고 강인함이고

　　여자의 특질 세 가지는 풍성한 가슴과 털 그리고 잘 움직이

는 입술이며

여우의 특질 세 가지는 아름다운 꼬리와 짧은 귀 그리고 경쾌한 발놀림이고

토끼의 특질 세 가지는 커다란 눈과 마른 머리 그리고 뛰어난 질주이며

나귀의 특질 세 가지는 커다란 턱과 곧은 다리 그리고 튼튼한 뼈이다.

16세기 영국 왕실 소유의 목장에서는 바브 종, 이베리아 산, 이탈리아 산 씨수말까지 사육하고 있었다. 헨리 8세는 경마에 깊은 관심을 가지고 있었으며 직접 경주를 개최하기도 했다. 왕후나 귀족들의 경마는 말 두 마리가 정해진 경주로 없이 기복이 심한 들판을 달리며 선두를 겨루는 방식이었다. 한편, 민중들 사이에서도 경마에 대한 관심이 싹트면서 상설 경마장까지 등장했다.

잉글랜드 북서부의 도시 체스터 근교에는 루디라고 불리는 지역이 있다. 1511년 그곳에서 경마 대회를 열기로 결의한 이후 수년 만에 상설 경마장이 들어섰다. 16세기 중반 무렵에는 뉴마켓, 키플링코트, 험블턴 등에도 경마장이 생겨났다. 이들 경마장 대부분은 지방 자치단체가 소유한 장소에 설치되었으며 왕후와 귀족들의 보호는 있었지만 대개 시나 마을 주최로 경기가 열렸다. 16세기 후반에는 엘리자베스 여왕이 크로이던과 솔즈베리의 경마장을 방문했다는 기록이 남아 있다. 또한 1595년 동커스터 지도에는 두 개의

디 강과 로마 시대의 성벽에 둘러싸인 체스터 경기장. 초기의 판화

경마장이 기재되어 있다.

이처럼 경마가 성행했다고는 하지만 유럽 전체를 놓고 보았을 때 영국 산 말의 수준이 특별히 높았던 것은 아니다. 원래 영국에는 17세기 말까지 아랍 종이 매우 드물었다. 18세기에도 합스부르크 제국의 리피자너나 신흥국 프로이센의 트라케너를 능가하는 말은 없었다. 이 말들은 안달루시아 종이나 아랍 종과의 배합으로 생산된 것이었다. 역사를 거슬러 올라가면 16세기경부터 폴란드에서 아랍 종을 다량 수입했다. 이 말들을 기반으로 유럽 대륙의 민첩하고 빠르며 지구력까지 갖춘 우량마가 생산되고 있었던 것이다.

서러브레드의 탄생

18세기까지 경종마 생산의 후진국이었던 영국에서도 경마가 성행하면서 속도에 대한 열의가 높아졌다. 그중에서도 당시 영국에 수입된 동방의 말 3마리가 주목을 모았다. 튀르크 산 아랍 종 바이얼리 터크와 알레포에서 들여온 아랍 종 달리 아라비안 그리고 북아프리카 산 아랍 종 고돌핀 아라비안이다. 이 말들이 영국의 재래종 암말이나 유럽 산 아랍 종 암말과 배합되어 마침내 뛰어난 경주 능력을 지닌 말을 탄생시켰다.

이런 경주마 중에서도 부계가 고돌핀 아라비안까지 거슬러 올라가는 멧쳄(1748년 출생), 바이얼리 터크로 거슬러 올라가는 헤로드(1758년 출생), 달리 아라비안으로 거슬러 올라가는 이클립스(1764년 출생, 10장 표제지 참조)는 특히 뛰어난 자질을 보였다. 이렇게 순수 혈종으로서의 서러브레드라는 품종이 존재를 드러냈다. 역사적인 명마 이클립스에 얽힌 이야기는 무척 흥미진진하다.

이클립스는 첫 출전 때부터 이미 시험 주행을 목격한 노파들에 의해 소문이 파다했다. 한쪽 다리가 흰 말이 엄청난 속도로 질주하는데, 그 뒤를 쫓는 말은 한참 뒤처져 있었다는 것이었다. 과연 이클립스는 첫 출전에서 소문 그대로 낙승을 거두었다. 두 번째 경기에서는 이미 누구나 인정하는 우승 후보였다. 우승마에 걸어도 본전도 못 찾을 정도였다. 도박을 좋아하는 어떤 중령은 순위를 맞히는 조건으로 내기에 응하기로 했다. 그는 이렇게 예측했다. '이클립스 1등, 다른 말은 보이지 않을 것이다.'

그의 이런 예측은 경마 역사상 가장 유명한 말이 되었다. 그만큼 이클립스는 독보적이었다. 은퇴하기까지 성적은 18전 18승. 채찍을 휘두르거나 전력질주를 강요할 필요도 없었던 무적의 명마였다. 오늘날 서러브레드의 3대 시조 중에는 달리 아라비안 계통이 압도적인 우위를 차지한다. 그 역시 은퇴 후 씨수말로 활동한 이클립스의 공적이었다.

무적의 명마 이클립스는 전설이 되었지만 어디까지나 브리튼 섬에만 국한된 이야기이다. 18세기 후반에도 영국은 여전히 경종마 생산의 후진국이었으며 세계적인 수준에서 이클립스의 자질이 정말 탁월했는지는 의문이 남는다. 예컨대 합스부르크 제국에 대항한 신흥국 프로이센은 정책적으로 트라케네 목장을 경영했으며 여기서 생산된 트라케네는 속도와 체력적인 면에서 세계 최고 수준이었다. 그러나 군마나 견인마가 아닌 경마에만 집착한 영국에서 뛰어난 경주마를 생산하기까지는 그렇게 오랜 세월을 필요로 하지 않았다. 19세기가 되자 유럽 대륙에서도 서러브레드의 우수성을 인정하지 않을 수 없게 되었다.

근대 경마의 성립

1666년의 런던 대화재 이후 엄청난 수의 커피 하우스가 문을 열었다. 머지않아 그 수는 3,000곳이 넘었다고 한다. 커피 하우스는 다양한 정보가 오가고 상거래가 이루어지는 장인 동시에 여론 형성의 장이기도 했다. 게다가 모든 계층의 사람들이 자유롭게 드나들었기 때문에 흡연과 같은 새로운 풍속, 사상, 유행어 등이 모두 이곳에서 탄생했다.

커피 하우스는 시민 생활 속의 열린 공간이었다. 그러나 18세기가 되면서 폐쇄적인 클럽이나 술집으로 바뀌었다. 정치 클럽, 문학 클럽, 사교 클럽 또는 비밀 클럽 등이 나타났다가 사라지는 그야말로 클럽의 시대였다. 이런 분위기 속에서 경마에 열광하는 사람들의 모임이 탄생하는 것도 이상한 일이 아니었다.

경마는 도처에서 이루어지고 있었는데, 말을 타는 것은 마주나 그의 지인이었으며 규칙도 제각각이었다. 그렇지만 경마에 대한 열의는 식기는커녕 더욱 고조되어 우승패를 제공하는 마을도 있었다고 한다. 짬짜미나 부정행위도 흔했기 때문에 경마 규칙을 정하고 풍기를 바로잡기 위한 움직임이 싹트게 되었다. 처음에는 경마에 열광하는 동호인들의 모임에 불과했지만 18세기 중반에는 경마 산업 전반을 통합하는 단체로서 자키 클럽Jockey Club이 창설되었다.

이 클럽 구성원들의 면면에 대해서는 밝혀져 있지 않다. 하지만 창설된 지 10년 남짓이 지난 시점에 등록된 회원 19명 중에는 공작 6명, 후작 1명, 백작 5명, 자작 1명, 남작 1명이 포함되어 있었다. 그중 한 명인 컴벌랜드 공작은 국왕 조지 2세의 3남이었다. 자키 클럽은 부정행위를 저지른 자를 제명하는 등 공정한 경마 제도의 확립을 위해 단호한 조치를 취했기 때문에 통합 단체로서의 권한을 부여받았을 뿐 아니라 권위 있는 단체로 인정받게 되었다.

이때부터 앞서 이야기한 이클립스와 같은 말이 등장하면서 서러 브레드 품종이 사람들의 주목을 받기 시작했다. 서러브레드라는 명칭 자체는 19세기가 되어서야 쓰이기 시작했다.

경마 경기는 일대일로 겨루는 매치 레이스와 같은 경주마로 여러 번 겨루는 히트 레이스가 주로 치러졌다. 그러다 한 번에 많은 말이 출전하는 경주가 주목받기 시작했다. 당시에는 7세 정도가 말의 전성기라고 여겼기 때문에 이런 경주는 젊은 말들이 출전하는 경우가 많았다. 1776년에는 3세마를 위한 장거리 경주인 세인트 레거가 시작되었으며 그 이후 3세 암말을 위한 오크스, 3세마들의 왕자를 겨루는 더비 그리고 1마일 구간에서 속도를 겨루는 1,000기니, 2,000기니 레이스도 시작되었다. 이 경기는 오늘날 5대 클래식이라고 불린다. 이들 경주를 개최하는 동커스터, 엡섬, 뉴마켓 경마장은 왕실에서 경영하는 애스콧 경마장과 함께 세계적인 명성을 떨치게 되었다.

그리하여 19세기 초 무렵에는 경마의 조직과 경주 체계가 확실한 형태를 갖추게 되었다. 또 18세기 말에는 서러브레드의 혈통 등록에 착수하여 1808년 혈통 등록의 결정판인『제너럴 스탠더드 북 General Standard Book』제1권이 간행되었다.

영국에서 경마가 성공할 수 있었던 것은 경마에 대한 사람들의 열의가 있었기 때문이다. 경마를 좋아하는 왕후와 귀족들은 더 빠른 말을 구하기 위해 말 생산에 열의를 불태웠다. 민중들은 우수한 말들의 경주를 관전하며 내기에 열중했다. 경마 관계자는 방치 상

동커스터 경주(19세기 후반)

태였던 시행 규칙을 통제하고 공정하게 정비된 경주 체계 확립에
열의를 쏟았다. 이렇게 다양한 사람들의 열의가 고양된 배경에는
산업혁명기의 사회가 있었다. 근대 경마의 성립이라는 현상 속에
도 끊임없는 발견과 개발을 멈추지 않는 시대의 거대한 물결이 내
재되어 있었던 것이다.

　영국인이 세계 각지로 이주하면서 경마는 다양한 지역으로 전파
되었다. 특히 영국의 식민지였던 곳에서는 경마가 부자들의 유희
로 정착되어갔다. 그렇기 때문에 오늘날 미국이나 그 영향이 미치
는 라틴아메리카, 오세아니아, 남아프리카 등에서 경마는 민간단
체에 의해 운영되고 있다. 반면에 프랑스, 독일, 이탈리아 등의 유
럽 열강 및 일본 등에서는 군마나 실용마의 품종 개량을 위한 장치
로서 제도화되었다. 그렇기 때문에 이들 나라의 경마는 국영화 혹
은 그에 준하는 수준에서 운영된다.

근대 경마의 역사를 살펴보면, 우수한 명마들이 펼치는 향연으로 가득하다. 그 중 몇몇을 소개해본다.

프랑스 태생으로 영국의 3관마가 된 글래디아투르(1862년생)는 지금도 롱샹 경마장 정면에 동상이 장식되어 있다. 기마 유목민의 전통을 잇는 헝가리 태생의 킨쳄(1874년생)은 영국, 프랑스, 독일을 전전하면서 54전 54승을 거둔 기적의 명마였다. 영국인들이 19세기 최강으로 자부하는 무패의 명마 세인트 사이먼(1881년생)은 씨수말이 되어 잇따라 우수한 말을 탄생시키기도 했다. 미국의 국민적 영웅 맨오워(1917년생)는 『뉴욕 타임스』 사설에 그 죽음을 애도하는 조문이 실렸을 정도이다. 영국의 개성이 풍부한 2관마 히페리온(1930년생)은 세인트 사이먼의 환생이라고 일컬어질 정도의 우수한 씨수말이 되었다. 이탈리아가 낳은 무패의 명마 네아르코(1935년생)는 그 혈통에 의해 세계 말 생산업계를 일신하는 혁명을 가져왔다.

제2차 세계대전 이후에 태어난 말로는 켄터키 더비에서의 패배가 유일한 명마 네이티브 댄서(1950년생)가 직계 자손으로부터 10마리가 넘는 더비 경주마를 배출했다. 이탈리아가 세상에 내놓은 무패의 명마 리보(1952년생)는 개선문상에서도 연패를 달성했다. 캐나다 태생의 미국 2관마 노던 댄서(1961년생)는 세계의 혈맥에 일세를 풍미한 씨수말이 되었다. 프랑스 태생의 세기의 명마 시버드(1962년생)는 사상 최강의 더비 경주마로 개선문상의 명마로 불린다. 아일랜드에서 조련한 영국의 3관마 니진스키(1967년생)는 천재

무용가가 환생해 세계를 두 번이나 매료시켰다는 평을 받았다. 유럽 3대 레이스 최초의 패자로 등극한 명마 밀 리프(1968년생)는 12승의 착차着差(결승점을 통과할 때 선착한 말과 후착한 말 사이의 거리 차이-역주) 합계가 56마신馬身이나 되었다. 3관 레이스를 모두 최고 기록으로 압승한 거구의 말 세크리테리엇(1970년생)은 미국 전역에서 공전의 인기를 누린 스타 급 경주마였다.

그 후로도 세계의 경마 역사를 장식한 명마의 목록은 계속 이어진다. 이런 명마를 배출하기 위해서는 말 생산 산업의 저변 확대가 바탕이 되어야 한다. 서러브레드의 생산은 유럽 내에서는 영국, 아일랜드, 프랑스 등에서 활발히 이루어졌다. 그러나 오늘날 서러브레드 생산 두수는 미국이 압도적인 1위를 기록하고 있으며 2위는 오세아니아이다. 일본도 유럽과 미국 등지에서 우수한 씨수말을 들여와 뛰어난 자질을 갖춘 경주마를 생산할 수 있게 되었다.

세계 최강마를 향한 일념

경마 역사에서 여러 나라의 말이 출전하는 국제 경주가 처음 개최된 것은 독일의 바덴바덴이었다. 프랑스에 인접한 바덴 공국은 중립 세력으로서 다수의 국제회의가 개최되는 등 세계의 이목이 집중되는 무대였다. 1858년 프랑스 자키 클럽의 비호 아래 바덴 대상이 개최되었다.

그로부터 5년 후, 파리의 롱샹 경마장에서는 파리 대상이 창설되었다. 3세마만 출전할 수 있는 경주로 각국의 더비 경주마 중 최강 마를 가리기 위한 대회였다. 또 1920년에는 롱샹 경마장의 가을을 장식하는 개선문상이 시작되었다. 이 대회는 세계 최고의 그랑프리 레이스로 명성을 떨치게 되었다.

그 밖에도 여러 나라에서 개선문상을 모방한 세계 대회가 창설되었는데 그 중에서도 이탈리아의 밀라노 대상이나 아르헨티나의 카를로스 펠레그리니 대상 등이 유명하다.

경마의 본고장 영국에서는 제2차 세계대전 이후에서야 세계의 패권을 다투는 경주의 필요성을 인식했다. 1951년 애스콧 경마장에서 킹 조지 6세&퀸 엘리자베스 경주가 창설되어 오늘날에도 유럽 여름 경마의 최고봉으로 인정받고 있다.

북미 지역에서는 말의 장거리 운송이 쉽지 않은 탓에 해외의 유력마들을 불러 모으기가 어려웠다. 1952년 워싱턴 DC인터내셔널이 창설되면서 유럽의 말도 원정을 오게 되었다. 최근에는 1984년 브리더스 컵이 창설되어 7개의 종별 왕자를 결정하는 레이스가 펼쳐지고 있다.

일본에서도 경마가 크게 흥행하며 1981년에는 국제 초대 경주인 재팬 컵이 시작되었다. 또 석유 자원이 풍부한 아랍의 대부호들은 전 세계의 혈통 좋은 말들을 사 모았으며 1996년에는 세계의 이목이 집중된 두바이 월드컵도 창설되었다. 영국 통치 시기의 전통이 남아 있는 홍콩에서도 국제 경주가 개최되게 되었다.

20세기 말이 되자 경마의 국제화가 급격히 진행되면서 경마 경주에 대한 조직적인 움직임이 나타나기 시작했다. 세계 최강의 말을 증명하는 데 한 곳의 국제 경주에서 우승하는 것만으로는 사람들을 납득시킬 수 없다. 그리하여 자동차 경주인 F1 선수권 시리즈와 같이 전 세계의 국제 경주를 체계화하고 그 성적을 점수화함으로써 그 합계로 세계 최강마를 결정하는 방안이 실현되게 되었다. 이런 시도가 세계의 경마 애호가들 사이에서 얼마나 널리 인지될 것인지는 21세기의 과제로 남을 것이다.

그럼에도 왜 사람들은 이토록 세계 최강마를 추구하려는 것일까. 초음속 항공기로 이동하고 인터넷으로 전 세계가 순식간에 연결되는 시대임에도 말과 인간의 관계 속에는 동질의 무언가가 깊이 내재되어 있는 듯하다. 그것은 이상적인 말을 추구하는 인간의 지칠 줄 모르는 열정이라고도 할 수 있을 것이다. 일찍이 페가수스를 꿈에 그리며 천마를 구하기 위해 동분서주하던 인간의 열정은 현대인의 마음속에 여전히 살아 숨 쉬고 있는 것인지도 모른다.

에필로그

우리는 역사의 부채를 갚았을까

레오나르도 다빈치는 밀라노 공작으로부터 최대급의 기마상을 주조해달라는 의뢰를 받았다고 한다. 레오나르도는 거대한 말의 습작 스케치를 수없이 그리며 남다른 열정을 불태웠다. 마침내 완성된 점토 원형은 1499년 9월 10일 프랑스 군의 침입으로 파괴되고 만다. 기마상 제작에 17년이나 매달린 그도 단념할 수밖에 없었다. 그로부터 20년 후, 죽음을 앞둔 그는 미완으로 끝난 기마상에 대한 회한의 정을 버리기 어려웠는지 울분에 찬 눈물을 흘렸다고 전해진다.

이 '다빈치의 기마상'에 대한 이야기에 크게 감동한 미국의 한 부호가 있었다. 그의 유지에 따라 자금이 조달되어 수년 전부터 기마상 제작이 시작되었다. 마침내 레오나르도 다빈치의 습작 스케치를 토대로 미술가 그룹이 제작한 세계 최대의 기마상이 밀라노 시에 기증되었다. 제막식은 1999년 9월 10일에 거행되었다. 레오나르도 다빈치가 기마상 제작을 단념한 시점으로부터 정확히 500년이 지난 후의 일이다. 제막식 당시 유족 대표로 나온 한 인사는 '울지 마시오, 레오나르도 다빈치. 여기 당신의 말이 완성되었소'라고 외쳤다고 한다.

'다빈치의 말' 무게 15톤, 체고가 7.2미터에 달하며 머리 꼭대기까지는 10미터가 넘는
다. 총 제작비용은 약 80억 원에 이른다고 한다

　그야말로 사람과 말의 관계를 둘러싼 한 편의 극적인 드라마가
담겨 있는 일화이다. 거대한 기마상을 만들려던 권력자의 꿈과 역
동적인 기마상 조각에 열정을 쏟았지만 단념할 수밖에 없었던 천
재 예술가의 눈물 그리고 그 기마상을 어떻게든 실현시키고자 노
력한 한 부호의 집념이 담긴 이야기이다. 말이라는 생물이 과연 무
엇이기에 이토록 인간의 영혼을 뒤흔들었던 것일까.
　20세기를 대표하는 철학자 중 한 사람인 야스퍼스는 역사가 시
작되는 배경에 대해 고찰했다. 인간은 어떻게 역사를 갖지 않는 존
재에서 역사를 수반하는 존재로 바뀌었을까. 이에 대해 야스퍼스
는 5가지 요인을 지적했다. 첫 번째는 큰 강 유역의 치수와 관개의
조직화, 두 번째는 문자의 발명, 세 번째는 공통의 언어와 신화의
소유, 네 번째는 세계 제국의 탄생 그리고 다섯 번째 요인에 대해서
는 다음과 같이 말했다.

말의 등장은 새로운 전환의 한 동인으로 작용했다. 말은 전차용 또는 기마용으로 등장했다. 말은 인간을 대지로부터 해방시켰고 광범위한 행동반경과 자유를 주었으며 새로운 전투 기술을 제공해 주었다. 또한 말의 훈련과 제어, 기사와 정복자의 용기, 동물의 아름다움에 대한 감각에 결부되어 있는 지배자의 고양된 정신을 탄생시켰다. (『역사의 기원과 목표』 중에서)

　역사가 시작될 때 사람들은 그때까지의 잡다한 집단으로서 존재하는 것이 아니다. 국가나 민족이라는 총합체로서 조직되어야 한다. 그 과정에서 사람이나 물자 그리고 정보 등이 광대한 범위를 빠르게 이동하지 않으면 안 되었다. 그 부분에서 말은 굉장히 커다란 역할을 했다. 그 뿐만이 아니다. 아름답고 고귀한 말의 자태는 그것을 다루는 사람에게 긍지와 용기를 갖게 하고 그것을 우러러보는 사람에게는 숭배심마저 불러일으켰다. 역사를 깊이 고찰한 철학자는 그 점을 간과하지 않았다.

　현대인은 인간에게 가장 좋은 친구는 개라고 생각한다. 과연 개는 어디에서나 키울 수 있고 사람을 잘 따르며 순종적이기도 하다. 한편 말은 대형 동물이기 때문에 아무데서나 키울 수 없다. 하지만 말도 잘 길들이고 다루는 사람을 따르고 순종한다. 가혹한 조건에서도 지시에 따라 임무를 완수할 수 있다. 말의 충직함은 결코 개에 뒤지지 않는다. 개가 가장 좋은 친구라면 말은 가장 좋은 노예였다고도 할 수 있을 것이다. 게다가 말은 약동감이 넘치고 아름다움을 잃지 않는다. 말은 인간의 경애를 받는 가장 고귀한 노예이다. 가장 좋은 친구나 다름없는 하인인 것이다.

역사를 거슬러 올라가면 말은 식량 자원에 불과했으며 가축화도 그리 빠르지 않았다. 그러나 말을 길들여 이용하게 되면서 인간 세계는 크게 확대되었다. 말은 수레나 전차를 끌거나 등에 사람이나 물자를 싣고 운반했으며 때로는 힘든 작업도 묵묵히 해냈다. 말의 속력과 체력은 인간의 활동 범위를 크게 확대시켰다. 그것은 중기 기관차나 증기선이 어디든 오가게 되면서 『80일간의 세계 일주』가 더 이상 꿈이 아니게 된 19세기 후반까지 수천 년에 걸쳐 계속되었다.

만약 말이 없었다면 그 수천 년은 어떻게 흘러갔을까. 말의 속력과 체력은 무엇으로 대체했을까. 내연 기관이 발명되기까지 얼마나 많은 시간이 필요했을까. 어쩌면 『80일간의 세계 일주』는 22세기는커녕 30세기에도 몽상의 단계에 머물렀을지 모른다. 하물며 콩코드기나 인터넷은 그 후에나 출현하는 것이다.

이런 점은 아무리 강조해도 지나치지 않다. 인류의 역사에서 말이 담당한 역할을 망각해버린 현대인들이야말로 스스로의 상상력 결여를 한탄해야 할지 모른다. 그것은 인간이 자신의 지력에 만족하고 자부하는 오만함에서 벗어나는 것이며 더 나아가 자신들이 살아가는 자연 환경 또는 동식물의 생태계에 두루 관심을 갖는 것이기도 하다. 인간이 자연의 혜택 속에서 살아가고 있다는 것을 깊이 자각하는 기회가 될 것이다.

오늘날에야 말은 가혹한 노동에서 해방되고 있다. 말은 오랜 역사 속에서 고역도 마다않으며 우리에게 크나큰 은혜를 베풀었다. 과연 우리는 이 기품 있고 아름다운 동물에게 진 역사의 부채를 갚았다고 말할 수 있을까.

맺음말

    혼자서 세계사를 쓴다면 그는 대단히 박식한 사람이거나 어리석은 사람이 분명하다. 나는 아무리 생각해도 전자는 아니니 후자에 속할 것이다. 하지만 어리석은 사람에게도 나름의 이점은 있다. 지금껏 이런저런 논문과 집필 활동을 해왔지만 이번만큼 쓰는 것 자체를 즐겼던 적은 없었다.

    좁은 의미에서 역사가를 정의한다면 나는 서양 고대사 연구자이다. 이 책으로 말하면 제4장 '포세이돈의 변신'을 집필할 자격이 있을 뿐이다. 그러나 한정된 시대와 지역을 면밀히 분석하는 것만이 역사가에게 요구되는 과제는 아닐 것이다. 동서고금을 폭넓게 조망하면서 각각의 시대와 지역이 가진 의미를 생각해보는 것 역시 역사가가 누릴 수 있는 즐거움이 아닐까.

    신록이 눈부신 계절에 처음 경마장 문을 들어선 이후 어느새 30년 가까운 세월이 흘렀다. 주말마다 마권에 빠져있느라 거의 매년 방문하는 영국에서도 캠브리지 대학교보다 근처에 있는 뉴마켓 경마장으로 향하는 횟수가 더 많은 것 아니냐는 놀림을 받는 지경이다.

    그런 나날을 보내다보니 언젠가부터 말을 중심으로 세계사를 재조명해보고 싶다는 생각이 들었다. 생각해보면, 말은 불과 100여 년 전까지만 해도 인간의 가장 충실한 노예이자 최고의 벗이며 조력자였다. 그러나 현대인은 이제 그런 사실조차 까맣게 잊어버렸다.

20세기 후반 세계는 미증유의 인구 증가와 번영을 누리고 있다. 한 인구학자는 기원 원년부터 20세기 말까지의 2,000년간을 합산하면 지구상에는 150억 남짓한 인간이 있었는데 그 중 4분의 3이 20세기의 인간이라고 한다. 우리는 이런 문명을 언제까지 유지해 나갈 수 있을까. 언제 기후와 환경이 악화하고 에너지 자원이 고갈될지 모른다는 불안을 지울 수 없다. 그런 사태에 직면하게 되면 우리는 다시금 가장 충실한 노예이자 최고의 벗이며 조력자인 말을 떠올리고 그들의 힘에 의존하지 않을 수 없게 될지 모른다.

그런 상상까지 하지 않더라도 세계사라는 무대에서 주역을 맡은 인간뿐 아니라 말 역시 중요한 조역으로서 역할을 맡아왔다는 사실을 잊지 않기를 바란다. 이 책이 그것을 떠올리는 데 일조하였으면 한다.

전공이 아닌 다양한 분야에 대해 언급하다 보니 많은 선학들의 저술에 의지하지 않을 수 없었다. 특히 가와마타 마사노리, 스기야마 마사아키 등의 아시아 사학자들의 연구에서 많은 도움을 받았다. 또한 여러 분야의 전문가들이 모여 있는 대학이라는 환경은 가까운 연구실의 문을 두드리거나 복도에서 마주칠 때마다 무엇이든 물어볼 수 있다는 엄청난 이점이 있다. 그럴 때마다 적절한 조언을 해준 동료들에게 거듭 감사의 인사를 전한다.

마지막으로 편집부의 호리사와 가나 씨의 세심한 배려와 도움 덕

분에 이 책을 완성할 수 있었다. 이 책은 두 사람의 합작이라는 생
각을 한다. 진심으로 감사드린다.

2001년 6월
모토무라 료지

문고판 출간 후기

책은 누구를 위해 쓰는 것일까. 책을 쓰는 사람이라면 막연하게 나마 독자를 떠올릴 것이다. 그러나 이 책에는 분명한 독자가 있었 다. 바로 나 자신이었다.

대학원에서 전공인 로마사를 연구하는 동안 일요일마다 경마장 에 다녔다. 지금으로부터 40년쯤 전인 당시 은사로부터 주말에 있 을 학회 준비를 도와달라는 부탁을 받았다. 나는 '그 날은 더비 경 주가 있기 때문에 도와드릴 수 없습니다'라고 간단히 대답했다. 후 일담이지만 그때 그 은사는 시대가 변했다는 것을 실감했다고 한 다. 지금 생각해 보면 정말 너그러운 분이셨다.

녹음이 가득한 아름다운 정경과 기품 있고 약동감 넘치는 서러브 레드의 모습에 매료되어 경마와 마권의 세계에 깊이 빠져들었다. 그렇다고 연구를 소홀히 하지는 않았기 때문에 무사히 대학원을 마치고 교단에도 서게 되었다.

고대사를 전공했기 때문인지 전근대 사회에서의 말과 인간 그리 고 문명의 관련성에 대해 관심을 가지고 있었다. 그것을 폭넓게 조 망한 책을 읽어보고 싶어 국내외의 서적을 찾아보았지만 결국 찾 지 못했다.

물론, 외서나 번역서 중에 '말과 인간', '말과 문명'을 다룬 서적이 없는 것은 아니다. 하지만 거기에는 공통적인 한계가 있었다. 서양의 작자는 서양 중심의 견해에 치우쳐 있었다. 그들의 시야에 포함되는 것은 이란이 한계였으며 다른 동방의 지역에 대한 서술은 막연했다. 마치 이란 너머의 세계는 존재하지 않는다는 듯 아시아계 또는 오리엔트계로 뭉뚱그려져 있었던 것이다.

역사를 돌이켜 보면 분명히 알 수 있지만 기마 유목민이 활약한 무대는 이란 너머의 세계 즉, 중앙아시아 혹은 내륙아시아라고 불리는 지역이었다. 그들의 위협에 직면한 동아시아의 움직임도 세계사적으로 중요한 의미를 갖는다. 그런 모든 사건을 하나로 뭉뚱그려 설명하는 것은 지나치게 편파적인 시각이 아닐까.

지금의 서구 세계를 영국, 프랑스, 독일, 이탈리아, 스페인 등으로 구별하지 않고 유럽인으로 포괄해 다룬다면 어떤 반응을 보일까. 근대 세계가 서구 국가들의 주도로 구축되었다는 사실은 부정할 수 없다. 그러나 세계사를 오로지 5천 년의 문명사를 통해서만 이야기할 수 있는 것은 아니다.

다행히 일본에서 중앙아시아 및 동아시아 역사 연구는 그 범위가 넓고 질적인 면에서도 수준이 높다. 또 나 같은 문외한도 쉽게 접근할 수 있을 만큼 연구 자료도 충분하다.

자화자찬이기는 하지만, 서양사 연구에 매진해온 학자의 한 사람으로서 서양의 사정을 바라보는 안목을 가지고 있다고 자부한다. 그렇기 때문에 동서고금을 최대한 공정한 시각에서 바라볼 수 있는 내가 『말의 세계사』에 대해 써보면 어떨까 하는 생각을 갖게 되었다.

　결국 나는 내가 읽고 싶은 책을 쓴 것에 불과하다. 물론 그러려면 전공 분야 이외의 연구 특히 동양 역사가들의 저술에서 많은 것을 배웠다. 그 내용에 어떤 실수라도 있다면 오로지 내 학식이 얕은 탓이다.

　내가 읽고 싶은 책을 썼을 뿐인데 감사하게도 많은 독자들이 읽어주신 덕분에 쇄를 거듭해 출간할 수 있었다. 그 뿐만이 아니다. 경마 애호가로서 최고의 영광이 아닐 수 없는 JRA상 마사문화상까지 받았다. 또 중국어와 한국어로 번역되어 동아시아의 독자들에게 널리 소개되는 상상도 하지 못한 일이 일어났다.

　신서판의 중쇄가 중단된 이후로도 이 책을 읽고 싶다는 요청이 자주 들어왔다. 그만큼 인류의 역사 속에서 말의 역할에 주목하는 사람들이 적지 않다는 의미가 아닐까. 그러던 차에 문고판 출간 요청이 들어와 기꺼이 수락했다. 문고판 출간을 흔쾌히 수락해준 고단샤 측에도 다시 한 번 감사드린다.

　실은 열렬한 경마 팬으로서 이번 문고판 출간을 '오르페브르 개선문상 제패 기념 출판'이라고 명명하고 싶은 열망이 있었다. 올해도 파리의 롱샹 경마장에서 유학생들과 함께 일본에서 출전한 오르페브르와 키즈나를 뜨겁게 연호했지만 오르페브르가 작년에 이어 아쉽게 우승을 놓치면서 눈물을 삼킬 수밖에 없었다. 세계 최고의 개선문상에서의 우승은 올림픽 금메달 10개 또는 축구 월드컵 우승에 필적하는 쾌거인 것이다. 그런 대회를 경마 후진국이었던 일본의 말이 제패하는 것은 '말의 세계사'에 있어서도 굉장한 사건이 아닐 수 없다. 올해는 비록 이루어지지 못했지만 언젠가 아니 내년이라도 꼭 실현되기를 바라며 펜을 내려놓는다.

2013년 10월의 어느 좋은 날 런던에서

모토무라 료지

참고 문헌

- 『세계의 역사世界の歴史』 전30권, 주오코론신샤, 1997-1999.
- 『이와나미 강좌-세계 역사岩波講座 世界歴史』 전28권, 이와나미서점, 1997-2000.
- 『연대기 세계사クロニック世界全史』 고단샤, 1994.
- 『전쟁독본월드 특별증간—전쟁의 세계사歴史読本ワールド　特別増刊—戦争の世界史』 신진부쓰오라이샤, 1987.
- 『경주마의 문화사競走馬の文化史』 아오키 레이 저, 지쿠마쇼보, 1995.
- 『말·배·민중馬·船·常民』 아미노 요시히코 · 모리 고이치 저, 가와이출판, 1992.
- 『크세노폰의 마술クセノポーンの馬術』 아라키 유고 엮음, 고세이샤고세이카쿠, 1995.
- 『세계 명마 파일世界名馬ファイル』 이시카와 와타루 저, 고에이, 1997.
- 『세계사 편람 11—내륙 아시아 역사의 전개世界史リブレット11—内陸アジア史の展開』 우메무라 히로시 저, 야마가와출판사, 1997.
- 『기마 민족 국가騎馬民族国家』 에가미 나미오 저, 주코신서, 1967.
- 『세계사의 탄생世界史の誕生』 오카다 히데히로 저, 지쿠마문고, 1999.
- 『스페인 무훈시—엘 시드의 노래スペイン武勲誌—わがシッドの歌』 오카무라 이치 역, 긴다이문예사, 1996.
- 『가축 문화사家畜文化史』 가모 기이치 저, 호세이대학출판국, 1973.
- 『차마의 역사騎行·車行の歴史』 가모 기이치 저, 호세이대학출판국, 1980.
- 『말 달리는 고대 아시아ウマ駆ける古代アジア』 가와마타 마사노리 저, 고단샤선서, 1994.
- 『아랍마의 성립에 대한 고찰アラブ馬の成立についての考察』 기타자와 준이치 저, 도쿄대학문학부동양사학과 졸업논문, 2000.
- 『기마 민족의 마음騎馬民族の心』 고이부치 신이치 저, 니혼방송출판협회, 1992.
- 『흉노匈奴』 사와다 이사오 저, 도호서점, 1996.
- 『길을 걷다 5—몽골 기행街道をゆく5—モンゴル紀行』 시바 료타로 저, 아사히문고, 2000.
- 『말과 인간의 역사馬と人間の歴史』 스에자키 마스미 저, 재단법인 마사문화재단, 1996.
- 『쿠빌라이의 도전クビライの挑戦』 스기야마 마사아키 저, 아사히선서, 1995.
- 『유목민으로 본 세계사遊牧民から見た世界史』 스기야마 마사아키 저, 니혼경제

신문사, 1997.

- 『만리의 흥망万里の興亡』 니시노 히로요시 저, 도쿠마서점, 1998.
- 『마차의 문화사馬車の文化史』 혼조 노부히사 저, 고단샤현대신서, 1993.
- 『근대 스포츠의 탄생近代スポーツの誕生』 마쓰이 요시아키 저, 고단샤현대신서, 2000.
- 『민족의 세계사 4―중앙유라시아의 세계民族の世界史4―中央ユーラシアの世界』 모리 마사오 · 오카다 히데히로 엮음, 야마가와출판사, 1990.
- 『실크로드의 천마シルクロードの天馬』 모리 유타카 저, 록코출판, 1979.
- 『서러브레드의 탄생サラブレッドの誕生』 야마노 고이치 저, 아사히선서, 1990.
- 『초원과 말과 몽골인草原と馬とモンゴル人』 요 가이에이 저, 니혼방송출판협회, 2001.
- 『기마 민족의 수수께끼騎馬民族の謎』 요미우리신문 오사카본사 엮음, 가쿠세이샤, 1996.
- 『도설 지중해 이야기図説地中海物語』 David Attenborough 저, 도요쇼린, 1998.
- 『경마競馬』 Pierre Arnoult 저, 하쿠스이샤, 1975.
- 『아틸라와 훈 족アッチラとフン族』 Louis Hambis 저, 하쿠스이샤, 1973.
- 『최고의 말アルティメイト・ブック 馬』 Elwyn Hartley Edwards 저, 로쿠쇼보, 1995.
- 『고대의 여행 이야기古代の旅の物語』 Lionel Casson 저, 하라쇼보, 1998.
- 『도설 말과 인간의 문화사図説 馬と人の文化史』 Juliet Clutton-Brock 저, 도요쇼린, 1997.
- 『문학을 통해 본 게르만 대이동文学にあらわれたゲルマン大侵入』 Pierre Paul Courcelle 저, 도카이대학출판회, 1974.
- 『한 제국의 준마 몽고의 말 문화セツェン=ハンの駿馬 モンゴルの馬文化』 J. Saruul-buyan 저, 레이분출판, 2000.
- 『고트 족ゴート族』 Hermann Schreiber 저, 유가쿠샤, 1979.
- 『가축의 역사家畜の歴史』 Frederick Everard Zeuner 저, 호세이대학출판국, 1983.
- 『몽골군モンゴル軍』 Stephen Richard Turnbull 저, 신키겐샤, 2000.
- 『몽골의 역사와 문화モンゴルの歴史と文化』 Walther Heissig 저, 이와나미서점, 2000.
- 『나가시노 전투의 세계사長篠合戦の世界史』 Geoffrey Parker 저, 도분칸출판, 1995.
- 『말의 백과사전馬の百科』 Maurizio Bongianni 저, 쇼가쿠칸, 1982.
- 『세계의 대사상 II 12―역사의 기원과 목표世界の大思想II 12―歴史の起原と目標 他』 Karl Jaspers 저, 가와데쇼보, 1968.

- 『경마의 세계사競馬の世界史』Roger Longrigg 저, 니혼중앙경마회, 1976.
- C. Berry, *The Racehorse in Twentieth Century Art*, London, 1989.
- P. Bienkowski & A. Millard, *British Museum Dictionary of the Ancient Near East*, London, 2000.
- B. Brend, *Islamic Art*, London, 1995.
- J. Clutton-Brock, *Horse Power*, London, 1992.
- J. Clutton-Brock, *Eyewitness Guides: Hores*, London, 1997.
- D. Broome, *Encyclopedia of the Horse*, London, 1998.
- S. Budiansky, *The Nature of Hores*, London, 1998.
- Dr. E. V. Cernenko, *The Scythians 700-300BC*, London, 1997.
- C. Davis, *The Kingdom of the Horses*, London, 1998.
- R. H. C. Davis, *The Medieval Warhorse*, London, 1989.
- M. & H. D. Dossenbach, *The Noble Horse*, New York, 1985.
- E. H. Edwards, *Horses: their Role in the History of Man*, London, 1987.
- E. H. Edwards, *The Encyclopedia of the Horse*, London, 1994.
- M. Healy, *Elite Series 39: The Ancient Assyrians*, Oxford, 1999.
- A. Hyland, *Equus: the Horse in the Roman World*, London, 1990.
- A. Hyland, *The Horse in the Middle Ages*, London, 1999.
- A. Hyland, *The Medieval Warhorse from Byzantium to the Crusades*, London, 1996.
- A. Holland, *Stride by Stride: The Illustrated Story of Horseracing*, London, 1989.
- M. Keen, *Chivalry*, New Haven & London, 1984.
- C. Lane, *British Racing Prints 1700-1940*, London, 1990.
- S. L. Olsen, *Horses through Time*, Carnegie Museum of National History, 1995.
- L. Rees, *The Horse's Mind*, London, 1995.
- F. Tesio, *Breeding the Racehorse*, London, 1994.
- P. Vigneron, *Le cheval dans l'antiquité*, Nancy, 1968.
- M. Williams, *Horse Psychology*, London, 1997.
- J. White, *The Racegoers' Encyclopedia*, Glasgow, 1992.

인용 문헌

- 사마천 『사기』, 중국고전문학대계12, 헤이본샤, 1871.
- 헤로도토스 『역사』 상중하, 이와나미문고, 1971.
- 호메로스 『일리아스』 상중하, 이와나미문고, 1953.
- 모파상 『비곗덩어리 · 테리에 집』, 신초문고, 1951.

그림 출전 · 소장 기관 일람

- p13, p97, p147, p157 (상, 하): 『말의 백과사전Guida al cavallo』 Maurizio Bongianni 저, 쇼가쿠칸, 1982년
- p23, p24: S. Budiansky, *The Nature of Horses*
- p29, p66, p68, p69, p177: 대영박물관 소장
- p33: 가모 기이치 『가축 문화사家畜文化史』 호세이 대학 출판국, 1973년
- p40: 아나톨리아 문명박물관 소장
- p44: 『구약신약성서 대사전旧約新約聖書 大事典』 교분칸, 1989년
- p48, p65: 가와마타 마사노리 『말 달리는 고대 아시아ウマ駆ける古代アジア』 고단샤 선서, 1994년
- p51: 에르미타주 미술관 소장
- p83: 진시황병마용 박물관 소장
- p103: 루브르 미술관 소장
- p110: 나폴리 국립고고학 박물관 소장
- p115: 로마 문명박물관 소장
- p119 (상): 바티칸 미술관 소장 / p119 (하): 로마 국립박물관 소장
- p120 (상·하): 수시 미술관 소장
- p131: 「주간 아사히 백과—세계의 역사 24」 아시히 신문사, 1989년
- p153: 토프카피 미술관 소장
- p167: 바이외 미술관 소장
- p181, p223: 파리 국립도서관 소장

- p183: 기시마 슌스케『아름다운 기도서의 세계美しき時祷書の世界』주오코론샤, 1995년
- p187, p205: 고큐 박물관 소장
- p213: CPC 포토 제공
- P230: 가바야마 고이치『연대기 세계사クロニック世界全史』고단샤, 1994년
- p241: The Stewards of the Jockey Club
- p249, p254: J. White, *The Racegoers' Encyclopedia*

말의 세계사

초판 1쇄 인쇄 2021년 3월 10일
초판 1쇄 발행 2021년 3월 15일

저자 : 모토무라 료지
번역 : 김효진

펴낸이 : 이동섭
편집 : 이민규, 탁승규
디자인 : 조세연, 김현승, 황효주, 김형주, 김민지
영업 · 마케팅 : 송정환
e-BOOK : 홍인표, 유재학, 최정수, 서찬웅
관리 : 이윤미

㈜에이케이커뮤니케이션즈
등록 1996년 7월 9일(제302-1996-00026호)
주소 : 04002 서울 마포구 동교로 17안길 28, 2층
TEL : 02-702-7963~5   FAX : 02-702-7988
http://www.amusementkorea.co.kr

ISBN 979-11-274-4292-7 03900

"UMA NO SEKAISHI" by Ryoji Motomura
Copyright © 2013 Ryoji Motomura
All rights reserved.
First published in Japan in 2013 by Chuokoron-Shinsha, Inc.

This Korean edition is published by arrangement with Chuokoron-Shinsha, Inc., Tokyo in
care of Tuttle-Mori Agency, Inc., Tokyo.

이 책의 한국어판 저작권은 일본 CHUOKORON-SHINSHA와의 독점계약으로
㈜에이케이커뮤니케이션즈에 있습니다.
저작권법에 의해 한국 내에서 보호를 받는 저작물이므로 무단전재와 무단복제를 금합니다.

*잘못된 책은 구입한 곳에서 무료로 바꿔드립니다.

창작을 위한 아이디어 자료
AK 트리비아 시리즈

-AK TRIVIA BOOK

No. 01 도해 근접무기

오나미 아츠시 지음 | 이창협 옮김 | 228쪽 | 13,000원

근접무기, 서브 컬처적 지식을 고찰하다!
검, 도끼, 창, 곤봉, 활 등 현대인의 무기가 등
장하기 전에 사용되던 냉병기에 대한 개설
서. 각 무기의 형상과 기능, 유형부터 사용 방법은 물론 서
브컬처의 세계에서 어떤 모습으로 그려지는가에 대해서
도 상세히 해설하고 있다.

No. 02 도해 크툴루 신화

모리세 료 지음 | AK커뮤니케이션즈 편집부 옮김 | 240쪽 | 13,000원

우주적 공포, 현대의 신화를 파헤치다!
현대 환상 문학의 거장 H.P 러브크래프트의
손에 의해 창조된 암흑 신화인 크툴루 신화.
111가지의 키워드를 선정, 각종 도해와 일러스트를 통해
크툴루 신화의 과거와 현재를 해설한다.

No. 03 도해 메이드

이케가미 료타 지음 | 코트랜스 인터내셔널 옮김 |
238쪽 | 13,000원

메이드의 모든 것을 이 한 권에!
메이드에 대한 궁금증을 확실하게 해결해주
는 책. 영국, 특히 빅토리아 시대의 사회를 중심으로. 실존
했던 메이드의 삶을 보여주는 가이드북.

No. 04 도해 연금술

쿠사노 타쿠미 지음 | 코트랜스 인터내셔널 옮김 | 220쪽
| 13,000원

기적의 학문, 연금술을 짚어보다!
연금술사들의 발자취를 따라 연금술에 대해
자세하게 알아보는 책. 연금술에 대한 풍부한 지식을 쉽고
간결하게 정리하여, 체계적으로 해설하며, '진리'를 위해
모든 것을 바친 이들의 기록이 담겨있다.

No. 06 도해 전국무장

이케가미 료타 지음 | 이재경 옮김 | 256쪽 | 13,000원

전국시대를 더욱 재미있게 즐겨보자!
소설이나 만화, 게임 등을 통해 많이 접할 수
있는 일본 전국시대에 대한 입문서. 무장들
의 활약상, 전국시대의 일상과 생활까지 상세히 서술. 전
국시대에 쉽게 접근할 수 있도록 구성했다.

No. 07 도해 전투기

가와노 요시유키 지음 | 문우성 옮김 | 264쪽 | 13,000원

빠르고 강력한 병기, 전투기의 모든 것!
현대전의 정점인 전투기. 역사와 로망 속의
전투기에서 최신예 스텔스 전투기에 이르기
까지, 인류의 전쟁사를 바꾸어놓은 전투기에 대하여 상세
히 소개한다.

No. 08 도해 특수경찰

모리 모토사다 지음 | 이재경 옮김 | 220쪽 | 13,000원

**실제 SWAT 교관 출신의 저자가 특수경찰의
모든 것을 소개!**
특수경찰의 훈련부터 범죄 대처법, 최첨단
수사 시스템, 기밀 작전의 아슬아슬한 부분까지 특수경찰
을 저자의 풍부한 지식으로 폭넓게 소개한다.

No. 09 도해 전차

오나미 아츠시 지음 | 문우성 옮김 | 232쪽 | 13,000원

지상전의 왕자, 전차의 모든 것!
지상전의 지배자이자 절대 강자 전차를 소개
한다. 전차의 힘과 이를 이용한 다양한 전술,
그리고 그 독특한 모습까지. 알기 쉬운 해설과 상세한 일
러스트로 전차의 매력을 전달한다.

No. 10 도해 헤비암즈

오나미 아츠시 지음 | 이재경 옮김 | 232쪽 | 13,000원

전장을 압도하는 강력한 화기, 총집합!
전장의 주역, 보병들의 든든한 버팀목인 강
력한 화기를 소개한 책. 대구경 기관총부터
유탄 발사기, 무반동총, 대전차 로켓 등, 압도적인 화력으
로 전장을 지배하는 화기에 대하여 알아보자!

No. 05 도해 핸드웨폰

오나미 아츠시 지음 | 이창협 옮김 | 228쪽 | 13,000원

모든 개인화기를 총망라!
권총, 기관총, 어설트 라이플, 머신건 등, 개
인 화기를 지칭하는 다양한 명칭들은 대체
무엇을 기준으로 하며 어떻게 붙여진 것일까? 개인 화기
의 모든 것을 기초부터 해설한다.

No. 11 도해 밀리터리 아이템
오나미 아츠시 지음 | 이재경 옮김 | 236쪽 | 13,000원

군대에서 쓰이는 군장 용품을 완벽 해설!
이제 밀리터리 세계에 발을 들이는 입문자들을 위해 '군장 용품'에 대해 최대한 알기 쉽게 다루는 책. 세부적인 사항에 얽매이지 않고, 상식적으로 갖추어야 할 기초지식을 중심으로 구성되어 있다.

No. 12 도해 악마학
쿠사노 타쿠미 지음 | 김문광 옮김 | 240쪽 | 13,000원

악마에 대한 모든 것을 담은 총집서!
악마학의 시작부터 현재까지의 그 연구 및 발전 과정을 한눈에 알아볼 수 있도록 구성한 책. 단순한 흥미를 뛰어넘어 영적이고 종교적인 지식의 깊이까지 더할 수 있는 내용으로 구성.

No. 13 도해 북유럽 신화
이케가미 료타 지음 | 김문광 옮김 | 228쪽 | 13,000원

세계의 탄생부터 라그나로크까지!
북유럽 신화의 세계관, 등장인물, 여러 신과 영웅들이 사용한 도구 및 마법에 대한 설명까지! 당시 북유럽 국가들의 생활상을 통해 북유럽 신화에 대한 이해도를 높일 수 있도록 심층적으로 해설한다.

No. 14 도해 군함
다카하라 나루미 외 1인 지음 | 문우성 옮김 | 224쪽 | 13,000원

20세기의 전함부터 항모, 전략 원잠까지!
군함에 대한 입문서. 종류와 개발사, 구조, 제원 등의 기본적부터, 승무원의 일상, 정비 비용까지 어렵게 여겨질 만한 요소를 도표와 일러스트로 쉽게 해설한다.

No. 15 도해 제3제국
모리세 료 외 1인 지음 | 문우성 옮김 | 252쪽 | 13,000원

나치스 독일 제3제국의 역사를 파헤친다!
아돌프 히틀러 통치하의 독일 제3제국에 대한 개론서. 나치스가 권력을 장악한 과정부터 조직 구조, 조직을 이끈 핵심 인물과 상호 관계와 갈등, 대립 등, 제3제국의 역사에 대해 해설한다.

No. 16 도해 근대마술
허니 레이지음 | AK커뮤니케이션즈 편집부 옮김 | 244쪽 | 13,000원

현대 마술의 개념과 원리를 철저 해부!
마술의 종류와 개념, 이름을 남긴 마술사와 마술 단체, 마술에 쓰이는 도구 등을 설명한다. 겉핥기식의 설명이 아닌, 역사와 각종 매체 속에서 마술이 어떤 영향을 주었는지 심층적으로 해설하고 있다.

No. 17 도해 우주선
모리세 료외 1인 지음 | 이재경 옮김 | 240쪽 | 13,000원

우주를 꿈꾸는 사람들을 위한 추천서!
우주공간의 과학적인 설명은 물론, 우주선의 태동부터 발전의 역사, 재질, 발사와 비행의 원리 등, 어떤 원리로 날아다니고 착륙할 수 있는지, 자세한 도표와 일러스트를 통해 해설한다.

No. 18 도해 고대병기
미즈노 히로키 지음 | 이재경 옮김 | 224쪽 | 13,000원

역사 속의 고대병기, 집중 조명!
지혜와 과학의 결정체, 병기. 그중에서도 고대의 병기를 집중적으로 조명. 단순한 병기의 나열이 아닌, 각 병기의 탄생 배경과 활약상, 계보, 작동 원리 등을 상세하게 다루고 있다.

No. 19 도해 UFO
사쿠라이 신타로 지음 | 서형주 옮김 | 224쪽 | 13,000원

UFO에 관한 모든 지식과, 그 허와 실.
첫 번째 공식 UFO 목격 사건부터 현재까지, 세계를 떠들썩하게 만든 모든 UFO 사건을 다룬다. 수많은 미스터리는 물론, 종류, 비행 패턴 등 UFO에 관한 모든 지식들을 알기 쉽게 정리했다.

No. 20 도해 식문화의 역사
다카하라 나루미 지음 | 채다인 옮김 | 244쪽 | 13,000원

유럽 식문화의 변천사를 조명한다!
중세 유럽을 중심으로, 음식문화의 변화를 설명한다. 최초의 조리 역사부터 식재료, 예절, 지역별 선호메뉴까지, 시대상황과 분위기, 사람들의 인식이 어떠한 영향을 끼쳤는지 흥미로운 사실을 다룬다.

No. 21 도해 문장
신노 케이 지음 | 기미정 옮김 | 224쪽 | 13,000원

역사와 문화의 시대적 상징물, 문장!
기나긴 역사 속에서 문장이 어떻게 만들어졌고, 어떤 도안들이 이용되었는지, 발전 과정과 유럽 역사 속 위인들의 문장이나 특징적인 문장의 인물에 대해 설명한다.

No. 22 도해 게임이론
와타나베 타카히로 지음 | 기미정 옮김 | 232쪽 | 13,000원

이론과 실용 지식을 동시에!
죄수의 딜레마, 도덕적 해이, 제로섬 게임 등 다양한 사례 분석과 알기 쉬운 해설을 통해, 누구나가 쉽고 직관적으로 게임이론을 이해하고 현실에 적용할 수 있도록 도와주는 최고의 입문서.

No. 23 도해 단위의 사전

호시다 타다히코 지음 | 문우성 옮김 | 208쪽 | 13,000원

세계를 바라보고, 규정하는 기준이 되는 단위를 풀어보자!

전 세계에서 사용되는 108개 단위의 역사와 사용 방법 등을 해설하는 본격 단위 사전. 정의와 기준, 유래, 측정 대상 등을 명쾌하게 해설한다.

No. 24 도해 켈트 신화

이케가미 료타 지음 | 곽형준 옮김 | 264쪽 | 13,000원

쿠 훌린과 핀 막 쿨의 세계!

켈트 신화의 세계관, 각 설화와 전설의 주요 등장인물들! 이야기에 따라 내용뿐만 아니라 등장인물까지 뒤바뀌는 경우도 있는데, 그런 특별한 사항까지 다루어, 신화의 읽는 재미를 더한다.

No. 25 도해 항공모함

노가미 아키토 외 1인 지음 | 오광웅 옮김 | 240쪽 | 13,000원

군사기술의 결정체, 항공모함 철저 해부!

군사력의 상징이던 거대 전함을 과거의 유물로 전락시킨 항공모함. 각 국가별 발달의 역사와 임무, 영향력에 대한 광범위한 자료를 한눈에 파악할 수 있다.

No. 26 도해 위스키

츠치야 마모루 지음 | 기미정 옮김 | 192쪽 | 13,000원

위스키, 이제는 제대로 알고 마시자!

다양한 음용법과 글라스의 차이, 바 또는 집에서 분위기 있게 마실 수 있는 방법까지. 위스키의 맛을 한층 돋우주는 필수 지식이 가득! 세계적인 위스키 평론가가 전하는 입문서의 결정판.

No. 27 도해 특수부대

오나미 아츠시 지음 | 오광웅 옮김 | 232쪽 | 13,000원

불가능이란 없다! 전장의 스페셜리스트!

특수부대의 탄생 배경, 종류, 규모, 각종 임무, 그들만의 특수한 장비. 어떠한 상황에서도 살아남기 위한 생존 기술까지 모든 것을 보여주는 책. 왜 그들이 스페셜리스트인지 알게 될 것이다.

No. 28 도해 서양화

다나카 쿠미코 지음 | 김상호 옮김 | 160쪽 | 13,000원

서양화의 변천사와 포인트를 한눈에!

르네상스부터 근대까지, 시대를 넘어 사랑받는 명작 84점을 수록. 각 작품들의 배경과 특징, 그림에 담겨있는 비유적 의미와 기법 등, 감상 포인트를 명쾌하게 해설하였으며, 더욱 깊은 이해를 위한 역사와 종교 관련 지식까지 담겨있다.

No. 29 도해 갑자기 그림을 잘 그리게 되는 법

나카야마 시게노부 지음 | 이연희 옮김 | 204쪽 | 13,000원

멋진 일러스트의 초간단 스킬 공개!

투시도와 원근법만으로, 멋지고 입체적인 일러스트를 그릴 수 있는 방법! 그림에 대한 재능이 없다 생각 말고 읽어보자. 그림이 극적으로 바뀔 것이다.

No. 30 도해 사케

키미지마 사토시 지음 | 기미정 옮김 | 208쪽 | 13,000원

사케를 더욱 즐겁게 마셔 보자!

선택 법, 온도, 명칭, 안주와의 궁합, 분위기 있게 마시는 법 등. 사케의 맛을 한층 더 즐길 수 있는 모든 지식이 담겨 있다. 일본 요리의 거장이 전해주는 사케 입문서의 결정판.

No. 31 도해 흑마술

쿠사노 타쿠미 지음 | 곽형준 옮김 | 224쪽 | 13,000원

역사 속에 실존했던 흑마술을 총망라!

악령의 힘을 빌려 행하는 사악한 흑마술을 총망라한 책. 흑마술의 정의와 발전, 기본 법칙을 상세히 설명한다. 또한 여러 국가에서 행해졌던 흑마술 사건들과 관련 인물들을 소개한다.

No. 32 도해 현대 지상전

모리 모토사다 지음 | 정은택 옮김 | 220쪽 | 13,000원

아프간 이라크! 현대 지상전의 모든 것!!

저자가 직접, 실제 전장에서 활동하는 군인은 물론 민간 군사기업 관계자들과도 폭넓게 교류하면서 얻은 정보들을 아낌없이 공개한 책. 현대전에 투입되는 지상전의 모든 것을 해설한다.

No. 33 도해 건파이트

오나미 아츠시 지음 | 송명규 옮김 | 232쪽 | 13,000원

총격전에서 일어나는 상황을 파헤친다!

영화, 소설, 애니메이션 등에서 볼 수 있는 총격전. 그 장면들은 진짜일까? 실전에서는 총기를 어떻게 다루고, 어디에 몸을 숨겨야 할까. 자동차 추격전에서의 대처법 등 건 액션의 핵심 지식.

No. 34 도해 마술의 역사

쿠사노 타쿠미 지음 | 김진아 옮김 | 224쪽 | 13,000원

마술의 탄생과 발전 과정을 알아보자!

고대에서 현대에 이르기까지 마술은 문화의 발전과 함께 널리 퍼져나갔으며, 다른 마술과 접촉하면서 그 깊이를 더해왔다. 마술의 발생시기와 장소, 변모 등 역사와 개요를 상세히 소개한다.

No. 35 도해 군용 차량
노가미 아키토 지음 | 오광웅 옮김 | 228쪽 | 13,000원
지상의 왕자, 전차부터 현대의 바퀴달린 사역마까지!!
전투의 핵심인 전투 차량부터 눈에 띄지 않는 무대에서 묵묵히 임무를 다하는 각종 지원 차량까지. 각자 맡은 임무에 충실하도록 설계되고 고안된 군용 차량만의 다채로운 세계를 소개한다.

No. 36 도해 첩보·정찰 장비
사카모토 아키라 지음 | 문성호 옮김 | 228쪽 | 13,000원
승리의 열쇠 정보! 정보전의 모든 것!
소음총, 소형 폭탄, 소형 카메라 및 통신기 등 영화에서나 등장할 법한 첩보원들의 특수 장비부터 정찰 위성에 이르기까지 첩보 및 정찰 장비들을 400점의 사진과 일러스트로 설명한다.

No. 37 도해 세계의 잠수함
사카모토 아키라 지음 | 류재학 옮김 | 242쪽 | 13,000원
바다를 지배하는 침묵의 자객, 잠수함.
잠수함은 두 번의 세계대전과 냉전기를 거쳐, 최첨단 기술로 최신 무장시스템을 갖추어왔다. 원리와 구조, 승조원의 훈련과 임무, 생활과 전투 방법 등을 사진과 일러스트로 철저히 해부한다.

No. 38 도해 무녀
토키타 유스케 지음 | 송명규 옮김 | 236쪽 | 13,000원
무녀와 샤머니즘에 관한 모든 것!
무녀의 기원부터 시작하여 일본의 신사에서 치르고 있는 각종 의식, 그리고 델포이의 무녀, 한국의 무당을 비롯한 세계의 샤머니즘과 각종 종교를 106가지의 소주제로 분류하여 해설한다!

No. 39 도해 세계의 미사일 로켓 병기
사카모토 아키라 · 유병준 · 김성훈 옮김 | 240쪽 | 13,000원
ICBM부터 THAAD까지!
현대전의 진정한 주역이라 할 수 있는 미사일. 보병이 휴대하는 대전차 로켓부터 공대공 미사일, 대륙간 탄도탄, 그리고 근래 들어 언론의 주목을 받고 있는 ICBM과 THAAD까지 미사일의 모든 것을 해설한다!

No. 40 독과 약의 세계사
후나야마 신지 지음 | 진정숙 옮김 | 292쪽 | 13,000원
독과 약의 차이란 무엇인가?
화학물질을 어떻게 하면 유용하게 활용할 수 있는가 하는 것은 인류에 있어 중요한 과제 가운데 하나라 할 수 있다. 독과 약의 역사, 그리고 우리 생활과의 관계에 대하여 살펴보도록 하자.

No. 41 영국 메이드의 일상
무라카미 리코 지음 | 조아라 옮김 | 460쪽 | 13,000원
빅토리아 시대의 아이콘 메이드!
가사 노동자이며 직장 여성의 최대 다수를 차지했던 메이드의 일과 생활을 통해 영국의 다른 면을 살펴본다. 『엠마 빅토리안 가이드』의 저자 무라카미 리코의 빅토리아 시대 안내서.

No. 42 영국 집사의 일상
무라카미 리코 지음 | 기미정 옮김 | 292쪽 | 13,000원
집사, 남성 가사 사용인의 모든 것!
Butler, 즉 집사로 대표되는 남성 상급 사용인. 그들은 어떠한 일을 했으며 어떤 식으로 하루를 보냈을까? 『엠마 빅토리안 가이드』의 저자 무라카미 리코의 빅토리아 시대 안내서 제2탄.

No. 43 중세 유럽의 생활
가와하라 아쓰시 외 1인 지음 | 남지연 옮김 | 260쪽 | 13,000원
새롭게 조명하는 중세 유럽 생활사
철저히 분류되는 중세의 신분. 그 중 「일하는 자」의 일상생활은 어떤 것이었을까? 각종 도판과 사료를 통해, 중세 유럽에 대해 알아보자.

No. 44 세계의 군복
사카모토 아키라 지음 | 진정숙 옮김 | 130쪽 | 13,000원
세계 각국 군복의 어제와 오늘!!
형태와 기능미가 절묘하게 융합된 의복인 군복. 제2차 세계대전에서 현대에 이르기까지, 각국의 전투복과 정복 그리고 각종 상구류와 계급장, 훈장 등, 군복만의 독특한 매력을 느껴보자!

No. 45 세계의 보병장비
사카모토 아키라 지음 | 이상언 옮김 | 234쪽 | 13,000원
현대 보병장비의 모든 것!
군에 있어 가장 기본이 되는 보병! 개인화기, 전투복, 군장, 전투식량, 그리고 미래의 장비까지. 제2차 세계대전 이후 눈부시게 발전한 보병 장비와 현대전에 있어 보병이 지닌 의미에 대하여 살펴보자.

No. 46 해적의 세계사
모모이 지로 지음 | 김효진 옮김 | 280쪽 | 13,000원
「영웅」인가, 「공적」인가?
지중해, 대서양, 카리브해, 인도양에서 활동했던 해적을 중심으로, 영웅이자 약탈자, 정복자, 야심가 등 여러 시대에 걸쳐 등장했던 다양한 해적들이 세계사에 남긴 발자취를 더듬어본다.

No. 47 닌자의 세계
야마키타 아츠시 지음 | 송명규 옮김 | 232쪽 | 13,000원
실제 닌자의 활약을 살펴본다!
어떠한 임무라도 완수할 수 있도록 닌자는 온 갖 지혜를 짜내며 궁극의 도구와 인술을 만들어냈다. 과연 닌자는 역사 속에서 어떤 활약을 펼쳤을까.

No. 53 마도서의 세계
쿠사노 타쿠미 지음 | 남지연 옮김 | 236쪽 | 15,000원
마도서의 기원과 비밀!
천사와 악마 같은 영혼을 소환하여 자신의 소망을 이루는 마도서의 원리를 설명한다.

No. 48 스나이퍼
오나미 아츠시 지음 | 이상언 옮김 | 240쪽 | 13,000원
스나이퍼의 다양한 장비와 고도의 테크닉!
아군의 절체절명 위기에서 한 끗 차이의 절묘한 타이밍으로 전세를 역전시키기도 하는 스나이퍼의 세계를 알아본다.

No. 54 영국의 주택
야마다 카요코 외 지음 | 문성호 옮김 | 252쪽 | 17,000원
영국인에게 집은 「물건」이 아니라 「문화」다!
영국 지역에 따른 집들의 외관 특징, 건축 양식, 재료 특성, 각종 주택 스타일을 상세하게 설명한다.

No. 49 중세 유럽의 문화
이케가미 쇼타 지음 | 이은수 옮김 | 256쪽 | 13,000원
심오하고 매력적인 중세의 세계!
기사, 사제와 수도사, 음유시인에 숙녀, 그리고 농민과 상인과 기술자들. 중세 배경의 판타지 세계에서 자주 보았던 그들의 리얼한 생활을 풍부한 일러스트와 표로 이해한다!

No. 55 발효
고이즈미 다케오 지음 | 장현주 옮김 | 224쪽 | 15,000원
미세한 거인들의 경이로운 세계!
세계 각지 발효 문화의 놀라운 신비와 의의를 살펴본다. 발효를 발전시켜온 인간의 깊은 지혜와 훌륭한 발상이 보일 것이다.

No. 50 기사의 세계
이케가미 슌이치 지음 | 남지연 옮김 | 232쪽 | 15,000원
중세 유럽 사회의 주역이었던 기사!
기사들은 과연 무엇을 위해 검을 들었는가. 지향하는 목표는 무엇이었는가. 기사의 탄생에서 몰락까지, 역사의 드라마를 따라가며 그 진짜 모습을 파헤친다.

No. 56 중세 유럽의 레시피
코스트마리 사무국 슈 호카 지음 | 김효진 옮김 | 164쪽 | 15,000원
간단하게 중세 요리를 재현!
당시 주로 쓰였던 향신료, 허브 등 중세 요리에 대한 풍부한 지식은 물론 더욱 맛있게 즐길 수 있는 요리법도 함께 소개한다.

No. 51 영국 사교계 가이드
무라카미 리코 지음 | 문성호 옮김 | 216쪽 | 15,000원
19세기 영국 사교계의 생생한 모습!
당시에 많이 출간되었던 「에티켓 북」의 기술을 바탕으로, 빅토리아 시대 중류 여성들의 사교 생활을 알아보며 그 속마음까지 들여다본다.

No. 57 알기 쉬운 인도 신화
천축 기담 지음 | 김진희 옮김 | 228쪽 | 15,000원
전쟁과 사랑 속의 인도 신들!
강렬한 개성이 충돌하는 무아와 혼돈의 이야기를 담았다. 2대 서사시 「라마야나」와 「마하바라타」의 세계관부터 신들의 특징과 일화에 이르는 모든 것을 파악한다.

No. 52 중세 유럽의 성채 도시
가이호쓰사 지음 | 김진희 옮김 | 232쪽 | 15,000원
견고한 성벽으로 도시를 둘러싼 성채 도시!
성채 도시는 시대의 흐름에 따라 문화, 상업, 군사 면에서 진화를 거듭한다. 궁극적인 기능미의 집약체였던 성채 도시의 주민 생활상부터 공성전 무기, 전술까지 상세하게 알아본다.

No. 58 방어구의 역사
다카히라 나루미 지음 | 남지연 옮김 | 244쪽 | 15,000원
역사에 남은 다양한 방어구!
기원전 문명의 아이템부터 현대의 방어구인 헬멧과 방탄복까지 그 역사적 변천과 특색 · 재질 · 기능을 망라하였다.

No. 59 마녀 사냥
모리시마 쓰네오 지음 | 김진희 옮김 | 244쪽 | 15,000원
중세 유럽의 잔혹사!
15~17세기 르네상스 시대에 서구 그리스
도교 국가에서 휘몰아친 '마녀사냥'의 광
풍. 중세 마녀사냥의 실상을 생생하게 드러낸다.

No. 60 노예선의 세계사
후루가와 마사히로 지음 | 김효진 옮김 | 256쪽 | 15,000원
400년 남짓 대서양에서 자행된 노예무역!
1000만 명에 이르는 희생자를 낸 노예무
역. '이동 감옥'이나 다름없는 노예선 바닥
에서 다시 한 번 근대를 돌이켜본다.

-AK TRIVIA SPECIAL

환상 네이밍 사전
신키겐샤 편집부 지음 | 유진원 옮김 | 288쪽 | 14,800원
의미 없는 네이밍은 이제 그만!
운명은 프랑스어로 무엇이라고 할까? 독일어,
일본어로는? 중국어로는? 더 나아가 이탈리아
어, 러시아어, 그리스어, 라틴어, 아랍어에 이르
기까지. 1,200개 이상의 표제어와 11개국어, 13,000개 이
상의 단어를 수록!!

중2병 대사전
노무라 마사타카 지음 | 이재경 옮김 | 200쪽 | 14,800원
이 책을 보는 순간, 당신은 이미 궁금해하고 있다!
사춘기 청소년이 행동할 법한, 손발이 오그라드
는 행동이나 사고를 뜻하는 중2병. 서브컬처 작
품에 자주 등장하는 중2병의 의미와 기원 등, 102개의 항목
에 대해 해설과 칼럼을 곁들여 알기 쉽게 설명 한다.

크툴루 신화 대사전
고토 카츠 외 1인 지음 | 곽형준 옮김 | 192쪽 | 13,000원
신화의 또 다른 매력, 무한한 가능성!
H.P. 러브크래프트를 중심으로 여러 작가들의
설정이 거대한 세계관으로 자리잡은 크툴루 신
화. 현대 서브 컬처에 지대한 영향을 끼치고 있다. 대중 문화
속에 알게 모르게 자리 잡은 크툴루 신화의 요소를 설명하는
본격 해설서.

문양박물관
H. 돌메치 지음 | 이지은 옮김 | 160쪽 | 8,000원
세계 문양과 장식의 정수를 담다!
19세기 독일에서 출간된 H.돌메치의 『장식의
보고』를 바탕으로 제작된 이 책은 세계 각지의
문양 장식을 소개하는 이론의 실용에
초점을 맞춘 입문서. 화려하고 아름다운 전 세계의 문양을 수
록한 실용적인 자료집으로 손꼽힌다.

고대 로마군 무기·방어구·전술 대전
노무라 마사타카 외 3인 지음 | 기미정 옮김 | 224쪽 | 13,000원
위대한 정복자, 고대 로마군의 모든 것!
부대의 편성부터 전술, 장비 등, 고대 최강의 군
대라 할 수 있는 로마군이 어떤 집단이었는지
상세하게 분석하는 해설서. 압도적인 군사력으로 세계를 석
권한 로마 제국. 그 힘의 전모를 철저하게 검증한다.

도감 무기 갑옷 투구
이치카와 사다하루 외 3인 지음 | 남지연 옮김 | 448쪽 | 29,000원
역사를 망라한 궁극의 군장도감!
고대로부터 무기는 당시 최신 기술의 정수와 함
께 철학과 문화, 신념이 어우러져 완성되었다.
이 책은 그러한 무기들의 기능, 원리, 목적 등과 더불어 그 기
원과 발전 양상 등을 그림과 표를 통해 알기 쉽게 설명하고
있다. 역사상 실재한 무기와 갑옷, 투구들을 통사적으로 살펴
보자!

중세 유럽의 무술, 속 중세 유럽의 무술
오사다 류타 지음 | 남유리 옮김 |
각 권 672쪽~624쪽 | 각 권 29,000원
본격 중세 유럽 무술 소개서!
막연하게만 떠오르는 중세 유럽~르네상스 시
대에 활약했던 검술과 격투술의 모든 것을 담은
책 영화 등에서만 접할 수 있었던 유럽 중세시
대 무술의 기본이념과 자세, 방어, 보법부터, 시
대를 풍미한 각종 무술까지, 일러스트를 통해
알기 쉽게 설명한다.

최신 군용 총기 사전
토코이 마사미 지음 | 오광웅 옮김 | 564쪽 | 45,000원
세계 각국의 현용 군용 총기를 총망라!
주로 군용으로 개발되었거나 군대 또는 경찰의
대테러부대처럼 중무장한 조직에 배치되어 사
용되고 있는 소화기가 중점적으로 수록되어 있으며, 이외에
도 각 제작사에서 국제 군수시장에 수출할 목적으로 개발, 시
제품만이 소수 제작되었던 총기류도 함께 실려 있다.

초패미컴, 초초패미컴
타네 키요시 외 2인 지음 | 문성호 외 1인 옮김 |
각 권 360, 296쪽 | 각 14,800원
게임은 아직도 패미컴을 넘지 못했다!
패미컴 탄생 30주년을 기념하여, 1983년 『동
키콩』부터 시작하여, 1994년 『타카하시 명인
의 모험도 IV』까지 총 100여 개의 작품에 대한
리뷰를 담은 영구 소장판. 패미컴과 함께했던
아련한 추억을 간직하고 있는 모든 이들을 위한
책이다.

초쿠소게 1,2
타네 키요시 외 2인 지음 | 문성호 옮김 |
각 권 224, 300쪽 | 각 권 14,800원
망작 게임들의 숨겨진 매력을 재조명!
『쿠소게クソゲー』란 '똥-クソ'과 '게임-Game'의
합성어로, 어감 그대로 정말 못 만들고 재미없
는 게임을 지칭할 때 사용되는 조어이다. 우리
말로 바꾸면 망작 게임 정도가 될 것이다. 레트
로 게임에서부터 플레이스테이션3까지 게이머
들의 기대를 보란듯이 저버렸던 수많은 쿠소게
들을 총망라하였다.

초에로게, 초에로게 하드코어
타네 키요시 외 2인 지음 | 이은수 옮김 |
각 권 276쪽, 280쪽 | 각 권 14,800원
명작 18금 게임 총출동!
에로게란 '에로-エロ'와 '게임-Game'의 합성어
로, 말 그대로 성적인 표현이 담긴 게임을 지칭
한다. '에로게 헌터'라 자처하는 베테랑 저자들
의 엄격한 심사(?)를 통해 선정된 '명작 에로게'
들에 대한 본격 리뷰집!!

세계의 전투식량을 먹어보다

키쿠즈키 토시유키 지음 | 오광웅 옮김 | 144쪽 | 13,000원

전투식량에 관련된 궁금증을 한권으로 해결!

전투식량이 전장에서 자리를 잡아가는 과정과, 미국의 독립전쟁부터 시작하여 역사 속 여러 전쟁의 전투식량 배급 양상을 살펴보는 책. 식품부터 식기까지, 수많은 전쟁 속에서 전투식량이 어떠한 모습으로 등장하였고 병사들은 이를 어떻게 취식하였는지. 흥미진진한 역사를 소개하고 있다.

세계장식도 Ⅰ, Ⅱ

오귀스트 라시네 지음 | 이지은 옮김 | 각 권 160쪽 |
각 권 8,000원

공예 미술계 불후의 명작을 농축한 한 권!

19세기 프랑스에서 가장 유명한 디자이너였던 오귀스트 라시네의 대표 저서 「세계장식 도집성」에서 인상적인 부분을 뽑아내 콤팩트하게 정리한 다이제스트판. 공예 미술의 각 분야를 포괄하는 내용을 담은 책으로. 방대한 예시를 더욱 정교하게 소개한다.

서양 건축의 역사

사토 다쓰키 지음 | 조민경 옮김 | 264쪽 | 14,000원

서양 건축사의 결정판 가이드 북!

건축의 역사를 살펴보는 것은 당시 사람들의 의식을 들여다보는 것과도 같다. 이 책은 고대에서 중세, 르네상스기로 넘어오며 탄생한 다양한 양식들을 당시의 사회, 문화, 기후, 토질 등을 바탕으로 해설하고 있다.

세계의 건축

코우다 미노루 외 1인 지음 | 조민경 옮김 | 256쪽 |
14,000원

고품격 건축 일러스트 자료집!

시대를 망라하여, 건축물의 외관 및 내부의 장식을 정밀한 일러스트로 소개한다. 흔히 보이는 풍경이나 딱딱한 도시의 건축물이 아닌, 고풍스러운 건물들을 섬세하고 세밀한 선화로 표현하여 만화, 일러스트 자료에 최적화된 형태로 수록하고 있다.

지중해가 낳은 천재 건축가 -안토니오 가우디

이리에 마사유키 지음 | 김진아 옮김 | 232쪽 | 14,000원

천재 건축가 가우디의 인생, 그리고 작품

19세기 말~20세기 초의 카탈루냐 지역 및 그의 작품들이 지어진 바르셀로나의 지역사, 그리고 카사 바트요, 구엘 공원, 사그라다 파밀리아 성당 등의 작품들을 통해 안토니오 가우디의 생애를 본격적으로 살펴본다.

민족의상 1,2

오귀스트 라시네 지음 | 이지은 옮김 |
각 권 160쪽 | 각 8,000원

화려하고 기품 있는 색감!!

디자이너 오귀스트 라시네의 「복식사」 전 6권 중에서 민족의상을 다룬 부분을 바탕으로 제작되었다. 당대에 정점에 올랐던 석판 인쇄 기술로 완성되어, 시대가 흘렀음에도 그 세세하고 풍부하고 아름다운 색감이 주는 감동은 여전히 빛을 발한다.

중세 유럽의 복장

오귀스트 라시네 지음 | 이지은 옮김 | 160쪽 | 8,000원

고품격 유럽 민족의상 자료집!!

19세기 프랑스의 유명한 디자이너 오귀스트 라시네가 직접 당시의 민족의상을 그린 자료집. 유럽 각지에서 사람들이 실제로 입었던 민족의상의 모습을 그대로 풍부하게 수록하였다. 각 나라의 특색과 문화가 담겨 있는 민족의상을 감상할 수 있다.

그림과 사진으로 풀어보는 **이상한 나라의 앨리스**

구와바라 시게오 지음 | 조민경 옮김 | 248쪽 | 14,000원

매혹적인 원더랜드의 논리를 완전 해설!

산업 혁명을 통한 눈부신 문명의 발전과 그 그늘. 도덕주의와 엄숙주의, 위선과 허영이 병존하던 빅토리아 시대는 「원더랜드」의 탄생과 그 배경으로 어떻게 작용했을까? 순진 무구한 소녀 앨리스가 우연히 발을 들인 기묘한 세상의 완전 가이드북!!

그림과 사진으로 풀어보는 **알프스 소녀 하이디**

지바 가오리 외 지음 | 남지연 옮김 | 224쪽 | 14,000원

하이디를 통해 살펴보는 19세기 유럽사!

「하이디」라는 작품을 통해 19세기 말의 스위스를 알아본다. 또한 원작자 슈피리의 생애를 교차시켜 「하이디」의 세계를 깊이 파고든다. 「하이디」를 읽을 사람은 물론, 작품을 보다 깊이 감상하고 싶은 사람에게 있어 좋은 안내서가 되어줄 것이다.

영국 귀족의 생활

다나카 료조 지음 | 김상호 옮김 | 192쪽 | 14,000원

영국 귀족의 우아한 삶을 조명한다

현대에도 귀족제도가 남아있는 영국. 귀족이 영국 사회에서 어떠한 의미를 가지고 또 기능하는지, 상세한 설명과 사진자료를 통해 귀족 특유의 화려함과 고상함의 이면에 자리 잡은 책임과 무게. 귀족의 삶 깊숙한 곳까지 스며든 '노블레스 오블리주'의 진정한 의미를 알아보자.

요리 도감
오치 도요코 지음 | 김세원 옮김 | 384쪽 | 18,000원

요리는 힘! 삶의 저력을 키워보자!!

이 책은 부모가 자식에게 조곤조곤 알려주는 요리 조언집이다. 처음에는 요리가 서툴고 다소 귀찮게 느껴질지 모르지만, 약간의 요령과 습관만 익히면 스스로 요리를 완성한다는 보람과 매력, 그리고 요리라는 삶의 지혜에 눈을 뜨게 될 것이다.

초콜릿어 사전
Dolcerica 가가와 리카코 지음 | 이지은 옮김 | 260쪽 | 13,000원

사랑스러운 일러스트로 보는 초콜릿의 매력!

나른해지는 오후, 기력 보충 또는 기분 전환 삼아 한 조각 먹게 되는 초콜릿. 『초콜릿어 사전』은 초콜릿의 역사와 종류, 제조법 등 기본 정보와 관련 용어 그리고 그 해설을 유머러스하면서도 사랑스러운 일러스트와 함께 싣고 있는 그림 사전이다.

사육 재배 도감
아라사와 시게오 지음 | 김민영 옮김 | 384쪽 | 18,000원

동물과 식물을 스스로 키워보자!

생명을 돌보는 것은 결코 쉬운 일이 아니다. 꾸준히 손이 가고, 인내심과 동시에 책임감을 요구하기 때문이다. 그럴 때 이 책과 함께 한다면 어떨까? 살아있는 생명과 함께하며 성숙해진 마음은 그 무엇과도 바꿀 수 없는 보물로 남을 것이다.

판타지세계 용어사전
고타니 마리 감수 | 전홍식 옮김 | 248쪽 | 18,000원

판타지의 세계를 즐기는 가이드북!

온갖 신비로 가득한 판타지의 세계 『판타지세계 용어사전』은 판타지의 세계에 대한 이해를 돕고 보다 깊이 즐길 수 있도록, 세계 각국의 신화, 전설, 역사적 사건 속의 용어들을 뽑아 해설하고 있으며, 한국어판 특전으로 역자가 엄선한 한국 판타지 용어 해설집을 수록하고 있다.

식물은 대단하다
다나카 오사무 지음 | 남지연 옮김 | 228쪽 | 9,800원

우리 주변의 식물들이 지닌 놀라운 힘!

오랜 세월에 걸쳐 거목을 말려 죽이는 교살자 무화과나무, 딱지를 만들어 몸을 지키는 바나나 등 식물이 자신을 보호하는 아이디어. 환경에 적응하여 살아가기 위한 구조의 대단함을 해설한다. 동물은 흉내 낼 수 없는 식물의 경이로운 능력을 알아보자.

세계사 만물사전
헤이본샤 편집부 지음 | 남지연 옮김 | 444쪽 | 25,000원

우리 주변의 교통 수단을 시작으로, 의복, 각종 악기와 음악, 문자, 농업, 신화, 건축물과 유적 등, 고대부터 제2차 세계대전 종전 이후까지의 각종 사물 약 3000점의 유래와 그 역사를 상세한 그림으로 해설한다.

그림과 사전으로 풀어보는 **마녀의 약초상자**
니시무라 유코 지음 | 김상호 옮김 | 220쪽 | 13,000원

「약초」라는 키워드로 마녀를 추적하다!

정체를 알 수 없는 약물을 제조하거나 저주와 마술을 사용했다고 알려진 「마녀」란 과연 어떤 존재였을까? 그들이 제조해온 마법약의 재료와 제조법, 마녀들이 특히 많이 사용했던 여러 종의 약초와 그에 얽힌 이야기들을 통해 마녀의 비밀을 알아보자.

고대 격투기
오사다 류타 지음 | 남지연 옮김 | 264쪽 | 21,800원

고대 지중해 세계의 격투기를 총망라!

레슬링, 복싱, 판크라티온 등의 맨몸 격투술에서 무기를 활용한 전투술까지 풍부하게 수록한 격투 교본. 고대 이집트·로마의 격투술을 일러스트로 상세하게 해설한다.

초콜릿 세계사
-근대 유럽에서 완성된 갈색의 보석
다케다 나오코 지음 | 이지은 옮김 | 240쪽 | 13,000원

신비의 약이 연인 사이의 선물로 자리 잡기까지의 역사!

원산지에서 「신의 음료」라고 불렸던 카카오. 유럽 탐험가들에 의해 서구 세계에 알려진 이래, 19세기에 이르러 오늘날의 형태와 같은 초콜릿이 탄생했다. 전 세계로 널리 퍼질 수 있었던 초콜릿의 흥미진진한 역사를 살펴보자.

에로 만화 표현사
키미 리토 지음 | 문성호 옮김 | 456쪽 | 29,000원

에로 만화에 학문적으로 접근하다!

에로 만화 주요 표현들의 깊은 역사, 복잡하게 얽힌 성립 배경과 관련 사건 등에 대해 자세히 분석해본다.

크툴루 신화 대사전
히가시 마사오 지음 | 전홍식 옮김 | 552쪽 | 25,000원
크툴루 신화 세계의 최고의 입문서!
크툴루 신화 세계관은 물론 그 모태인 러브크
래프트의 문학 세계와 문화사적 배경까지 총망
라하여 수록한 대사전이다.

아리스가와 아리스의 밀실 대도감
아리스가와 아리스 지음 | 김효진 옮김 | 372쪽 | 28,000원
41개의 놀라운 밀실 트릭!
아리스가와 아리스의 날카로운 밀실 추리소설
해설과 이소다 가즈이치의 생생한 사건현장 일
러스트가 우리를 놀랍고 신기한 밀실의 세계로
초대한다.

연표로 보는 과학사 400년
고야마 게타 지음 | 김진희 옮김 | 400쪽 | 17,000원
알기 쉬운 과학사 여행 가이드!
「근대 과학」이 탄생한 17세기부터 우주와 생명
의 신비에 자연 과학으로 접근한 현대까지, 파
란만장한 400년 과학사를 연표 형식으로 해설
한다.

제2차 세계대전 독일 전차
우에다 신 지음 | 오광웅 옮김 | 200쪽 | 24,800원
일러스트로 보는 독일 전차!
전차의 사양과 구조, 포탄의 화력부터 전차병의
군장과 주요 전장 개요도까지, 제2차 세계대전
의 전장을 누볐던 독일 전차들을 풍부한 일러
스트와 함께 상세하게 소개한다

구로사와 아키라 자서전 비슷한 것
구로사와 아키라 지음 | 김경남 옮김 | 360쪽 | 15,000원
거장들이 존경하는 거장
영화감독 구로사와 아키라의 반생을 회고한 자
서전. 구로사와 아키라의 영화가 사람들의 마음
을 움직였던 힘의 근원이 무엇인지, 거장의 성
찰과 고백을 통해 생생하게 드러난다.